Almrausch

Alwin Schönberger

Alm-Rausch

Die Alltagstragödie hinter der Freizeitmaschinerie

Mit einem Prolog von Felix Mitterer

Ueberreuter

Die Deutsche Bibliothek – CIP-Einheitsaufnahme
Schönberger, Alwin:
Alm-Rausch / Alwin Schönberger. – Wien : Ueberreuter, 1994
ISBN 3-8000-3499-9

AU 288/1

Umschlag von Beate Dorfinger

Druck und Bindung: Wiener Verlag, Himberg bei Wien
Printed in Austria
5 4 3 2 1

Inhalt

Prolog von Felix Mitterer 7

Kultur im Totalausverkauf 19
– eine Einleitung

Chronik eines angekündigten Todes 28
– die Geschichte des österreichischen Fremdenverkehrs

Die neue Welt 47
– wie Tradition und Kultur für den Tourismus liquidiert wurden

Zunft ohne Zukunft 65
– warum das System Fremdenverkehr auch wirtschaftlich kollabieren wird

Die Kinder sind dran 101
– im Schneeballsystem hinterläßt der Tourismus bei der Jugend seelische Flurschäden

Dobermänner in der Fleischerei 117
– Alkohol, Drogen, psychosomatische Erkrankungen: eine Branche auf der Couch

Die Ökologie der Beziehungen 149
– wie man vorhandene landschaftliche Ressourcen schonend nützt und dadurch auch die Lebensqualität der Bevölkerung steigert

Stille Attraktionen 158
– in zwei Osttiroler Tälern lebt die Bevölkerung die Erhaltung tradierter kultureller Werte vor. Mit Erfolg

Spielplatz der Natur 169
– wie die jahrhundertelang auf sich selbst gestellte Bevölkerung mit Stolz und Beharrungsvermögen den Massentourismus fernhielt

FELIX MITTERER

Von Invasoren und Leibeigenen und wie alles ein gutes Ende nahm

Es war einmal ein kleines Gebirgsland, in diesem fand regelmäßig eine Invasion ausländischer Mächte statt. Zweimal im Jahr kamen die Invasoren – abgesehen von einzelnen Kundschaftern zwischendurch –, einmal im Sommer, einmal im Winter. Der Zweck dieser Invasion blieb den Einwohnern des kleinen Landes längere Zeit weitgehend im Unklaren. Die Besatzer – zusammengesetzt aus unterschiedlichen Nationen – kamen unbewaffnet und scheinbar ohne feindliche Absichten. Zweierlei Aktivitäten übten die Besatzer aus: am Tage erkundeten sie die Gegend – sommers zu Fuß, winters auf Skiern –, des nachts frequentierten sie die Gasthäuser und Tanzlokale, wo sie aßen, tranken, sangen und tanzten oder sich vorsingen und vortanzen ließen. Und – o Wunder! – die Invasoren ließen sich nicht lumpen, sie bezahlten für alles, mit Heller und Pfennig zahlten sie. Natürlich waren die Einheimischen darüber erleichtert, und sie empfanden Sympathie für die Invasoren. Dazu muß erklärt werden, daß die Bewohner des kleinen Landes bis dato in großer Armut gelebt hatten. Aus diesem Grunde mußten viele Familienväter und junge Männer in andere Länder wandern, um dort zu arbeiten, und sogar die eigenen Kinder wurden auf Sklavenmärkten ins Ausland verkauft, jeweils vom Frühjahr bis Herbst. Durch die Großzügigkeit der Invasoren nahm dieses Elend nun langsam ein Ende. Die Einheimischen hatten mittlerweile durch vorsichtiges Nachforschen erfahren, was die Besatzer in dem kleinen Gebirgsland suchten. Erholung sagten sie, Abenteuer, sagten sie, und sportliche Betätigung in guter Luft, und die Landschaft sei so herrlich, die Menschen seien so ursprünglich. Die Einheimischen nahmen das mit leichter Verwunderung zur Kenntnis, denn die Wörter Erholung, Abenteuer, sportliche Betätigung, gute Luft waren ihnen völlig ungebräuchlich; auch daran, daß die Landschaft, in der sie lebten und arbeiteten, eine herrliche sein sollte, hatten sie noch nie einen Gedanken verschwendet, auch nicht daran, sie selber seien ursprünglich; was für ein merkwürdiges Wort. Wie auch immer, die Invasoren erzählten in ihren Heimatländern voll Begeisterung von all diesen Dingen, und so kamen immer mehr Invasoren, jedes Jahr immer mehr. Dadurch waren die Einheimischen gezwungen, erstens mehr Nächtigungsmöglichkeiten für die Besucher zu schaffen – mit »Fließend Wasser, kalt und warm« – und zweitens mehr »Aufstiegshilfen« (so nannte man das), weil die Invasoren so gern mit den Skiern zutale fuhren, übrigens auch etwas, was die Einheimischen lange Zeit mit nachsichtigem Kopfschütteln betrachteten. Diese Schaffung von »Infrastruktur« (ebenfalls ein neues Wort; die Einheimischen benutzten es nur heimlich, weil es zur besagten »Ursprünglichkeit« nicht paßte) kostete freilich sehr viel Geld, das man sich gegen hohe Zinsen von Bankhäusern ausleihen mußte. Niemand machte sich Sorgen wegen der Rückzahlung dieser Gelder, denn auf die Invasoren war Verlaß, sie verdoppelten, verdreifachten, verzehnfachten sich. Wohlstand kam in das früher so arme Land. Die Männer mußten nicht mehr in die Fremde, sie hatten inzwischen – unwillig zuerst – die Kunst des Skifahrens erlernt und unterrichteten neue, unkundige Invasoren in dieser Kunst. Da die Besucher es nicht nur als zu anstrengend empfanden, die Berge mit den Skiern zu Fuß zu ersteigen, sondern ihnen auch die Abfahrt im Tiefschnee als zu beschwerlich erschien, erfand man Maschinen, mit denen der Schnee niedergedrückt, zusammengepreßt wurde. So entstanden für die Männer viele Arbeitsmöglichkeiten. Sie lehrten den Skilauf, preßten mit den Maschinen den Schnee zusammen, schoben den Liftsessel unter den Allerwertesten der Besucher. Die Führung der Beherbergungshäuser, nun Pensionen oder Hotels genannt, wurde hauptsächlich den Frauen überlassen, auch die Kinder arbeiteten mit, welche nun ebenfalls nicht mehr gezwungen waren, sich auf Sklavenmärkten ins Ausland zu verdingen. Die Invasoren wurden übrigens natürlich nicht als solche bezeichnet, sondern man nannte sie in den Anfängen »Herrische«, später »Fremde«, noch später »Fremdengäste« und ganz zuletzt nur noch »Gäste« beziehungsweise branchenintern »Touristen«. Die jährliche Invasion selbst nannte man »Fremdenverkehr«, später war dann von »Fremdenverkehrsindustrie« oder »Tourismusindustrie« die Rede, »Industrie« – ein Begriff, der nicht ganz zur besagten »Ursprünglichkeit« samt seinen Inhalten passen wollte, aber den Tatsachen entsprach. Die Vorteile des sich anbahnenden Wohlstandes brachten aber auch sehr schnell schwerwiegende Nachteile mit sich, unter denen vor allem die ehemals Armen zu leiden hatten. Die Wohlhabenden – auch diese hatte es schon zuvor in den Zeiten der Armut gegeben – diese Wohlhabenden, ehedem Großbauern, Großhändler und Großwirte, sie gaben sich natürlich nicht mit Kleinkram ab, sondern erbauten große Hotels, meist für jedes Kind eines, und entwickelten sich in der Folge zu sogenannten Dorf- oder Talkaisern, denen auch sämtliche Aufstiegshilfen gehörten und die in der Folge tatsächlich sehr reich und mächtig wurden. Die ehemals armen Männer des Landes – Kleinbauern, kleine Handwerker, Arbeiter – durften sich in der Hauptsaison bei den Kaisern ihr Brot verdienen und waren's zufrieden. Die Frauen dieser Männer betrieben kleine Pensionen, deren Ausbau natürlich auch mit geliehenem Geld finanziert worden war. Hatten die großen Hoteliers keine Probleme mit der Rückzahlung ihrer Kredite, so taten sich die Kleinen schon sehr viel schwerer. Kein Zimmer durfte in der Saison leerstehen, kein Bett unbelegt bleiben, sonst geriet sofort die ganze Existenz in Gefahr. Um also die Invasoren auf jeden Fall zur Wiederkehr im nächsten Jahr zu veranlassen, machte man sich zum Diener der Invasoren, zum Leibeigenen, man merkte es selber lange Zeit nicht. Der Besatzer saß in der Küche des Gastgebers, er saß in seinem Wohnzimmer (das er – ebenfalls auf Kredit – für sich selbst eingerichtet hatte; früher gab es sowas nicht), ja, die Gastgeber überließen dem Besatzer sogar ihr Schlafzimmer. Der Gastgeber, seine Frau, seine Kinder, sie alle schliefen jahrelang im Keller, im Badezimmer, im Dachboden. Aber nicht genug damit. Man merkte, die Invasoren erwarteten vor allem Freundlichkeit – diese mußten sie offenbar in ihrem Heimatland entbehren –, und sie erwarteten die Vorführung alten Brauchtums, das sie offenbar zu Hause auch entbehrten. Die Bewohner des kleinen Gebirgslandes waren aber vom Charakter her gar nicht so vordergründig freundliche Leute, sondern eher zurückgezogen, eher wortkarg und ungesellig, und, je ferner im Gebirge lebend, dem Fremden ziemlich abgeneigt und mißtrauisch gegenüberstehend. (Denn der Fremde war bisher immer nur gekommen, um zu rauben und zu brandschatzen.) Da nun aber die Besatzer rund um die Uhr Freundlichkeit, Herzlichkeit, Fröhlichkeit zu verlangen schienen, setzten sich die Bewohner des kleinen Landes allesamt immerfort lächelnde, grinsende, urtümliche Witze, Anekdoten und Lieder von sich gebende Masken auf. Dahinter verbarg man sein wahres Gesicht, das oft abgespannt war vor Müdigkeit, verärgert und empört auch über die Ansprüche, manchmal sogar schmerzverzerrt nach tausend und abertausendmal Bettenmachen, Bodenputzen, Frühstückdecken. Was das sogenannte Brauchtum anbetraf, an dem die Besatzer teilhaben wollten, so war dieses mit dem Aufkommen einer neuen Zeit längst verlorengegangen (mit Ausnahme der Fasnacht und ein paar religiösen Umzügen), auch nicht mehr notwendig und also nur noch Bestandteil von Operetten und Heimatfilmen. Aus diesen holten sich die Einheimischen das Brauchtum – einschließlich Trachtenkleidung – zurück und führten es – höhnisch grinsend oder zornig blickend hinter ihren Masken – den Besatzern vor, die in ihrer Begeisterung jedesmal ganz außer sich gerieten. In erster Linie betraf das die sogenannte Volksmusik, was einer näheren Erläuterung bedarf. Besonders musikalisch waren die Bewohner des kleinen Gebirgslandes nie gewesen – mit Ausnahme einer einzigen Talschaft, die früh Kontakt fand zur übrigen Welt –, aber wie jeder Mensch hatten auch sie die Musik zum Zeitvertreib, zur Unterhaltung, zur Erbauung, zum Ausdruck für Freude und Schmerz gebraucht. So waren einige wunderschöne Melodien entstanden, zu Herzen und ins Gemüt gehend, manchmal auch teuflisch in die Beine fahrend, mit groben Bauernhänden ungelenk aber wahrhaftig an der Geige heruntergekratzt. Mehr war es nicht, es genügte. Kam ein Zigeuner vorbei, so jagte man ihn fort, denn er verfügte über einen solchen Reichtum an Musik, daß man ihn nicht dulden mochte. Was die Liedtexte anbetraf, so gab es ein paar zärtliche, sehnsüchtige und einen Schüppel grob-witzige, und aus dem Stegreif entstand auch manches, das für den Tag und das jeweilige Fest reichte, aber damit hatte es sich. Wir haben ja schon erfahren, daß die Bewohner des kleinen Landes eher wortkarg waren, eher schwerfällig im Ausdruck, was sollten sie sich mit Liedtexten plagen. Kam hinzu, daß Gesang und Tanz bei der Kirche des kleinen Landes Jahrhunderte lang als sündhaft und verderblich gegolten hatten; zeitweise wurden sogar jegliche Instrumente in der Kirche eingesperrt und durften auch nur dort – zum Lobe Gottes – benutzt werden. Die Invasoren wußten das aber nicht, sie hatten nun einmal in den Operetten und Heimatfilmen gehört, die Bewohner des kleinen Landes seien lustig und froh, sie hatten auch merkwürdige Tänze gesehen und ebenso merkwürdige Lieder gehört, und diese forderten sie nun mit gutem Rechte ein. Willfährig, wie die Gastgeber waren, taten sie den Besuchern den Gefallen, tanzten die Operettentänze, sangen die Operettenlieder. Das alles – wenn auch unecht – hatte noch einen gewissen Charme, besaß noch Qualität. Das Repertoire jedoch war gering und das Publikum unersättlich. Was blieb also übrig, als für Nachschub zu sorgen. Frohen Mutes und unbeleckt von Selbstzweifeln machten sich die Gebirgler selbst an Choreographie und Komposition. Das Ergebnis war naturgemäß katastrophal. Die Tänze und Lieder wurden immer sentimentaler, primitiver, obszöner. Nie hat die Menschheit so dumme Lieder vernommen wie aus den Maskenmäulern des kleinen Gebirgsvolkes. Der Erfolg war naturgemäß ein ungeheurer. Die Besatzer jubelten auf, sangen mit, schunkelten mit, zerflossen in Tränen, wanden sich in Lachkrämpfen. Am meisten wurde übrigens bei Liedern gelacht, die sich auf humorige Weise gegen Ehefrauen oder Schwiegermütter richteten. Jedoch auch die anwesenden Ehefrauen und Schwiegermütter wanden sich vor Lachen; wer sollte also dagegen sein. Weil nun die Invasoren diese Volksmusik natürlich auch zu Hause nicht entbehren wollten, wurden die Lieder auf sogenannte Tonträger überspielt, im Radio und im Fernsehen gebracht und abermillionenfach verkauft, was die ehemals armen Komponisten und Liedtexter sehr freute und ihren Kamm nicht wenig anschwellen ließ.

So nahmen die Dinge also ihren Lauf. Immer mehr Invasoren kamen, immer mehr, wie eine Heuschreckenplage brachen sie herein, das kleine Land konnte sie kaum mehr schlucken. Immer größer wurden die Hotelbauten, riesige, aufgeblasene Bauernhäuser waren es, mit 200, 300, 400 Betten. Immer mehr wurde das Land aufgefressen von der Tourismusindustrie, Wälder abgeholzt, ganze Gegenden für Skipisten in die Luft gesprengt, begradigt, planiert, der Vegetation, der Erdkrume beraubt bis zum Schotter, bis zum nackten Gestein; ein Spinnennetz von Liften und Seilbahnen über das ganze Land gezogen. Es traten nun aber vereinzelt Einheimische auf den Plan, die den Verlust an schöner Architektur, den Verlust an unberührter Landschaft und das zunehmende Verkehrschaos beklagten sowie auch die Warnung aussprachen, die Invasoren würden eines Tages ausbleiben, wenn man das vernichte, was die Invasoren suchten, nämlich Schönheit. Aber das – so sollte sich herausstellen – war ein Irrtum, die reine Schwarzmalerei. Die Invasoren bemerkten den Verlust an Schönheit gar nicht. Am Tage rasten sie mit Skiern von den Bergen, so schnell sie konnten, fuhren mit dem Kanu im Wildbach, so schnell sie konnten, erklommen die Berge, so schnell sie konnten, und was es sonst noch an rasenden, rastlosen Tätigkeiten gab; und des abends, da hielten sie sich in den Gaststuben und Tanzlokalen auf, die mittlerweile fast alle – man muß es zugeben – wunderschön waren, weil man die Balken und Stubentäfelungen der abgerissenen Bauernhäuser in sie hineingebaut hatte, außerdem verziert mit dem alten bäuerlichen Handwerkszeug, das niemand mehr benötigte, aber schön zum Anschaun war. Ein paar Verantwortliche nahmen sich die Mahnungen trotzdem zu Herzen und entwickelten etwas, das »sanfter Tourismus« genannt wurde. Aber diesen »sanften Tourismus« wollte niemand, außer ein paar älteren Besuchern, die ihren Blick gerne in Beschaulichkeit schweifen ließen und also lieber das Unberührte suchten als das Berührte, das Zerstörte. Die Mehrzahl der Invasoren wollte nach wie vor und immer mehr das Abenteuer, die Abwechslung, den Ausbruch aus dem grauen Alltag, dem sie in ihren Heimatländern unterworfen waren.

Es tauchten aber in der Folge dennoch ein paar Probleme auf, die jedoch alle – das muß gleich vorausgeschickt werden – in bravouröser Weise bewältigt wurden. Problem Nummer eins: Infolge einer weltweiten Klimaveränderung schneite es in manchen Wintern nur mehr äußerst selten. Dem half man zuerst ab, indem man Wasser durch Kanonen schoß, das sich in der kalten Luft in Schnee verwandelte. Später, als die Temperaturen immer mehr anstiegen, wurde das Problem auf genetisch-bakteriologische Weise beseitigt. Willkommener Zusatzeffekt: auch im Sommer konnte nun Schnee hergestellt werden.

Das zweite Problem entstand dadurch, daß es immer mehr an Arbeitskräften in der sogenannten »Tourismusbranche« mangelte. Dies geschah erstens durch den enormen Zuwachs an Besuchern – 18 Arbeitsstunden waren daher keine Seltenheit –, zweitens aber auch durch die dem Charakter des kleinen Gebirgsvolkes innewohnende tiefe Abneigung gegen das Dienen und Bedienen. Längst hatte man inzwischen bemerkt, daß man in Leibeigenschaft geraten war, und suchte dieser nun so schnell wie möglich zu entkommen. Auch dieses Problem konnte gelöst werden. Aus armen, zum Teil auch im Umbruch oder in bürgerkriegsähnlichen Zuständen befindlichen Ländern holte man sich andere Fremde, die nun die wohlhabenden Fremden bedienten sowie alle niedrigen Arbeiten verrichteten wie Abspülen, Putzen, Bettenmachen und so weiter. Diese ausländischen Hilfskräfte wurden nun ihrerseits zu Leibeigenen der Einheimischen, auch sie merkten dies lange nicht, und wenn sie es merkten, nahmen sie es hin, aus Gründen des Überlebens. Daß man sie zwar gerufen hatte, aber nicht schätzte, bemerkten sie natürlich sehr schnell. Ihnen gegenüber mußten ja die Einheimischen ihre grundsätzliche Abneigung gegen das Fremde nicht verbergen, gegenüber Abhängigen braucht sich keiner im Zaume zu halten. Dies ging soweit, daß man die ausländischen Arbeitskräfte manchmal als Invasoren, als Besatzer, als minderwertige Flüchtlinge beschimpfte, was man den zahlenden Fremden, die ja die wahren Invasoren und Besatzer und im Grunde ebenfalls Flüchtlinge waren, Flüchtlinge aus ihrem Alltag, niemals angetan hätte, selbstverständlich nicht.

Das dritte Problem war ein tiefergehendes, strukturelles, und bis dieses gelöst war, dauerte es eine Weile, und der Prozeß war ein schmerzvoller. Es kam eine Zeit, in der die Länder, aus denen die »Gäste« stammten, mit wirtschaftlichen Problemen zu kämpfen hatten. Diese Probleme waren nicht sonderlich groß, es kamen dadurch nicht weniger Gäste, aber es gab nicht mehr die erwarteten Zuwächse und die Gäste wurden sparsamer. Da man jedoch – eben weil man jedes Jahr große Zuwächse gewöhnt war – immer noch mehr Hotels gebaut hatte (auch bauen mußte, um durch Investitionen die Steuerlast zu senken), gelang es immer schwerer, alle Betten zu füllen. Dies hatte zur Folge, daß der Konkurrenzkampf immer härter wurde, daß man immer mehr die Preise senkte, um Gäste anzulocken. Die Großen kamen damit zurecht, denn die Masse machte es aus, die Kleinen aber gingen daran zugrunde. Die sogenannten Privatzimmervermieter, die Pensionsbetreiber, sie alle gingen zugrunde (ausgenommen ein paar Bäuerinnen mit zwei, drei Zimmern). So kam es, daß manche Lebensbilanz sehr traurig aussah. Man hatte mit Krediten eine Pension gebaut, hatte nun nach 30 Jahren alles abbezahlt, hatte in diesen 30 Jahren Körper und Seele zugrundegearbeitet, hatte absolut nichts von seinem Leben gehabt, hatte unbegreiflicherweise akzeptiert, daß 30 Jahre lang am Ende des Jahres als Einnahme ein Spottgeld übrigblieb (den wirklichen Lebensunterhalt verdiente der Mann am Lift, auf der Baustelle), und jetzt, da die Schulden abbezahlt waren, jetzt, da man aufatmen hätte können und Aussichten bevorstanden, wirklich etwas zu verdienen, jetzt war alles vorbei und zu Ende. Zum allgemeinen Wohlstand hatte man sein Scherflein beigetragen, das ganz gewiß, man selbst aber blieb zuletzt auf der Strecke. Die Hoteliers, die schlechtere Zeiten leichter überstanden, mußten aber ihrerseits auch noch ein Problem lösen, das ihnen schon lange im Magen lag. Begonnen hatte ja alles mit sogenannten Familienbetrieben, in denen die ganze Familie mitarbeiten mußte. Die Söhne und Töchter besuchten Hotelfachschulen, stiegen in den Betrieb der Eltern ein, gründeten mit Hilfe der Eltern neue Betriebe – alles nahm geordnet und lange Zeit wie selbstverständlich seinen Lauf. Auch hier wurde aufgebaut, aufgeopfert, geschuftet rund um die Uhr. Familienleben gab es keines in den Familienbetrieben. So flüchteten die Kinder in Alkohol, Drogen, Autos, Konsum überhaupt. Viele gingen zugrunde, manche stiegen aus, suchten sich andere Berufe, wollten nicht länger Leibeigene des eigenen Betriebes sein. Fast die ganze dritte Generation wollte so nicht mehr leben, wollte den eigenen Kindern nicht mehr antun, was ihnen angetan worden war. Die Lösung fand sich letztlich in der Professionalität. Kein Familienbetrieb mehr, sondern professionelle Leitung. Manager wurden engagiert, die saßen am Computer, die brauchten keine Maske mehr, denn sie traten dem Besucher nicht gegenüber, setzten sich mit ihm nicht auf ein Bier an die Bar, sie verwalteten einfach ganz kühl und rechnerisch die Betten, die Restauranttische, Einkauf, Verkauf, das Personal. Die Einheimischen spielten weiterhin hinter ihrer Maske die erwartete Rolle des Naturburschen, des Tänzers, des Sängers, des rund um die Uhr fröhlichen Sportlers, aber nun ebenfalls professionell, ganz kühl und berechnend, nicht mehr wirklich ihr Herz hineinlegen wollend wie früher, jeden Gast zu lieben sich verpflichtet fühlend wie früher – eine Überlebensstrategie, die funktionierte. So war eigentlich alles gut. Immer mehr Naturkatastrophen gab es zwar, Lawinen, Muren, Überschwemmungen, hervorgerufen natürlich zum Teil durch die gewaltsamen Eingriffe in die Landschaft, auch durch Errichtung von Gebäuden an gefährlichen Stellen – wo sollte man hinbauen, alles war voll! –, aber diese Katastrophen wurden von den nicht direkt betroffenen Gästen eher als Abwechslung betrachtet – das Wort »thrill« war damals in Verwendung – und nützten daher eher als sie schadeten. In jenen Monaten, in denen die Invasoren sich fernhielten, weil die Wetterverhältnisse in dem kleinen Gebirgsland weder zum Bergwandern noch zum Skifahren taugten, pflegten die Einheimischen ihre lächelnden Masken abzunehmen und nun selbst in andere Weltgegenden aufzubrechen, vorwiegend in warme Küstenregionen, und unterjochten dort ihrerseits die Einwohner, die sich das ebenfalls gerne gefallen ließen hinter ebenso lächelnden Masken. So unterjochte schließlich eine Weltgegend die andere, und alle schätzten sich glücklich, weil es eine Unterjochung ohne Waffengewalt war und jeder Unterjochte mit barem Geld bezahlt wurde. Das war eine schöne Zeit für alle. Sie währte etwa zweihundert Jahre lang. Dann kam etwas anderes.

Leichenschmaus

Kultur im Totalausverkauf

Alkohol, Tabletten, Drogen, psychosomatische Erkrankungen: die Reaktion der österreichischen Hoteliers und Gastwirte auf Massentourismus, Streß, Frust, Identitätsverlust und die Prostitution vor den Fremden. Ein Überblick.

Eine kleine Tourismusgemeinde in Nordtirol. Seit den fünfziger Jahren, dem angeblich Goldenen Zeitalter des österreichischen Fremdenverkehrs, lebt der überwiegende Teil der ursprünglich bäuerlich orientierten Bevölkerung von den Feriengästen. Wintertourismus ist die Haupteinnahmequelle.

Mit der ersten Schneeflocke kommt Highlife im Ort auf – braungebrannte Schilehrer, die den Rest des Jahres etwa als kreuzbrave Installateure werken, zünftige Hüttenwirte und hingebungsvoll bemutternde Pensionsinhaberinnen gaukeln den wie die Heuschrecken einfallenden Gästen idyllisches Landleben vor.

Hinter der Fassade sieht's anders aus.

Marianne Huber* und ihr Mann begannen im Jahr 1958 ein paar Räume mit insgesamt zehn Betten zu vermieten. Die Fremdenzimmer befanden sich im ersten Stock des eigenen Wohnhauses. Mit diesen Einkünften wollte das Ehepaar den Hausbau etappenweise finanzieren. Die beiden verzichteten auf jedes Fünkchen Lebensqualität, um ihre Existenz aufzubauen und den Schuldenberg abzustottern, nützten jede Nische des Hauses für die Touristen, adaptierten auch das eigene Wohnzimmer als Gaststube. Drei Jahre lang schlief das Ehepaar mit seinen zwei Kindern auf geschenkten Matratzen im Badezimmer.

Marianne Huber, heute 56, über den Rhythmus, der ihr Leben fast vier Jahrzehnte bestimmte und zum Teil heute noch dominiert: »Arbeiten – nicht mehr können – arbeiten – nicht mehr können.« Und immer der unaufhörlich pochende Gedanke im Hinterkopf: »Du darfst nicht krank werden, sonst schaffst du's nimmer. Und es nicht zu schaffen,

* Die Namen wurden vom Verlag geändert.

wäre eine Schande im Dorf gewesen. So sind wir erzogen worden.« Denn Erschöpfung oder Schmerz zu zeigen entspricht nun mal nicht den Erwartungen der in ausgelassener Urlaubslaune schwelgenden Touristen. »Die Gäst' haben nie gemerkt, wenn ich krank war. Auch im Dorf niemand. Über das redt' man nicht.«

Bis 1972 gab es keinen einzigen Urlaubstag. Nicht nur der Streß mit der Betreuung der Touristen – »Ich bin oft bis zwei Uhr in der Gaststube gesessen, ich mußte die Leut' ja dementsprechend verwöhnen, sonst wären sie ja nicht wiedergekommen« – nagte an Marianne Hubers Verfassung, zusätzlich bereiteten die finanziellen Sorgen schlaflose Nächte: »Vor allem in den siebziger Jahren war ständig der Gedanke da, geht sich's aus oder geht sich's net aus?« Oft klopften dreimal pro Woche Leute an, die mit der baldigen Insolvenz des Betriebes spekulierten und bereits konkrete Kaufanbote machten.

Gesundheitliche Konsequenzen konnten nicht ausbleiben: Gallensteine, Migräne, Kopfschmerzen, Depressionen, Schlafstörungen, Erkrankungen des Bewegungsapparates. Aufgrund der psychischen und körperlichen Strapazen hatte Marianne Huber vier Fehlgeburten. Der einzige Ausweg schien ihr die Flucht vor der Realität: Jahrelang tötete Marianne Huber ihre seelischen und somatischen Schmerzen mit den Beruhigungsmitteln Valium und Lexotanil ab. Bis zu zwanzig Stück pro Tag pumpte sie in sich hinein. Regelmäßig konsultierte sie Nervenkliniken, und ebenso regelmäßig wußten die Ärzte für ihr Problem nur eine noch betäubendere Dosis an Medikamenten. »Ich war unterwegs wie ein richtiger Roboter.«

1992, 34 Jahre nach der Gründung des Betriebes, bezahlte das Ehepaar die letzten Raten ab. Jährlicher Gewinn heute: magere 19 700 Schilling zum Beispiel im Jahr 1992. Das Ehepaar lebt in Wirklichkeit davon, daß der Mann nebenbei einen Job in einem großen Landesbetrieb ausübt. Gastronomie als Haupteinnahmequelle ist für die Hubers längst bittere Illusion.

Doch auch die Kinder hatten zu leiden. Bei Mariannes Sohn wurden schon im Alter von 14 Jahren Darmgeschwüre diagnostiziert. In den Hauptsaisonen flüchtete er mit dem Schlafsack auf irgendeine Alm, um dem Trubel zu entkommen. Die Tochter unterstützt die Mutter zwar heute hie und da im Betrieb, möchte aber längerfristig mit dem Tourismus nichts zu tun haben. Marianne steht vor einem Scherbenhaufen. Etwas Solides für ihre Nachkommen wollte sie aufbauen, wenn nötig sogar auf Kosten ihrer eigenen Gesundheit. »Irgendwann

wird der Betrieb sowieso eingestellt«, macht sie sich keine Hoffnungen mehr, »daher bin ich inzwischen nicht mehr bereit, körperlich und finanziell weiß Gott was zu investieren.«
Ihre düstere Bilanz nach all dem selbstzerstörerischen Schuften: »Eigentlich weiß man nicht genau, warum man's gemacht hat.«

Eine holprige Bergstraße schlängelt sich in zahllosen engen Kurven zum Krankenhaus. Ganz oben auf einer Anhöhe, einige Kilometer vom vorarlbergischen Städtchen Dornbirn entfernt und bewußt von jeglicher Zivilisation abgeschnitten, ist die Entzugsanstalt Maria Ebene für 53 alkohol-, drogen- oder medikamentensüchtige Patienten geöffnet.
Der Bedarf an Therapieplätzen ist enorm – das Krankenhaus ist regelmäßig zu fast hundert Prozent ausgelastet. Die meisten der stationär betreuten Patienten stammen aus den Berufsgruppen Gastronomie und Hotellerie. »Das Gastgewerbe läuft bei uns unter den Risikoberufen an erster Stelle«, weiß Oberarzt Roland Wölfle. Im Juli 1993 unterzogen sich in Maria Ebene sieben Personen aus der Tourismusbranche – und damit über zehn Prozent aller Patienten – einer Alkoholentziehungskur.
Gebhard Wild war zehn Jahre voll im Job. Als Koch und Kellner arbeitete der heute 26jährige in verschiedenen Fremdenverkehrsregionen in Österreich und zum Teil auch im Ausland. Bereits als Jugendlicher strebte der begeisterte Hobbykoch einen Beruf in der Gastronomie an. Der Traumberuf mutierte jedoch nach und nach zum Berufstrauma: Streß, Frust und der ständig präsente Zwang der Kollegenschaft, Alkohol als Symbol für Männlichkeit, Abgebrühtheit und als eine Art beruflichen Treibstoff zu akzeptieren, begleiteten den engagierten Absolventen der Bad Ischler Hotelfachschule tagtäglich. Wild: »Du bist dabei, wennst mitsaufst, stehst dann vor deinen älteren Kollegen gut da. So haben die ersten Exzesse begonnen.«
Irgendwann bildete der ausgiebige Alkoholkonsum nicht mehr bloß den feuchtfröhlichen Abschluß eines arbeitsreichen Tages, sondern die unabdingbare morgendliche Voraussetzung, sich überhaupt noch zu einem einzigen Handgriff aufraffen zu können. Gebhard Wilds tägliches Alkoholquantum in der Schlußphase: rund sechs Liter Wein, zusätzlich ein halber Liter scharfe Sachen »zum Runterspülen«. Dazu eine besondere Abart des Frühstückskaffees: Durch die Kaffeemaschine läuft dabei kein Wasser, sondern purer Cognac.

Zu den Faschingsfeiertagen in Ebensee arbeitete Wild fünf Tage durch, ohne eine Minute zu schlafen. Feste Nahrung nahm er überhaupt nicht zu sich, hielt sich aufrecht, indem er seinen Körper mit einem teuflischen Cocktail aus Kaffee, Alkohol, Kokain und einer gewaltigen Menge des Aufputschmittels Captagon malträtierte. Als der Faschingstrubel vorbei war, schaffte es Gebhard Wild gerade noch, die Abrechnung zu machen. Dann kollabierte er. Nach einem zweistündigen Blackout kam er im Krankenhaus wieder zu sich.

Zum Zeitpunkt des Interviews war er bereits die 16. Woche in Maria Ebene in Behandlung.

Auch sein Kollege Michael Bockel begab sich zwecks Entgiftung seines Körpers in der Vorarlberger Entzugsanstalt in ärztliche Obhut. Bockels Alkoholikerkarriere: Seit 1976 jobbte der heute 38jährige im Service in Groß- und Mittelbetrieben. Resümee nach achtzehn Jahren in der Branche: »Ich schätze, daß an die achtzig Prozent im Gastgewerbe zumindest Spiegeltrinker* sind.« Michael Bockels tägliches Alkoholquantum vor dem Zusammenbruch: bis zu zwei Flaschen Cognac. Dazu ausgiebig Schnaps. In der Früh, damit der Organismus überhaupt in Gang kam, würgte Bockel regelmäßig ein Wasserglas voll Cognac hinunter. »Oft schaffst du den ersten Schluck nicht, das Zeug bleibt einfach nicht unten und du kotzt es wieder raus. Dann mußt du halt noch einen nachtrinken.« Zusätzlich konsumierte er an die drei Gramm Kokain pro Tag. Dealte auch selber, um die Sucht zu finanzieren.

Heute versucht er, den Ursachen für die symptomatisch scheinenden Alkoholexzesse im Tourismus auf den Grund zu gehen: »Es herrscht in dieser Branche grundsätzlich eine lockere moralische Einstellung zu Alkohol und auch zu anderen Drogen.« Die Toleranzschwelle ist hoch, das kollektive Saufen wird verniedlicht: »A ordentliches Mannsbild hat immer an Rausch.«

Darüber hinaus schwört so mancher Gastwirt auf Alkohol zur Motivation und Leistungssteigerung, und die Chefs unterstützen den Griff zur Flasche tatkräftig. Sie akzeptieren den Alkoholkonsum ihrer Angestellten – solange sie funktionieren. Bockel: »Für den Menschen interessiert sich keiner, die Funktion muß aufrecht erhalten werden. Die Kälte unserer Leistungsgesellschaft ist schon ein wichtiger Aspekt des

---

* Spiegeltrinker sorgen im Gegensatz zu Konflikt- oder Gelegenheitstrinkern dafür, daß ihr Alkohol-Blutspiegel stets gleich bleibt. Trotz steigenden Konsums fallen sie vorerst nicht auf.

Alkoholismus.« Klappt man dann zusammen, sprechen alle davon, daß man eben den Anforderungen des Berufes nicht gewachsen oder daß diese Saison besonders hart gewesen sei. »Mein Trinkverhalten war gerade noch so, daß ich die Saisonen so halbwegs durchgestanden hab', bevor ich zusammengebrochen bin. Dann schicken's dich nach Hause. Die echten Wurzeln werden aber völlig verdrängt.«

Maria Petzmaier,* heute 82, mußte in jungen Jahren – entgegen ihrem eigentlichen Willen zu studieren – den elterlichen Gastgewerbebetrieb übernehmen. Immerhin fünfzig Jahre lang führte sie die kleine Privatpension in Tirol, kümmerte sich Tag für Tag um das Wohlergehen der Gäste – Maria Petzmaier war für die Touristen der Inbegriff der aufopfernden, immer freundlichen und verständnisvollen Pensionswirtin. Fünf Dekaden lang stand ihr lediglich der Dienstag als freier Tag zur Verfügung, und diesen Rhythmus hielt sie penibel ein.
In den achtziger Jahren mußte der Betrieb aufgrund baulicher Mängel und finanzieller Schwierigkeiten geschlossen werden. Die tiefen Narben, die der zermürbende Berufsalltag bei Maria Petzmaier hinterlassen hatte, brachen erst zu diesem Zeitpunkt auf. So sehr hatten sich nämlich Pflichtbewußtsein und bedingungslose Demut vor den Fremden in ihr Gehirn eingebrannt, daß sie es auch nach der Schließung des Betriebes nur dienstags fertigbrachte, überhaupt das Haus zu verlassen. An den übrigen Wochentagen bediente sie imaginäre Touristen. Erst als alte, körperlich verfallene Frau begab sie sich in psychiatrische Behandlung. Die Ärzte konstatierten schwere Erschöpfungsdepressionen und eine Psychose.

Im Schneeballsystem hinterläßt der Tourismus auch beim Nachwuchs seelische Flurschäden. Karl Neuberger,* renommierter Vorarlberger Hotelier, stampfte in zwei Jahrzehnten intensiver Arbeit eine ganze Kette touristischer Betriebe aus dem Boden: Hotels, Restaurants, zusätzlich ein paar Liftanlagen. Ein flächendeckendes Lokalimperium, vom Frühstücksei bis zum Après-Ski perfekt durchgestylte Angebote für den Gast. Neuberger gilt unter Kollegen als absoluter Fremdenverkehrsprofi, seine Unternehmen werden als Musterbetriebe bewundert. Seiner manischen Arbeitswut fielen familiäre Belange jedoch zum Opfer. Seine Frau quittierte die chronische Sprachlosigkeit in der Familie

* Die Namen wurden vom Verlag geändert.

mit Flucht in den Alkohol. Tochter Ingrid, 19, fand in der Kokainsucht eine fatale Ersatzbefriedigung. Bereits seit drei Jahren kompensiert das Mädchen regelmäßig mangelnde Zukunftsperspektiven mit dem weißen Pulver. Demonstrativ und mittels aufsehenerregender Aktionen rebelliert Ingrid immer wieder gegen die Wohlstandsverwahrlosung. So raste sie zum Beispiel im Kokstaumel halsbrecherisch die Schipisten runter und führte damit die vermeintliche Ausweglosigkeit ihres Schicksals vor. Auch einen Suizidversuch hat sie bereits hinter sich. Ihre körperliche und seelische Selbstzerstörung ist wohl als nichts anderes denn als Hilferuf, als verzweifelte, aber unkommentierte Schuldzuweisung an die ausschließlich profitorientierten Eltern zu verstehen.

Eine erkleckliche Anzahl von betuchten Hotelierssöhnen hat sich im Tiroler Zillertal zu einer eigenartigen Verbindung namens »Club 200« formiert. Die kamikazeartige Verpflichtung, die die »Club«-Mitglieder eingehen: Wo immer möglich, müssen sie mit ihren BMW oder Golf-GTI mit mindestens 200 Stundenkilometern über die Bergstraßen rasen. Derjenige, dem von der Gendarmerie der Führerschein abgenommen wird, hat versagt und ist raus aus der Verbindung.
Endzeitstimmung: Die No-future-Generation des österreichischen Alpen-Dorados knüppelt ihre Boliden ohne Rücksicht auf Verluste von Disco zu Disco, von Ortschaft zu Ortschaft im Zillertal. Und damit's die Polizei nicht ganz so einfach hat, werden Nagelbretter unter Streifenwagen plaziert oder die Büsche rund um Radargeräte so zurechtgestutzt, daß die Tempofallen von weitem sichtbar sind.

Die österreichische Alpenlandschaft – das Urlaubsparadies schlechthin. Weinselige Urlaubsstimmung, blumenkistenbeladene Bauernhäuser, krachledern gewandete Naturburschen, die nichts zu kennen scheinen außer Sonne, Wind, Almwiesen und ländlicher Ruhe. Österreich, das Urlaubsland. Komm, bleib.
Zünftig sind sie wohl, unsere Wirten und Gastronomen. Immer freundlich, nett und zuvorkommend. Und so richtig leutselig. Wenn so a richtige Gaudi ist, kann's schon mal vier in der Früh werden, und am nächsten Morgen stehen sie ab sechs Uhr wieder im Stall, in der Küche, machen die Betten, servieren das Frühstück, putzen die Zimmer, spielen Fremdenführer, bedienen den Schilift, und hocken am Abend wieder in der Gaststube, wo sie urige Witze zum besten geben.

In einem Gastgarten in der Tiroler Wintertourismusgemeinde Westendorf prangte lange Zeit eine Tafel mit der bezeichnenden Aufschrift: »Service Glocke – ring the bell!«

Läute, Tourist, wenn du bedient, umsorgt, verwöhnt werden willst. Sie werden für dich habt acht stehen, allzeit adrett kostümiert. Du, Tourist, hast bezahlt, du hast ein Recht auf Komfort, auf zuckersüßes Lächeln und abendfüllende Unterhaltung. Erste Reihe fußfrei. Die netten Einheimischen unterhalten dich bestimmt.

Doch die Bilanz der Goldenen Ära im österreichischen Fremdenverkehr liest sich weniger unterhaltsam: Alkoholsucht, Drogenkonsum, Tablettenabhängigkeit, psychosomatische Erkrankungen, Invalidität, Depressionen, Aggressionen, zerstörte Familien. In krassen Fällen Selbstmord als endgültiger Notausstieg. Dazu ein Schuldenberg, der jährlich höher in den Himmel wächst. Aus der Goldgrube wurde längst eine Fallgrube. Der wohlstandverheißende Götze Fremdenverkehr, jahrzehntelang in blindem Fortschrittsglauben angebetet, entpuppte sich als Schimäre.

»Nach dem Goldrausch haben wir jetzt den Katzenjammer«, analysiert der Vorarlberger Psychiater Albert Lingg. Und Sigrid Marinell von der Innsbrucker Sozialberatung schließt an: »Ich sehe mehr und mehr Orientierungslosigkeit, mangelnde Zukunftsperspektiven, Identitätsverlust. Die Leute kompensieren mit Drogen oder Alkohol.«

Mit dem Tourismus eröffnete sich der vormals biederen Landbevölkerung eine neue Welt. Jahrhundertealte Denkmuster wurden mit Hinblick auf das große Geld ebenso radikal wie euphorisch – und ohne viele Gedanken an Sinnhaftigkeit und Zukunftsorientierung zu verschwenden – über Bord geworfen. Persönliches Umfeld und soziales Gefüge wurden verkitscht und als touristisches Lockmittel mißbraucht, die Kultur verkam zum kommerzialisierten Zerrbild ihrer selbst. »Kulturelle Überlieferung degeneriert zu deren folkloristischer Fassade«, befindet der Tiroler Soziologe Max Preglau, »was wir da haben, ist Kultur im Ausverkauf.«

Die österreichische Tourismusbranche hat dem Geschäft mit den Fremden alles geopfert: jede Minute Freizeit, jeden Quadratzentimeter Privatsphäre, die dörfliche Kultur, die Familien, die Identität des einzelnen. Tourismuskulissen wurden aus dem Boden gestampft, Folklore, Kunst und Lebensstil buchstäblich an die Urlauber verkauft. Sigrid Marinell: »Die Freundlichkeit, die zur Schau gestellt wird, ist Attrappe, die nur mit Tabletten aufrechterhalten wird.«

Die neue Welt entwickelte sich schneller, als die Branche mitwachsen konnte. In Religion und Tradition verankerte Menschen schwenkten plötzlich auf rücksichtsloses Geldverdienen um. »Alle glauben«, ätzt der Tiroler Volkskundler Hans Haid, »an Herrgott und Geld, solange der Herrgott nicht ins Geldmachen hineinpfuscht.«
Aber nicht einmal die finanzielle Rechnung ging auf. Die Fremdenverkehrsbranche zählt zu den am meisten verschuldeten Berufssparten. Innerhalb von nur zehn Jahren – von 1980 bis Anfang der neunziger Jahre – hat sich die Überschuldung mehr als verdoppelt.

Die tablettenabhängige Pensionswirtin, die beiden alkoholkranken Kellner, die psychotische Zimmervermieterin, die 19jährige kokssüchtige Hotelierstochter – ihre Schicksale werden in diesem Buch noch chronologisch und Punkt für Punkt abgehandelt. Viele weitere symptomatische Beispiele vervollständigen das Bild.
Welche ökologischen Narben der Fremdenverkehr und insbesondere der ausufernde Wintertourismus der Natur beigebracht hat, wird zwar angesichts der klingelnden Dorfkassen auch gerne verdrängt. Diese Facette findet aber trotzdem immer wieder Eingang in Zeitungsberichte oder TV-Diskussionen. Die sozialen Auswirkungen des großen Urlaubsgeschäftes allerdings wurden bislang von den Medien nicht aufgegriffen. Teils weil der Blick hinter die Kulissen schwer zu ergattern ist, teils weil ein psychisches Zustandsbild einer Menschengruppe schwierig zu zeichnen ist, teils weil sich die Betroffenen ihre Probleme nach wie vor kaum eingestehen wollen.
Für dieses Buch waren zum ersten Mal Brancheninsider, also Menschen, die sich jahrelang – in manchen Fällen sogar ein Leben lang – im Klammergriff des Tourismus befunden haben, bereit, die ganze Wahrheit zu erzählen. So sprechen betroffene Touristiker über ihre Biographien, über ihre Probleme, Schmerzen, Ängste und Hoffnungen. Und brechen damit ein Tabu, denn bisher galt es, das Klischeebild nach außen um jeden Preis aufrechtzuerhalten: Der Branche geht's gut, die Betriebe florieren, und über alles andere, über die psychischen Probleme, die desolaten Familien, die Alkohol- und Tablettensucht reden wir nicht, das ist Privatangelegenheit.
Diese Interviews zeichnen ein ungeschöntes Bild: Steinchen für Steinchen fügt sich ein Puzzle zusammen, aus dem sich die Krankengeschichte der Branche ablesen läßt.
Handelt es sich dabei um Einzelschicksale? Waren ein paar Leichtsin-

nige zu unbedarft, ihr Leben selbst zu bewältigen? Suchen sich einige chronische Alkoholiker aus Bequemlichkeit einen Sündenbock?
Nein. Die Aussagen der Betroffenen, untermauert durch Stellungnahmen von Psychologen, Psychiatern und Volkskundlern, umreißen die Auswirkungen eines Systems, die nicht zufällig sind, sondern die logische Konsequenz einer

- historischen,
- kulturellen und
- wirtschaftlichen Entwicklung darstellen.

Das sind auch die Kategorien, anhand deren dieses Buch die aktuelle Symptomatik erklären will. Nicht Gescheiterte bloßzustellen war mein Anliegen, sondern einen Zustand zu analysieren und Verständnis für die Situation einer der wesentlichsten Branchen in Österreich zu erwecken. Und so soll dieses Buch auch keine Absage an den Tourismus sein, sondern vielmehr ein Denkanstoß, um künftighin einen sinnvollen Tourismus möglich zu machen.

Chronik eines angekündigten Todes

Karge Landschaft, existenzielles Elend, Trauma der Nachkriegszeit: Mit lautem Hurra und technischer Aufrüstung wollten die Alpenbewohner der Wirtschaftskrise davonlaufen. Planungen fehlten völlig. Die Geschichte des österreichischen Fremdenverkehrs.

Anfang der fünfziger Jahre fristeten die Bauern ihr Leben in den kargen, wenig ertragreichen Alpentälern – unbeachtet und abgeschnitten von der Zivilisation der fernen Großstädte – mehr schlecht als recht. Der Terror des Zweiten Weltkrieges saß der Bevölkerung noch in den Knochen – Nachwirkungen eines Schreckgespenstes, welches das existenzielle Elend noch potenziert hatte. Nie wieder, so die tiefe innere Überzeugung der Landbevölkerung, wollte man dem Schicksal derart ausgeliefert sein. Jede Chance galt es zu ergreifen, sich rauszuboxen aus dem engen Kerker geographischer und wirtschaftlicher Abhängigkeiten.

Der Zweite Weltkrieg hatte neben dem militaristischen Wahnsinn aber noch etwas anderes in die Täler gebracht: die ersten Fremden. Manche Häuser waren vorübergehend als provisorische Lazarette für Kriegsversehrte adaptiert worden. Nach Kriegsende hatten sich – wie in vielen Gebirgsdörfern – Vertreter der Besatzungsmächte darin einquartiert.

In den fünfziger Jahren schließlich entdeckten Großstädter aus dem Osten Österreichs die idyllischen Bergtäler als optimale Sommerfrische. Anfangs trudelten sie nur spärlich ein, tasteten sich vorsichtig und staunend in eine ihnen mehr oder weniger fremde Gegend vor, in der die Zeit noch stillzustehen schien, sie beobachteten die Traditionen der bäuerlichen Großfamilien, die in ihren Wohnstuben gemeinsam Volksmusik pflegten, aus purer Freude sangen und spielten.

Jakob Edinger von der in Innsbruck beheimateten »Edinger Tourismusberatung« sagt über diese ersten Fremdenverkehrsversuche der Al-

penbewohner: »Plötzlich sahen die Leute einen erfolgversprechenden Wirtschaftszweig. Man stand schlicht und einfach vor der Alternative: Tourismus oder wieder Armut wie gehabt und damit verbunden karge Landwirtschaft oder mühsames Pendeln in die Städte.«
Kein Wunder, daß sich besonders die Tiroler lieber auf das verlockende Geschäft mit den Fremden konzentrierten. Durch die latente Angst vor einem Rückfall in brotlose Zeiten und die Panik, den Zug in die moderne Zeit im letzten Augenblick doch noch zu verpassen, konnte den Alpenbewohnern die touristische Erschließung gar nicht schnell genug gehen. Edlinger: »Neidvoll schielten die Leute auch nach Deutschland, inhalierten die damals aktuellen Parolen des Wirtschaftswunderdenkens.«
Rasant entstanden vornehmlich in Tirol die für ein Fremdenverkehrsgebiet nötigen Strukturen. Um jeden Fremden wurde gebuhlt, in jede Hausecke wurden Betten gepfercht, die ersten Urlauber nach Strich und Faden verwöhnt, gehegt und bedient, um sie nur ja möglichst schnell und nachhaltig auf die Reize der Landschaft und die Vorzüge der Bevölkerung aufmerksam zu machen. In Anbetracht des lang ersehnten wirtschaftlichen Aufschwunges, der irgendwann auch persönliches Wohlergehen verhieß, legte man ihnen Land und Leute buchstäblich zu Füßen. Man diente und bediente, um sich die Gunst der Fremden zu sichern. Man versuchte, ihnen jeden Wunsch von den Augen abzulesen und ihnen jeglichen Freiraum zu gewähren. Edinger: »Eigentlich sind die heutigen touristischen Strukturen eher von den Gästen als von den Einheimischen entwickelt worden. Die Fremden sind übers Land gekommen wie das Manna. So wurde der Grundstein für den Fremdenverkehr gelegt. Und damit entstand landesweit Wildwachstum.«

Eine winzige Gemeinde im Tiroler Zillertal. Maria und Karl Schneider* sahen, den Parolen der damaligen Zeit entsprechend, im wachsenden Interesse der Städter an den naturbelassenen Bergtälern eine gewinnträchtige berufliche Zukunft. Das biedere Ehepaar hatte das Glück, neben dem Landwirtschaftsbetrieb auch zwei kleine Gebäude – geerbt von den Eltern und stilistisch in altem Landvillencharakter gehalten – zu besitzen, die sich als Urlaubsdomizil für Feriengäste geradezu anboten.

---

* Die Namen wurden vom Verlag geändert.

Die Familie Schneider adaptierte ihre beiden Landhäuser anfangs in bescheidenen Maßen für potentielle Touristen. Zwei bis drei Zimmer wurden vermietet, das WC befand sich noch im Freien, und daran, eine Dusche im Zimmer zu haben, dachte sowieso kein Mensch. Schließlich waren auch die Ansprüche der Reisenden damals noch nicht allzu hoch. In erster Linie wollten sie eben das Land kennenlernen.

Andreas Schneider,* ein Sohn des Ehepaares, der der Tourismusbranche schon vor vielen Jahren den Rücken gekehrt hat, erinnert sich: »Wir sind damals als Kinder mit dem Leiterwagen zum Bahnhof gefahren und haben die Leut', die mit dem Zug angekommen sind, gefragt, ob sie bei uns übernachten wollen. Wir sind am Bahnsteig gestanden und haben ›Zimmer, Zimmer‹ gerufen und haben so die Gäste zu uns gelockt. Wenn die paar Hotels, die's zu der Zeit gegeben hat, voll waren, sind die Fremden eben zu uns gekommen. So hat sich mit der Zeit eine Art Stammkundschaft herausgebildet.«

Mitte der fünfziger Jahre konnte die kleine Gemeinde ihren Gästen mit einer neuen Attraktion aufwarten: Die erste Seilbahn ging in Betrieb. Für die Familie Schneider, deren Pension unmittelbar neben der Talstation lag, ein nicht zu verachtender Wettbewerbsvorteil. Zu diesem Zeitpunkt hatten die Schneiders bereits ein kleines Lokalimperium etabliert. Zusätzlich zur Pension führte Karl Schneider – von Beruf Installateur – einen ebenfalls auf dem eigenen Grund eröffneten Installationsbetrieb. Im Hinblick auf die zunehmenden Fremdenverkehrsaktivitäten war das eine damals ökonomisch kluge Entscheidung, da überall im Ort touristische Infrastruktur aus dem Boden sproß und zahlreiche Einheimische Schneiders Dienste in Anspruch nahmen.

Maria Schneider kümmerte sich nicht nur darum, daß in der Pension alles reibungslos klappte, sondern betrieb nebenbei ein bescheidenes Lebensmittelgeschäft, welches sich zumindest anfangs als relativ erfolgreich erwies. Darüber hinaus hatte Maria für die Erziehung der beiden Kinder zu sorgen.

Am Beispiel der Familie Schneider zeigt sich, was auch sonst typisch für die klassischen Fremdenverkehrsgemeinden ist: Nicht nur Gastronomie und Hotellerie sind von den Urlaubern abhängig, sondern auch zahlreiche Zuliefer- und Versorgungsbetriebe gründen ihre Existenz

---

* Die Namen wurden vom Verlag geändert.

auf das Geschäft mit den Feriengästen: Installateure, Bäcker, Tischler oder eben Nahrungsmittelhändler.

Als die ersten Durststrecken überwunden waren und das Geschäft so halbwegs passabel lief, entschlossen sich die Schneiders zur Erweiterung und Verbesserung ihrer Pension. Sie rissen eines der beiden Landhäuser ab und unterzogen das andere einer grundlegenden kosmetischen Operation. Um die Gäste mit bislang ungewohntem Komfort verwöhnen zu können, bauten die beiden Dusche und WC in die Zimmer ein und trimmten ihr Haus auch sonst auf einen für eine Privatpension durchaus guten Standard. Auch die Kapazität wurde schlagartig erhöht: Es galt ab sofort, insgesamt sechzig Gästebetten in Schuß zu halten. Die Familie Schneider meldete das Gewerbe an.

Schon zu diesem Zeitpunkt drohten die Belastungen vor allem Maria über den Kopf zu wachsen: Die Gästezahlen, die radikal in die Höhe geschnellt waren, die Touristen, deren Ansprüche ans Urlaubsquartier kontinuierlich stiegen, die bereits merkbare Konkurrenzsituation, die sich im Ort aufgrund der zahlreichen touristischen Aktivitäten zu entwickeln begann, zusätzlich die Betreuung der Kinder – das alles kostete Kraft. Angestellte wollte man aus finanziellen Motiven nicht engagieren. Andererseits verlor Maria aber auch ein gewisses Maß an Eigenständigkeit – das Lebensmittelgeschäft rentierte sich nämlich nicht mehr und wurde geschlossen. Was, so erinnert sich Marias Sohn heute, einige Narben in ihrem Selbstbewußtsein hinterließ.

Marias Gatte Karl fügte statt dessen dem Installationsbetrieb noch ein Elektrogeschäft hinzu. Der Streß wuchs und wuchs. Sohn Andreas blendet zurück: »Was die Familiensituation noch verschlechterte, war ein unterschwelliger Machtkampf zwischen den Eltern, obwohl jeder von sich selbst auch sehr viel Härte abverlangte.«

Mehr und mehr Anforderungen, mehr und mehr Überforderung, mehr und mehr Konkurrenz: Das Ehepaar Schneider verbrachte die Nächte immer öfter in der Gaststube, um die Touristen bei Laune zu halten. Man unterhielt sich, feierte, trank. Daß sie den Gästen als Geste der Zuneigung quasi ihre Intimsphäre opfern mußte, benutzte vor allem Maria als Entschuldigung dafür, immer öfter zum Glas zu greifen. So erfüllte der Alkohol bei den Schneiders zwei Funktionen: Er war einerseits Sorgenkiller und andererseits spätabendlicher Stimulator für »zwanglose« Unterhaltung mit den Fremden, die man auf diese Weise ans Haus binden wollte. Beim Saufen kommen eben d'Leut' z'samm.

Am nächsten Morgen, während sich die Urlauber noch in den Betten räkelten und von der feuchtfröhlichen Nacht erholten, mußte sich Karl schon wieder um die Landwirtschaft, das Elektrogeschäft und den Installationsbetrieb kümmern, und Maria hatte mit quälender Regelmäßigkeit dafür zu sorgen, daß sich die Touristen an einem üppigen Frühstück delektieren konnten, daß die Zimmer geputzt und die Betten gemacht wurden. Die Betreuung der Kinder rangierte bereits weit unten auf der Liste der zu bewältigenden Aufgaben. Der Sohn heute über das zwiespältige Verhältnis der Kinder zu den Touristen: »Der Fremde war einerseits der dauernde Störfaktor in der Intimsphäre, dem wir in frühem Kindesalter die besten Zimmer überlassen mußten, andererseits unsere Existenzgrundlage. Wir mußten uns von den Gästen eben befehligen und dirigieren lassen.«

Die Problematik wurde familienintern mit Sprachlosigkeit quittiert. Zum einen hatte niemand Zeit für eine Aussprache, zum anderen waren die Gäste ständig präsent und durften natürlich von all den Schwierigkeiten nichts mitbekommen. »Die Probleme mußten vor den Gästen perfekt versteckt werden. Alles andere wäre ja Negativwerbung gewesen«, erinnert sich der Sohn. Man blieb beim ebenso simplen wie fatalen Notausstieg: Alkohol als Ventil für den aufgestauten Frust. Heute sagt der Sohn über das Kommunikationsdefizit: »Die Situation wurde bei uns völlig verdrängt. Auch im Dorf waren die Probleme absolut tabu. Es galt nur der, der durchhielt. Die Alkoholsucht der Eltern, die natürlich nicht ganz zu verbergen war, wurde ausschließlich als persönliches Versagen interpretiert. In der Öffentlichkeit demonstrierte dagegen jeder, wie gut es ihm geht und wie beneidenswert und wie erfolgreich er ist. Die Auswirkungen des Tourismus wurden einfach nie aufs Tapet gebracht. Da wurde lieber vom neuen BMW gesprochen.«

Maria Schneider starb im Alter von 54 Jahren an Leberkrebs. Eine Alkoholentziehungskur hatte sie nie gemacht. Der Mann arbeitete verbissen weiter. Rund ein Jahr nach Marias Tod erlag Karl Schneider 58jährig dem zweiten Herzinfarkt.

Die Tochter, 36, führt den Betrieb heute im Alleingang weiter. Das Unternehmen ist nach wie vor wirtschaftlich relativ erfolgreich. In Vieraugengesprächen sagt die Tochter mittlerweile, es wäre ihr eigentlich am liebsten, nie wieder einen Touristen sehen zu müssen. Sie würde gerne aussteigen, weiß aber einerseits nicht, was sie sonst tun soll und fühlt sich andererseits auch dem Erbe ihrer verstorbenen Eltern verpflichtet. Ihre Probleme kompensiert sie vor allem dadurch, daß sie um jeden Preis zur Ortsclique dazugehören will. Ein wenig einsichtiger als ihre Eltern ist sie allerdings schon, zumal ihr die systematische Selbstzerstörung dieser Generation noch allzugut in Erinnerung ist.

Die in den fünfziger Jahren noch unscheinbare Ortschaft, deren Einwohner damals erste Tuchfühlung mit den Touristen aufnahmen, ist heute nicht wiederzuerkennen. Mit jährlich rund 1,3 Millionen Nächtigungen zählt sie zu den Metropolen des österreichischen Massentourismus. Auf die knapp 4000 Einwohner kommt das Zigfache an Gästebetten, vor allem im Winter überschwemmen unüberschaubare Urlauberhorden Wirtshäuser, Schipisten, Discos und nehmen die Bettenburgen in Beschlag.

Doch langsam beginnt man sich Gedanken über die Zukunft zu machen. Bisher hatten nämlich relativ kleine Gewerbebetriebe – wie jener der Schneiders – sozusagen ein Monopol im Ort. Inzwischen aber wird über Großprojekte ortsfremder Investoren gemunkelt. Andererseits schwant bereits den stursten Betonköpfen, daß der Plafond touristischen Wachstums erreicht ist – in absehbarer Zeit wird man nichts mehr dazubauen können, wenn man sich in der selbstgeschaffenen Infrastruktur noch bewegen können will.

Ein Baustopp würde zwar den zahlreichen etablierten Hotels nicht so viel ausmachen. Unternehmen wie Karl Schneiders Installationsbetrieb würden jedoch mangels Großaufträgen zwangsläufig schrumpfen. Langsam wird vielen auch klar, daß die einstige Aufbruchsstimmung zu euphorisch war, daß die Planungen viel zu kurzfristig angelegt waren und daß so gut wie keine flächendeckenden Fremdenverkehrskonzepte erstellt wurden, weil man sich vom schnellen Geld blenden ließ und sich krampfartig an den plötzlich lockenden Wirtschaftsfaktor Tourismus anklammerte. Jeder wurschtelte, so gut er konnte und solange es seine Kräfte zuließen.

»Keine der Umbaumaßnahmen in unserem Betrieb«, analysiert Karl Schneiders Sohn Andreas, »keine der Strategien war touristisch professionell, das war alles mehr oder weniger improvisiert. Aber diese Problematik erklärt sich für mich eben aus der Mentalität der Nachkriegsgeneration. Kaum war man aus dem Trauma der Zwischenkriegszeit heraußen, brach der Zweite Weltkrieg aus, gefolgt von Wirtschaftskrise und Elend. Man wollte jede sich bietende Möglichkeit ergreifen, um da rauszukommen. Mit allen Mitteln und um jeden Preis wollte man vermeiden, wieder ins Elend abzurutschen. Und es mußte so schnell wie möglich gehen. Dieser Angst vor neuem Elend wollte man eben nach dem Krieg mit technischer Aufrüstung davonlaufen.«

Die Entwicklung des österreichischen Fremdenverkehrs läßt sich durch einige ganz charakteristische Faktoren beschreiben:

- Die Entstehung des alpenländischen Tourismus ist gekennzeichnet vom rasanten Tempo touristischer Erschließung in der Nachkriegszeit. Die Infrastrukturen wuchsen dabei vielfach schneller, als sich die Bevölkerung in den Dörfern darauf einstellen konnte. Tourismuskonzepte und ineinandergreifende überregionale Strategien fehlten völlig. Österreichs Urlaubsziele wurden nicht von Tourismusprofis, sondern von Laien etabliert.
- Zweites Merkmal: Der Tourismus entwickelte eine Art Eigendynamik, denn man ließ die Fremden mehr oder weniger gewähren, wie sie wollten. Schließlich war man einerseits darauf bedacht, möglichst schnell möglichst viele Gäste zu bekommen, und andererseits wußte man's in den Anfängen des Tourismus schlicht und einfach nicht besser.
- Drittens beruht die touristische Infrastruktur nicht auf rationalen Entscheidungen, nicht auf einem klaren Ja der Einheimischen zum organisierten Geschäft mit den Urlaubern, sondern gründet sich auf die damaligen existenziellen Zwänge der bäuerlichen Bevölkerung.

Die Art und die Motivation zu reisen – und damit die Form des Tourismus – machten im Lauf der Jahrhunderte gravierende Wandlungen durch. Der heute aktuelle und für den Großteil der Bevölkerung selbstverständliche Erholungstourismus ist eigentlich erst die letzte und mit Abstand jüngste Phase des Fremdenverkehrs. Der ursprünglich vielschichtige Begriff »Reisen« läßt sich mittlerweile mit dem Begriff »Urlaub« gleichsetzen.
Eine der frühesten Formen des Tourismus bildeten Wallfahrten und Pilgerreisen. Bereits im zwölften Jahrhundert klapperten religiöse Reisende die sakralen Stätten ihrer Verehrung ab. Sankt Wolfgang oder Mariazell waren damals schon beliebte Ziele eifriger Wallfahrer. Penible historische Aufzeichnungen religiöser Würdenträger belegen, daß zum Beispiel im Jahr 1376 Pfarrmitglieder aus 37 österreichischen Ortschaften regelmäßig zum Salzburger Stift Sankt Peter pilgerten. Betriebe, die die Wallfahrer einquartierten und verköstigten, entwickelten sich anfangs eher nur als notwendige Begleiterscheinung. Die tou-

ristische Entwicklung, die die einst religiösen Reiseziele durchgemacht haben, stimmt allerdings mehr als nachdenklich.

Beispiel Mariazell: Rechts am Hauptplatz die gotische Basilika, das Mariazeller Wahrzeichen. Gegenüber Gasthäuser, Pizzerien, Eissalons, eine Vinothek. Die Apotheke wirbt pompös mit »echten Mariazeller Magentropfen«. Die Auslage eines Souvenirladens ziert das Konterfei des Papstes mit der Aufschrift: »Johannes Paul II. in Mariazell – Restbestand – Auflage 200 Stück – S 150.–« Beim Kircheneingang ein Wegweiser: »Zum Glockenturm. Mit der größten Glocke der Steiermark.«

Auch anderes in der Hitparade der sakralen Absurditäten wird gern an die große Glocke gehängt. Etwa, daß sich in der Basilika die verschiedensten Nationalitäten tummeln. »Heut' waß i net, wo die her san«, sagt die Frau an der Computerkassa vor der Schatzkammer, »aber die meisten Sprachen versteh' i schon.« Pilgergruppen aus aller Herren Länder besuchen täglich die Messen, zwei Gottesdienste können parallel stattfinden. »Des muaß scho über Wochen geplant werden«, sagt die Frau an der Computerkassa. »Da muaß ma sich früh anmelden, damit ma an Platz kriagt.« Rent a church. Geöffnet von 0 bis 24 Uhr, kein Ruhetag.

Erster Stock der Basilika. Die Mauern des Stiegenhauses sind mit Graffity-Sprüchen übersät. An den Wänden gestickte Heiligenbilder, daneben die Warnung: »Eigenhändiges Anbringen von Votivbildern ist nicht gestattet.«

Gleich neben dem Kirchentor beginnt die Welt der Standln. Auslage neben Auslage, Rollbalken neben Rollbalken. Ein Sammelsurium von kitschigen Heiligenbildern, Plastikmadonnen – in der Jetset-Version mit farbigen Glühbirnen beleuchtbar –, Rosenkränzen, Kerzen, aufblasbaren E-Gitarren, Stofftieren, Springmessern, Plastikgewehren, Kristallimitaten, Bierkrügeln, Wurstsemmeln und T-Shirts. Deftige Sinnsprüche machen sich neben Heiligenbildern besonders adrett: »Wenn's Arscherl brummt, is' Herzerl g'sund.« Oder: »Wer seine Frau hat mitgenommen, ist nie zu spät nach Haus gekommen.«

Zu fortgeschrittener Stunde treffen einander die Einheimischen in Mariazells einzigem Nachtlokal, der »Silvana-Bar«. Um halb fünf Uhr früh torkeln Betrunkene aus dem Lokal über jene Straße, auf der bei Tag wieder bieder gekleidete Touristen mit Feiertagsmiene entlangschreiten werden. Drinnen, in der Bar, geht im Hinterzimmer eine Hypnose-Show über die Bühne. Im gleißenden Scheinwerferlicht läßt

die Dorfjugend die Sau raus, kompensiert die knorrigen religiösen Normen – eine Teufelsaustreibung der besonderen Art.
Mariazell bedeutet heute Kultur und religiöse Tradition im Totalausverkauf. Aus Mariazell ist Maria-Sell geworden. »Silvana«-Barfrau Inge: »Die Kirch'n is' halt unser Fabrik.«

Doch zurück zur Entwicklung des österreichischen Fremdenverkehrs. Nach dem Wallfahrtstourismus war – neben dem ebenfalls für das Entstehen von Gastgewerbebetrieben und Übernachtungsmöglichkeiten nicht unwesentlichen Handels- und Warenverkehr – der Kulturtourismus des Adels der zweite Impulsgeber. Vom 16. bis zum 18. Jahrhundert galten die Bildungsreisen – auch »Kavalierstouren« genannt – jugendlicher Adeliger und begüterter Weltbürger als fixer und unverzichtbarer Bestandteil ihres Werdeganges und ihrer Ausbildung. Die bei solchen Streifzügen durch die europäischen Länder verfaßten Reisetagebücher fungierten bis ins 18. Jahrhundert als die Reiseliteratur schlechthin. Die Reiseerzählungen der Vorfahren wurden von der nächsten Generation zur Vorbereitung der eigenen Bildungsreise herangezogen.
Die nächste Etappe des Reisens wurde durch die im ganzen Land entstehenden Kur- und Heilorte eingeleitet. In den gehobenen Kreisen war es mit Beginn des 19. Jahrhunderts gang und gäbe, Kurorte wie Baden, Bad Gastein oder Reichenau an der Rax zu frequentieren.
Erst in der letzten Phase der Reise-Motive – unter anderem durch die Romantik angeregt – erforschte man unbekannte Gegenden mehrheitlich aufgrund der landschaftlichen Reize beziehungsweise zum Zweck des Urlaubens. Besonders die Romantiker ließen sich von der Schönheit der Landschaft beeindrucken, bewunderten die schroffen Formen der wilden Gebirgswelt. Bislang waren die unwirtlichen Berge – ebenso wie das Meer – mehrheitlich als bedrohend und angsteinflößend empfunden worden. Allerdings durchforsteten anfangs weniger einheimische Naturburschen als ausländische Abenteurer die alpenländische Gebirgswelt. Vor allem die Engländer wagten sich, nachdem sie Nordafrika bereits abgegrast hatten, auf Österreichs stürmische Berggipfel.
Abseits dieser Strömungen in der Bevölkerung gab es immer wieder Pioniere, die eigene touristische Wege gingen. Als einer der umtriebigsten Wanderer durch die Gebirge und als einer, der die Reize der Natur schon im 16. Jahrhundert zu schätzen wußte, ging Kaiser Maxi-

milian I. in die Geschichte ein. So wagte sich der rüstige Monarch auf den Pitztaler Gletscher und erstieg anno 1506 den Traunstein. Mitunter stellte er seine akrobatischen Leistungen auch ganz gerne vor Publikum unter Beweis. Als Maximilian zum Beispiel die Martinswand bei Innsbruck erklomm, durften dem Kaiser zahlreiche Schaulustige auf einer Bühne, von der aus die Martinswand mühelos einsehbar war, beim Klettern zuschauen. Und als er endlich den Gletscher erreicht hatte, notierte der naturbegeisterte Kaiser ehrfurchtsvoll: »Ich habe das Gefühl, auf dem höchsten Gebirge der Welt zu stehen, ohne die Erde zu berühren.«

Auch der Minnesänger Oswald von Wolkenstein hielt bereits im 14. Jahrhundert seine Naturempfindungen in Versform für die Nachwelt fest. Die breite Bevölkerung allerdings ließ sich erst im 19. Jahrhundert, eben mit Einzug der Romantik, für Wald und Wiesen begeistern. Mit dem Zeitalter der technischen Neuerungen und der landschaftlichen Erschließung gewann der Tourismus als solcher erstmals globale Bedeutung und wurde als Wirtschaftsfaktor erkannt. Ab Mitte des 19. Jahrhunderts entstanden die ersten offiziellen Organisationen, die sich um die Vermarktung der Landschaft und um die Koordinierung der Reiseströme bemühten.

In zeitlich dicht gedrängter Folge etablierte sich Vereinigung um Vereinigung. 1862 wurde der »Österreichische Alpenverein« gegründet, 1869 der »Österreichische Touristenklub« und der »Steirische Gebirgsverein«. Die »Naturfreunde« fanden sich 1895 zusammen. Im Rahmen des »Steirischen Gebirgsvereins« wurde 1879 erstmals ein regionaler Fremdenverkehrsausschuß gebildet. Zielsetzung: Die »Förderung und Unterstützung aller nach innen und nach außen gerichteten Unternehmungen, die eine Vermehrung des Fremdenzuzuges bezwecken und zur Folge haben.« Aus diesem Ausschuß ging 1881 der »Verein zur Förderung des Fremdenverkehrs in der Steiermark« hervor, der in kürzester Zeit bereits an die fünfhundert Mitglieder umfaßte. Auch einige andere Regionen Österreichs folgten diesem Beispiel und gründeten touristische Interessensvereinigungen. In den darauffolgenden drei Jahren formierten über hundert Gemeinden örtliche Fremdenverkehrsvereine.

Mitte der achtziger Jahre des vergangenen Jahrhunderts waren Zielsetzungen und Stoßrichtung des alpenländischen Tourismus mehr oder weniger klar umrissen. Als am 13. und 14. April 1884 Abgeordnete verschiedener Fremdenverkehrsvereine in Graz zu einer Delegiertentagung zusammentraten, trommelte deren Vorsitzender Josef Stradner lautstark für die Propagierung des Geschäftes mit den Urlaubern: Man werde, so Stradner laut Sitzungsprotokoll im Brustton der Überzeugung, »mit dem Delegiertentag doch mindestens einen großen Vorteil erzielen: Das, was hier gesprochen wurde, wird der Bevölkerung den Beweis liefern, daß die Förderung des Fremdenverkehrs für sie wirklich eine große wirtschaftliche Bedeutung hat«. Als hätte er damals schon geahnt, welche Ausmaße der neue Wirtschaftszweig eines Tages annehmen würde, fügte der Vorsitzende hinzu: »... wenn wir bei unseren Beratungen den volkswirtschaftlichen Boden nicht verlassen, wenn wir uns vom Geiste der Eintracht und des Gemeinsinns leiten lassen, wenn wir lokalpatriotische Regungen allgemeinen Gesichtspunkten unterordnen.«

Ebenso schnell wie die Organisationen entwickelten sich in diesen Jahren die ersten Infrastrukturen. So standen den müden Wanderern 1870 noch bescheidene zehn Schutzhütten zur Verfügung, bis 1909 schnellte die Zahl auf 530 hinauf.

Ein entscheidender Stichtag für den Massentourismus war der erste Mai 1873, als sich in Wien die Tore der Weltausstellung öffneten und für die aus aller Herren Länder eintrudelnden sieben Millionen Besucher Möglichkeiten für Aufenthalt und Verpflegung hatten geschaffen werden müssen.

Ein wesentlicher Schritt zur Erleichterung und Verbesserung der Reisebewegungen war die Erschließung der Landschaft durch die Eisenbahn. Aufgrund der Verbilligung des Reisens und der gleichzeitigen Kapazitätserhöhungen war auch dem kleinen Mann der Weg in die Fremde nicht mehr gänzlich versperrt. Kein Wunder, daß sich die Herren der Dampfrösser zu dieser Zeit gleich selbst entscheidend um die Popularisierung des Fremdenverkehrs bemühten. So sorgten die Südbahngesellschaft und die Kaiserin-Elisabeth-Westbahn nicht nur für den Transport der Gäste, sondern kümmerten sich auch gleich um deren Beherbergung und nahmen eigene Hotels in Toblach, am Semmering oder in Zell am See in Betrieb.

1890 übernahm in logischer Konsequenz die Verwaltung der österreichischen Staatseisenbahnen als erste staatliche Stelle die Agenden für die bundesweite Förderung des Fremdenverkehrs. Mit der Errichtung des k.u.k. Eisenbahnministeriums fielen die »Grundsätzlichen Maßnahmen zur Hebung des Fremdenverkehrs« dann unter ministeriale Kompetenz.

Das massive Interesse sowohl der staatlichen Organisationen als auch der Alpenbewohner selbst an der neuen Erwerbsquelle war in Anbetracht der ökonomisch tristen Situation der Landbevölkerung nur logisch. Die Älpler, von Beruf jahrhundertelang Bergknappen, Fuhrwerker, Bergbauern oder Forstwirte, waren zu allen Zeiten aufgrund der kargen Gegend so arm, daß sie sogar als Leibeigene uninteressant waren und damit frei blieben. Ab Mitte des 19. Jahrhunderts, als kreuz und quer durch die Landschaft Schienen gelegt wurden, vermittelten die Tiroler mitunter gar ihre Kinder an ausländische Fabriken, weil es im eigenen Land kaum Möglichkeiten zum Broterwerb gab. Schon Achtjährige wurden an Unternehmer, die vornehmlich aus Schwaben anreisten, »vermietet«. Von Tirol wurden die Kinder mit der Bahn zu sklavenmarktähnlichen Verteilermärkten verfrachtet und wanderten von dort aus weiter in irgendeine Fabrik. Oft arbeiteten die jungen Tiroler sechs Monate pro Jahr im Ausland.

Mit dem Ende des Ersten Weltkrieges und mit dem Zerfall der österreichisch-ungarischen Monarchie wandelte sich das touristische Publikum. Statt aus Ost- und Südosteuropa stammten die Gäste von nun an hauptsächlich aus dem Westen.

1923 wurde die »Österreichische Verkehrswerbung« gegründet, die sich um touristische Werbeaktivitäten im gesamten Bundesgebiet kümmerte. Sowohl die Rechtsform als auch die Gesellschafterkonstruktion der Verkehrswerbung änderten sich im Lauf der Jahrzehnte – ihr Nachfolger ist heute die »Österreichwerbung«.

Schon im Jahr 1928 gab die Zeitschrift »Fremdenverkehr« einige – heute etwas verstaubt anmutende – Richtlinien darüber heraus, wie ein optimales Fremdenzimmer zu gestalten sei: »Strohsäcke sind für Gastbetten ausgeschlossen«, heißt es da apodiktisch, »Waschgeschirr und Nachttopf müssen tadellos rein und dürfen nicht gesprungen oder angebrochen sein.« Man gab den pflichtbeflissenen Hoteliers auch gleich ein paar gute Tips mit auf den Weg nach oben: »Ein wenig reines Wasser im Nachtgeschirr hält dieses rein und das Nachtkästchen geruchlos. Spucknäpfe sind nicht zu verwenden, am allerwenigsten mit Sägespänen oder Papierschnitzel – weil feuergefährlich; wenn überhaupt, dann sanitär vollkommen einwandfreie.«

Einen touristischen Rekord konnten die heimischen Fremdenverkehrsmanager 1931 verzeichnen. Mit über neun Millionen Ausländer- und mehr als elf Millionen Inländernächtigungen schlug sich in diesem

Jahr die höchste Urlauberfrequenz in der Zwischenkriegszeit zu Buche. Im Vergleich zu den heute üblichen 130 Millionen Übernachtungen pro Jahr erscheint das freilich eher kümmerlich.
Trotzdem fettete der Wirtschaftsfaktor Fremdenverkehr bereits seit der Jahrhundertwende das Staatssäckel beachtlich auf. Von 1892 bis 1902 ließen die 47 Millionen Kronen aus dem Tourismus die Bundeskassa gehörig klingeln. Der österreichisch-ungarische Aktivsaldo betrug dabei zu jener Zeit genau 46 Millionen Kronen. Was bedeutet, daß die Bilanz der Monarchie ohne den Fremdenverkehr ins Minus abgerutscht wäre.
Der Aufwärtstrend hielt jedoch nicht allzulange an. Denn kaum hatte der verhinderte Kunstmaler Adolf Hitler begonnen, sein folgenschweres Unwesen zu treiben, führte er für Österreichreisen eine 1000 Mark teure Auslandstaxe ein, die für die damals nicht gerade begüterten deutschen Staatsbürger einer Ausreisesperre gleichkam. Mit dieser Maßnahme wollte Hitler wirtschaftlichen Druck auf Österreich ausüben. So erreichte denn auch die Ausländernächtigungszahl 1933 mit 4,4 Millionen die absolute Talsohle – Österreichs Fremdenverkehrsbranche war wieder am Nullpunkt angelangt.
Nach dem Ende des Zweiten Weltkrieges war jene Situation eingetreten, die sich auch der Familie Schneider dargestellt hatte. Ein Großteil der bestehenden Hotels war zerstört oder zumindest schwer beschädigt, und im ganzen Land herrschte Lebensmittelknappheit. Von den 65 200 Fremdenbetten, die 1937 noch zur Verfügung gestanden waren, hatten nur 25 600 den Krieg überdauert. Rund 38 Prozent der Beherbergungsbetriebe waren dem Bombenhagel zum Opfer gefallen. Von der mickrigen Zahl der noch benützbaren Hotels mußte außerdem ein erklecklicher Anteil den Besatzungsmächten als Quartier überlassen werden.
1947 setzte die Bundesregierung erste Maßnahmen zur Wiederbelebung des Fremdenverkehrs. So wurde unter anderem ein bestimmtes Kontingent an Dollarbeträgen freigegeben, das den Import von Lebensmitteln und anderen Bedarfsartikeln speziell für den Hotelbetrieb ermöglichen sollte. Infolge dieser Finanzspritze konnten österreichweit zunächst 37 Hotels wieder auf Vordermann gebracht werden, die ihrerseits Devisen einspielten und die Basis für weitere Finanzierungsprojekte bildeten.

So war also spätestens zu Beginn der sechziger Jahre das Goldene Zeitalter des österreichischen Fremdenverkehrs eingeläutet. Die Sixties – und in weiterer Folge noch intensiver das Jahrzehnt danach – waren im wahrsten Wortsinn »roaring«: Die Lawine touristischer Infrastruktur rollte donnernd durch die Alpentäler. Nachdem sie bereits vor den Weltkriegen gesehen hatten, welches finanzielle Potential im Geschäft mit den Fremden steckte, hatten die Österreicher Blut geleckt.

Gebaut wurde, was das Zeug hielt. Standen den erholungsbedürftigen Urlaubern 1955 im ganzen Bundesgebiet noch 330 000 Betten zur Verfügung, so waren es in der Sommersaison 1993 über 1,2 Millionen, im Spitzenjahr 1983 waren es sogar knapp 1,3 Millionen. Grund für den leichten Rückgang: Vor allem bei den Privatzimmervermietern, deren Standard in vielen Fällen den Ansprüchen der Touristen nicht mehr genügt, sind kontinuierliche Einbrüche zu beobachten.

Während der siebziger Jahre stieg die Kurve steil an. Exakt 86 319 445 Nächtigungen vermerkte die Statistik 1970 – was im Vergleich zum Jahr davor bereits einem satten Nächtigungsplus von zwölf Prozent entsprach. Die Zahlen kletterten im Lauf der Jahre stetig nach oben. 1992 nächtigten die Urlauber 130 416 269 Mal in der Alpenrepublik.

Höher-schneller-stärker lautete das Credo. Auch die Politiker stimmten lauthals in das Halleluja auf den Tourismus ein. So reiste etwa Handelsminister Josef Staribacher, der 1970 auch als Obmann der Österreichischen Fremdenverkehrswerbung fungierte, nicht nur als Gallionsfigur des allgemein bejubelten Tourismus-Dampfers durch die Lande, er griff für die Umsetzung der kühnen Pläne auch kräftig in den staatlichen Klingelbeute. Von 1970 bis 1983 rüstete Happy-Peppi das Budget von 70,7 Millionen Schilling auf 304 Millionen auf. Ex-Vizekanzler Norbert Steger würdigte die Aktivitäten des umtriebigen Handelsministers im Dezember 1983: »Was vom PR-Genie Staribacher im Mehr-Fronten-Einsatz erreicht worden ist: Kein Berg war ihm zu steil, kein Radweg zu steinig, keine Gletscherspalte zu kalt, kein Weinkeller zu feucht, kein Vortrag zu langatmig, wenn es darum ging, sein Österreich mit all seinen Einrichtungen und Urlaubsfacetten vorzustellen.«

Sogar schon fünfzehn Jahre bevor Josef Staribacher zur Förderung des Fremdenverkehrs über Stock und Stein wanderte, hatten es sich Österreichs Tourismus-Werber nicht verkneifen können, in Superlativen zu schwelgen. Beispiel Ferien-Reklame: Eine Broschüre der Österreichischen Fremdenverkehrswerbung hielt 1955 triumphierend fest, daß die sagenhaften 111,5 Tonnen Papier, die in diesem Jahr für den Druck von Prospekten verbraucht worden waren, übereinandergetürmt die stattliche Höhe von 2535 Meter erreichen würden. Dem Lobestext war eine Skizze beigefügt, die den Papierturm neben dem Berggipfel des Großen Priel (2523 Meter) zeigte. Ein paar Seiten weiter brüstete man sich damit, daß das zum Zweck der Fremdenverkehrspropaganda eingesetzte Filmmaterial die Strecke Wien–Innsbruck ausfüllen würde. Auch mit der Auflage der Zeitschrift »Reisenachrichten« war man nicht knausrig: Die 179 000 Exemplare, hatten die findigen Tourismus-Manager errechnet, ergäben eine Höhe von 161 Meter – und überragten damit den Stephansdom um 24 Meter. Wieder per Skizze illustriert.

Zwanzig Jahre später, am 27. März 1976, jubelten die »Salzburger Nachrichten«: »Heute haben wir es schwarz auf weiß, daß das Nachkriegsphänomen ›Winterlicher Fremdenverkehr‹ (...) eine Stabilität in seiner Entwicklung nachweist, wie sie kaum in anderen Wirtschaftssektoren zu finden ist. Selbst den Labilitätserscheinungen der Rezessionszeit hat er ohne bemerkenswerte Schwankungen getrotzt.«

Am deutlichsten zeigt sich der wildwuchernde Touristik-Boom im Bundesland Tirol. Die Aussichten auf das große Geld stoppten die massiven Abwanderungstendenzen der Bergbevölkerung abrupt. Geld, Zeit und sämtliche verfügbare Energie wurden in den touristischen Ausbau gepumpt. Tirols Anteil an der Gesamtfläche des Bundesgebietes beträgt lediglich 15 Prozent, jener der Tiroler Bevölkerung an der Gesamtbevölkerung rund acht Prozent. In Sachen Fremdenverkehr jedoch belegen die Tiroler mit Abstand den ersten Platz. Schätzungen zufolge zuckelt ein Fünftel aller Schilifte dieser Welt auf österreichische Berggipfel, das Gros davon in Tirol. Würde man sämtliche Lifte Tirols zu einer einzigen Verbindungsbahn zusammenschließen, könnte man sich von Innsbruck bis nach Hamburg befördern lassen. Und alle Schipisten zusammen ergäben eine Abfahrt, die ungefähr bis Stockholm reicht.

Das Maß ist voll, die Grenze des Erträglichen längst überschritten: 65 Quadratkilometer Tirols bestehen aus Schipisten, allein seit dem Zweiten Weltkrieg wurden über zehn Quadratkilometer Wald für den Wintersport gerodet. Nur ein Siebentel der Tiroler Landesfläche kann als Siedlungsraum genützt werden, dort allerdings konzentrieren sich Privatleben der Einheimischen und Highlife der Urlauber. Tirol hat heute mit an die 400 000 Gästebetten nur um rund 50 000 Betten weniger als ganz Griechenland. Auf einen Tiroler kommen im Durchschnitt 71

Nächtigungen. Damit liegt Tirol in Sachen Fremdenverkehrsintensität einsam an der Spitze. Im Österreichdurchschnitt kommen auf einen Einwohner 16 Nächtigungen. Und sogar mit dieser Zahl führt Österreich, was die Dichte der Touristenströme betrifft, die internationalen Statistiken an.

Das Maß ist voll: Die historische Bausubstanz – und damit ein wichtiger Bestandteil des sozialen Gefüges – wurde hemmungslos der touristischen Erschließung geopfert. Fast jedes zweite Haus in Tirol entstand erst nach 1961 – im Bezirk Kitzbühel sogar bis zu 75 Prozent der Häuser. Die Dörfer mutierten zur Ferienkulisse.

Beispiel Saalbach-Hinterglemm: Die 2500-Seelen-Gemeinde im Pinzgau rangiert heute im Wintertourismus an dritter Stelle der wichtigsten Fremdenverkehrsgemeinden von ganz Österreich. Im Winterhalbjahr 1991/92 wurden in Saalbach stattliche 1,2 Millionen Nächtigungen verzeichnet. Zählt man die Sommernächtigungen hinzu, kommt man auf rund 2,1 Millionen Jahresnächtigungen, was ungefähr 890 Fremdenübernachtungen pro Einwohner entspricht. Damit läßt Saalbach etwa die Festspielstadt Salzburg deutlich hinter sich.

Das Maß ist voll: 1991 gab es in Österreich exakt 3377 Seilbahnen und Lifte. Weniger als früher, sagt die Seilbahnwirtschaft. Tatsächlich verzeichnete die Statistik 1983 noch knapp über 4000 Aufstiegshilfen. In diesem Fall allerdings trügt die Statistik. Zwar hat die Anzahl der Liftanlagen wirklich leicht abgenommen. Landespolitiker und Wirtschaftsfachleute einigten sich Anfang 1992 nach langem und mühsamem politischem Tauziehen nämlich auf eine Art Erweiterungsstopp bei Liften und Schipisten. Statt dessen geistert seit damals der nebulose Begriff »Komfortverbesserungen« durch die Branche. Viele Betreibergesellschaften legten die schwammige Bezeichnung dahingehend aus, ihre überalteten Zweier-Sesselbahnen durch moderne Dreier- oder Vierer-Bahnen zu ersetzen. Damit sinkt zwar die Zahl der Liftanlagen österreichweit, die Beförderungskapazitäten steigen aber. All die politischen Schlagworte wie jene »Nachdenkpause« über weiteren Ausbau der Schigebiete, über die hinter den Polstertüren des Tiroler Landtages monatelang diskutiert und gestritten und die dann großspurig als »Tiroler Weg« proklamiert wurde, sind Worthülsen geblieben. Wer geglaubt hat, daß die Betonköpfe der Seilbahnindustrie zum Umdenken zu bewegen wären, ist heute eines Besseren belehrt. Nach wie vor wird aus der Landschaft rausgeholt, was sie hergibt.

Aber jetzt ist das Maß voll. Die Landschaft ist zubetoniert. Wenn ein

Theater 300 Sitzplätze hat, haben nicht 500 Zuschauer darin Platz. Trotzdem wollen viele in der Branche nicht erkennen, daß der Plafond längst erreicht ist. Ein Beispiel aus dem Gasteiner Tal: Dort stand ein Hotel direkt unter einer Schipiste. Mit Schneekanonen wurde die Saison verlängert. Die künstliche weiße Pracht hat aber die ungünstige Eigenschaft, den Boden zu versiegeln, wodurch das Regenwasser nicht einsickern kann, sondern Richtung Tal abrinnt. Zusätzlich bauten die Liftbetreiber nur wenige Meter über dem Hotel einen großen Parkplatz, um nur ja möglichst viele Schifahrer anlocken und auf den Berg karren zu können. So verhinderte eine weitere große Fläche das Eindringen des Regenwassers. Die Wassermassen, die sich nun nicht mehr gleichmäßig im Boden verteilen konnten, lösten dadurch Hangrutschungen aus, das Erdreich krachte mitten ins Hotel und zerstörte es völlig. Die Versicherungen und die Banken wollten für den Schaden nicht aufkommen. Kein Wunder, sind doch die Seilbahnbetreiber als Gesellschafter dort vertreten.

Der Bauboom im Fremdenverkehr hat sich als Bumerang erwiesen. Tourismusberater Jakob Edinger: »Es ist wie beim Zauberlehrling, man wird die Geister, die man gerufen hat, nicht mehr los. Irgendwann, schon in den siebziger, spätestens aber in den achtziger Jahren, sind die Grenzen überschritten worden und es entstanden Überkapazitäten.« Kritiker, die sich immer wieder vereinzelt zu Wort meldeten, wurden geflissentlich überhört oder als Miesmacher und Nestbeschmutzer verteufelt. So vermerkte die Fachzeitschrift »Gastwirt, Hotelier, Cafetier« bereits 1972 in einem Bericht über touristische Einbrüche und strategische Fehlplanungen in Deutschland: »Ähnliche Probleme können sich auch in Österreich ergeben, wenn Hotels weiter so wie bisher drauflosgebaut werden.«

Das Überangebot hat noch eine weitere verheerende Folge: nämlich steigende Konkurrenz. Der Topf ist nicht mehr groß genug für alle, die besten müssen sich behaupten mit alle Mitteln. Heute wird in Tirol vor allem im Sommer mit extremen Dumpingpreisen gekämpft, die wiederum die Bilanzen empfindlich schmälern. Weniger und weniger trifft auch das Argument zu, daß der Tourismus zumindest ausgiebigen Wohlstand über Land und Leute gebracht habe. Edinger: »Wir haben heute scharfen Verdrängungswettbewerb. Daher auch eine dicke Blutspur in den Bilanzen.«

Das fatale Fazit der historischen Entwicklung des Fremdenverkehrs in

Österreich: Um die Landschaft für touristische Zwecke zu adaptieren und den Gästen ein Ambiente anzubieten, das sowohl althergebrachte ländliche Idylle heucheln als auch den laufend wachsenden Standard-Ansprüchen der Urlauber genügen sollte (ein Schild im Wipptal: »Urlaub am Bauernhof – mit Sauna und Swimmingpool«), erfolgten vor allem in den letzten dreißig Jahren kaum mehr rückgängig zu machende Eingriffe in die Natur – und damit in alle Bereiche des Lebensraumes der Bevölkerung. Die Landschaft wurde durch Infrastruktur regelrecht niedergewalzt.

Die Älpler lösten eine Lawine aus, um ökonomischer Not und wirtschaftlichen Abhängigkeiten zu entfliehen. Doch das Maß wurde überschritten. Der Tourismus wurde nicht neben der Landwirtschaft und anderen – wenn auch bescheidenen – Erwerbsquellen etabliert, sondern auf deren Kosten. In weiten Teilen Österreichs wurde die Landwirtschaft schlicht verdrängt. Erst wenige Orte und Regionen sind dabei, effiziente Konzepte gegen das Bauernsterben zu erarbeiten und für eine sinnvolle Ergänzung der beiden Wirtschaftszweige zu plädieren.

Man wollte einer Abhängigkeit entkommen und begab sich schnurstracks und ziemlich ausweglos in die nächste: in die Abhängigkeit von Saisonen, Wetterlage und die Kaufkraft der Touristen, die über gute oder schlechte Bilanzen entscheidet. Der Gedanke an die letzten schneearmen Winter, die mageren Sommersaisonen und die allgemeine Rezession jagt zahlreichen Pensionsbesitzern in Anbetracht der finanziellen Einbußen heute schon kalte Schauer über den Rücken.

Vielen Privatpensionen, die es einfach nicht schaffen, mit dem Standard der Hotels mitzuhalten, droht das endgültige Aus. Ein Aus nach dreißig Jahren Arbeit bis zum Umfallen, nach Verzicht auf persönliche Freiräume und zufriedenes Familienleben. Der Zug der Zeit donnerte durch die Täler – mittlerweile wird klar, daß er auch über die Menschen, die dort leben, hinwegdonnerte.

Tourismusberater Edinger: »Wir haben zuviele Orte mit zuviel Tourismus.« Konsequenz: »Die Industrie hat solche Ausmaße angenommen, daß sich Einheimische und Gäste nicht mehr wohlfühlen. Bei den Einheimischen entsteht mehr und mehr Tourismusfeindlichkeit. Trotzdem haben immer noch wenige Orte die Kraft, selbst Grenzen zu ziehen oder konkrete Leitbilder zu erstellen.« Wie lange in Österreich planlos herumgefuhrwerkt wurde, belegt schon der Umstand, daß das allererste, für die konkreten Gegebenheiten einer Region zurechtgeschneiderte Tourismusleitbild überhaupt erst im Jahr 1973 erstellt wurde. Und zwar im Kleinen Walsertal, einer Gegend, deren Zugang zum Fremdenverkehr zu allen Zeiten relativ gemäßigt war und es bis heute ist.

Jakob Edinger: »Wenn eine Bevölkerung so schnell hinaufkommt, entstehen auch oft Sinn- und Existenzkrisen. Die Wohlstandsentwicklung führt zu sozialen Spannungen. Wenn wir plötzlich Gold entdecken, passiert das auch.«

Die neue Welt

Die Tourismuslawine wirkte sich auf die bäuerlich orientierte Bevölkerung in den Alpentälern wie ein Zeitsprung aus – Kultur und Tradition wurden verkauft, verkitscht, über Bord geworfen. Die Einheimischen haben sich selbst den Boden unter den Füßen weggezogen.

Knallbunte Sonnenschirme leuchten auf den Terrassen synthetisch anmutender Bauernhäuser, die sich ebenso krampfhaft wie vergeblich bemühen, Rustikalität zu heucheln. Bierreklame-Fähnchen flattern in zerfransten Baumwipfeln. Lokal neben Lokal, Konditorei neben Eisdiele, Pub neben Almstub'n. Aus massiven Lautsprechern, in trauter Zweisamkeit mit angeblich handgefertigten, aufdringlich verschnörkelten Blumenkisten montiert, aus denen alles nur erdenkliche Gewächs hervorquillt, dröhnen Sirtaki-Klänge. Lautstark, damit die Gäste die Rockmusik aus dem Nebenlokal nicht hören müssen, die sich mit schrillem Gitarrensound verzweifelt bemüht, die Volksmusik aus einem Café zu übertönen, die die Schnulzen aus der Konditorei übertönen will, die das Hämmern des Preßlufthammers übertönen will, mit dem ein Bauarbeiter die Straße malträtiert.

Die kleine Tiroler Fremdenverkehrsgemeinde Westendorf, unweit von Kitzbühel, ist nichts anderes als eine überladene Kulisse für konsumgeilen Fast-food-Tourismus. Der Ort ist übersät mit Souvenirläden, die tonnenweise Postkarten, Plüschtiere, Wanderstöcke, Filzhüte, Spritzpistolen, T-Shirts oder Sonnenbrillen in den grellsten Farben feilbieten. Das Auge wird von Postkarten überreizt, auf denen sich spärlich bekleidete Maiden neben erstaunt glotzenden Kühen auf Almwiesen räkeln oder auf denen sich feist grinsende schwabbelbäuchige Urlauber literweise Bier über den Kopf schütten. Sinnige Textzeile auf dieser Postkarte: »Aaahhhhh...!«

Ein Tourismusbüro lockt mit einer ganzen Batterie von Ankündigungstafeln, die, einer gewaltigen, langgezogenen Straßensperre ähnlich, Tagesausflüge in die unmittelbare Umgebung, also nach Salzburg und Wien, an den Gardasee und nach Venedig anbieten. Schräg gegenüber hat Nacht für Nacht »Andy's Pub – Almstub'n« seine Pforten geöffnet. Zwischen den Souvenirständen, Eisläden und touristischen Werbeorgien stampfen beherzte Urlauber umher, drängen sich bei Eisverkäufern, wühlen in Geschenkartikeln, zwängen sich geradezu akrobatisch zwischen Tür an Tür, Kühlergrill an Heckspoiler stehenden und rollenden Autokolonnen durch.

Ferienalltag in Westendorf.

Urlaub in Tirol.

Knapp 4500 Betten bietet die 3000-Seelen-Gemeinde Westendorf während der Hauptsaison an. Die Tourismuslawine hat die ehemals bäuerlich orientierte Bevölkerung und die traditionelle Infrastruktur mit voller Wucht überrollt. Bausubstanz, über Dekaden gewachsene dörfliche Kultur und soziales Gefüge wurden zugunsten der Urlauberhorden bedingungslos geopfert, ein für allemal über Bord geworfen. Die Ortschaft besteht zum Großteil aus architektonischen Hülsen, in die während der Hauptsaisonen die Fremden eingefüllt werden. In den Nebensaisonen bleiben leere Fassaden zurück, Westendorf ist dann ein Satellitendorf, eine Geisterstadt.

Mehr als die Hälfte der Bauten ist erst nach den sechziger Jahren entstanden, der alte, gewachsene Ortskern besteht aus nur fünf bis sechs Häusern. Über die jahrhundertelang in solide Tradition eingebettete bäuerliche Bevölkerung ist mit Mordsgetöse eine neue Zeit hereingebrochen. Eine neue Zeit und damit eine neue Welt, die man sich selbst geschaffen hat und die alles, was gewohnt und vertraut war, auf den Kopf gestellt hat. Die Westendorfer haben sich den Boden, auf dem sie groß geworden sind, auf dem vor ihnen unzählige Generationen Halt gefunden haben, selbst unter den Füßen weggezogen. Sie haben ihren eigenen Lebensraum zerstört. Sie sind daheim nicht mehr zu Hause.

Westendorf, die kleine Gemeinde, idyllisch gelegen, der Ort, der im Winter ausgelassenes Highlife garantiert. Der Ort, der eine der höchsten Selbstmordraten in ganz Österreich verzeichnet.

Im Lauf der letzten Jahrzehnte schnellte die Kurve rasant nach oben. Wurden in den vierziger Jahren insgesamt sechs Selbstmorde verübt und von 1950 bis 1960 überhaupt nur einer, waren in den achtziger Jahren bereits sechzehn Suizid-Opfer zu beklagen. Die meisten davon nahmen sich jeweils im November das Leben. Der zweitkritischste Monat für die Westendorfer war in den achtziger Jahren regelmäßig der März mit durchschnittlich drei Selbstmördern. Gefährdet waren dabei vor allem zwei Altersgruppen: Die 20- bis 29jährigen und die

40- bis 49jährigen. Die Opfer gehörten zum überwiegenden Teil einer einzigen Berufsgruppe an, nämlich jener der Landwirte. Immerhin sechs der insgesamt sechzehn Toten aus den achtziger Jahren stammten aus bäuerlichem Milieu, zwei hatten im Tourismus gearbeitet.

Ein unscheinbarer Ort, fern vom allgegenwärtigen beengenden Alltagstrubel der Großstädte, abseits der Hauptverkehrsströme. Wer nach Westendorf fährt, wird vielleicht den touristischen Kitsch bemerken – aber wohl kaum ahnen, welche menschlichen Tragödien sich hinter den bunten, für die Urlauber adrett aufgemotzten Fassaden abspielen. Ein unerklärliches Phänomen?

Jedenfalls kein einzigartiges. Ähnliche Tendenzen zum Suizid wurden – speziell Mitte der achtziger Jahre – auch in Vorarlberg festgestellt. Und zwar auch dort in bis dahin von der streßverursachenden Hektik der Metropolen verschonten Regionen. In Gegenden, in denen der Tourismus nach einer jahrzehntelangen Phase der landwirtschaftlichen Orientierung plötzlich lautstark Einzug gefeiert hatte. Hauptsächlich im Montafon und am Arlberg wählten überdurchschnittlich viele Vorarlberger aus offiziell ungeklärten Gründen den Freitod. Mittlerweile hat sich dort die eklatant hohe Selbstmordrate zwar wieder auf einen Durchschnittswert eingependelt. Albert Lingg, der Primar der Nervenheilanstalt Valduna in der Vorarlberger Kleinstadt Rankweil, führt diesen Rückgang darauf zurück, »daß über die Problematik inzwischen zumindest gesprochen wird und somit die Leute nicht mehr ganz auf sich allein gestellt sind. Das heißt allerdings sicher noch nicht, daß die Ursachen der Probleme selbst gelöst worden sind«.

Auch dem Westendorfer Gemeindearzt Ekkehard Heel ist die empfindliche Zunahme an Selbstmorden in den Tourismusgemeinden aufgefallen: »Insgesamt, so scheint es, hat sich die Mehrzahl der Suizide vom Osten Österreichs in Richtung Westen verschoben.«

Der Zusammenhang zwischen dem Fremdenverkehr und den auf die Berufssparte der Landwirte konzentrierten Selbstmorden wird deutlicher, wenn man sich vor Augen hält, was für Konsequenzen das radikale Umschwenken auf das große Geschäft mit den Fremden für die bäuerliche Bevölkerung mit sich brachte – nämlich den Verlust der gewohnten Umgebung, des tradierten Wertesystems und der angestammten Lebensgrundlage. Dinge, die fest im Gedankengut der Menschen verankert waren und nicht von heute auf morgen austauschbar sind. Der Tourismus muß der konservativen Landbevölkerung wie ein Zeitsprung vorgekommen sein, und auch wenn sie die Zeitmaschine

dabei selbst angekurbelt haben – sie sind ungewollt in einer ganz anderen Welt erwacht. Nur, daß sie sich dabei selbst nicht verlagern mußten, die neue Welt ist mit Getöse zu ihnen gekommen. Eine Welt, in der plötzlich modisch gekleidete Akademiker in fetten Autos über die inzwischen betonierten Landstraßen kurvten. Zeitgeistige Großstädter, die Jeans statt kratziger Leinenhosen trugen, eine Swatch anstelle der geerbten Taschenuhr am Handgelenk hatten und im Dorfwirtshaus, das mittlerweile etwa »Hotelrestaurant Zum Goldenen Hirschen« hieß, nicht »Zahlen!« sondern »Die Rechnung, bitte!« riefen. Und wo es statt Zwetschkenkuchen inzwischen Käsesahnetorte gab, die noch dazu auch in D-Mark bezahlt werden konnte. Mit lautem Knall prallten zwei Welten aneinander. Übrig blieb die Welt der Touristen, die das große Geld – und im Schlepptau auch zahlreiche andere Dinge – mitbrachten.
Dazu kam, daß der Berufsstand der Bauern mehr und mehr an Bedeutung verlor – das österreichweite Bauernsterben hatte auch in den Fremdenverkehrsregionen eingesetzt. Nur in wenigen Gebieten konnte sich ein Nebeneinander von Tourismus und Landwirtschaft entwickeln. Die traditionellen bäuerlichen Strukturen sind vielmehr durch den Tourismus ersetzt worden. Nur in ausgesuchten Tälern setzen findige Gastronomen ganz bewußt auf eine intensive Kooperation zwischen Landwirtschaft und Fremdenverkehr. Was übrigens drei Vorteile hat: Einerseits lassen sich mit steigendem Natur- und Gesundheitsbewußtsein in der Bevölkerung auch biologische Produkte, die direkt vom Bauernhof geliefert werden, gewinnbringend verkaufen. Zweitens erfährt der Berufsstand der Landwirte damit wieder einen kräftigen Aufschwung – wodurch die wetter- und rezessionsbedingte alleinige Abhängigkeit vom Tourismus in Grenzen gehalten werden kann. Und außerdem verhindert eine sinnvolle Symbiose, daß das gesamte dörfliche Leben den Urlaubern geopfert werden muß.

Wie jedoch die gängige Praxis in Österreichs Tourismushochburgen aussieht und welche verheerenden Auswirkungen der donnernde Fremdenverkehrsboom auf Land und Leute hat, zeigt die rasante psychische Talfahrt einer bäuerlichen Familie in einer typischen Tiroler Ferienmetropole.
Seit Generationen betreibt die Familie Ettmayer* in dieser Ortschaft

* Die Namen wurden vom Verlag geändert.

eine nicht allzu große Landwirtschaft. Zum Gut gehören ein paar Hektar Grund und außerdem eine bescheidene Zahl an Schweinen und Rindern. Gerlinde und Josef Ettmayer brachen als erste Generation mit der alten Familientradition, indem sie in den sechziger Jahren dem Bauernhof einige Fremdenzimmer beifügten. Sie gehorchten damit der allseits ausgegebenen Parole, die Zukunft der Landbevölkerung liege im Geschäft mit den Touristen. Ohne sich allzuviele Gedanken über Chancen und Risiken des so hoffnungsvoll erscheinenden neuen Berufszweiges zu machen, adaptierten die Ettmayers einen ihrer leerstehenden Stadel als Urlauberunterkunft. Wobei sich der finanzielle Aufwand noch in Grenzen hielt. Verlieren, so dachten sie, könne man dabei nicht viel. Den Stadel braucht man sowieso nicht für andere Zwecke, warum also sollte man ihn nicht probeweise für die Touristen umfunktionieren? Wenn die Rechnung nicht aufgehen sollte, könnte man ja immer noch weitermachen wie bisher, und wenn das Geschäft eines Tages laufen sollte, wäre es erst recht die richtige Entscheidung gewesen. Und schließlich: Da im ganzen Land die Hotels wie die Pilze aus dem Boden schossen, mußte ja wohl am großen Geschäft mit den Fremden was dran sein.

Außerdem schien die Einquartierung, Verpflegung und Verköstigung von Touristen so viel einfacher zu sein und um so viel weniger Mühe zu bereiten als die Knochenarbeit im Stall und auf dem Feld. Ein bißchen Betten machen, ein wenig kochen – und neue Leute, denen noch dazu das interessante Flair der Großstädte anhaftete, würde man auch kennenlernen.

Die neuen Leute kamen tatsächlich bald. Und waren begeistert von der idyllischen Atmosphäre, die der ganze Ort und damit das bäuerliche Anwesen der Familie Ettmayer ausstrahlte; wollten jede Ecke, jede Nische dieser für sie ungewohnt heil erscheinenden Welt erforschen, fanden Gefallen daran, eingebunden in den Alltag der ländlichen Bevölkerung, ihren Gastgebern bei der Arbeit über die Schulter zu schauen, mit ihnen ins Gespräch zu kommen, deren tägliches Leben kennenzulernen.

Das Geschäft lief gar nicht schlecht, und die Ettmayers entschieden sich, zusätzlich zu dem Stadel auch einen Teil des eigenen Wohnhauses für die Zimmervermietung zur Verfügung zu stellen. Josef und Gerlinde Ettmayer richteten darin auch die obligatorische Gaststube ein, die fortan ebenso gern wie ausgiebig frequentiert wurde. Ab diesem Zeitpunkt waren die Fremden ständig im Haus, ein fixer, nicht mehr

wegzudenkender Bestandteil im Alltag der Ettmayers, die bisher in den fest verankerten Strukturen der Großfamilie gelebt hatten und seit Generationen die Bindung, Geborgenheit, den Schutzschild der familiären Gemeinschaft gewohnt gewesen waren: Das Gehöft als Zufluchtsort, wo Großeltern, Eltern und Kinder ihre Pflichten und Rechte, ihre Kompromisse und Freiräume zu verwalten haben. Als Insel, auf der die vorhandenen Ressourcen sinnvoll aufgeteilt werden, eine Insel, die Platz, Halt und Sinn bietet, aber auch Schutz vor den Einflüssen von außen.
Eine Insel, die plötzlich von einem vorbeifahrenden Schiff entdeckt wurde. Von unzähligen Schiffen, von einer ganzen Armada.

Die Urlauber drangen in die Privatsphäre der Ettmayers vor, drängten sich zwischen die Familienmitglieder, zerrissen dadurch die familiären Bindungen. Plötzlich drehte sich alles um die Fremden. Plötzlich standen die Feriengäste intimen Privatgesprächen im Wege. Plötzlich mußten die Kinder die schöneren Zimmer im Haus den angereisten Städtern überlassen und sich möglichst ruhig verhalten. Plötzlich hatte niemand mehr Zeit für sie. Und plötzlich hatte die zahnlose Urgroßmutter im Wohnzimmer nichts mehr zu suchen. Ihre Gegenwart hätte die Touristen befremden können, also bugsierte man sie unter irgendeinem Vorwand in einen abgelegenen Nebenraum. Man wollte zwar den Urlaubern ungetrübte Urtümlichkeit vor Augen führen, aber alles sollte und mußte auf einmal klinisch rein und auf die Erwartungshaltungen der noblen Städter zurechtgeschneidert sein.
Was im speziellen Fall der Familie Ettmayer gilt, trifft auch auf das gesamte touristische System zu. Die gewachsene ländliche Infrastruktur mit all ihren Ecken und Kanten mußte einer geschönten, sterilen Version der Rustikalität weichen. Knorrige Bretter oder windschiefe Balkone wurden mit Maßstab und Zirkel begradigt, jede Individualität ausradiert, auf dem Reißbrett die für das Geschäft scheinbar nötige Einheitsmischung aus klischeehafter, charakterloser Bäuerlichkeit skizziert. Und als die Bevölkerung vom Größenwahn ergriffen wurde und einer dem anderen krampfhaft den eigenen Wohlstand demonstrieren wollte, wurden dem architektonischen Kunstprodukt noch einige Facetten hinzugefügt und auf den Balkonen Blumenkisten über Blumenkisten gestapelt oder die Häuser mit jahrmarktähnlichen Lichterketten aus farbigen Glühbirnen, Fahnenmasten und mit ebenso pompösen wie abstrusen Gemälden geschmückt, die nachts ebenfalls

meist von Lauflichtern umrahmt werden. Die Baukultur in den Fremdenverkehrsregionen – und damit das eigentliche Zuhause der Bevölkerung – wurde radikal zerstört. Es gibt in Wahrheit keine Rustikalität in den Alpentälern. Es gibt nur eine touristische Kitschkulisse, ein gigantisches Alpen-Disneyland.

Im Fall der Familie Ettmayer war der Verlust der dörflichen Strukturen nur ein Glied in der Kette fataler Umstände, die aus dem Tourismus resultierten und die im Lauf der Jahre unüberwindbare Barrikaden zwischen den Familienmitgliedern schufen, für irreparable Sinnkrisen sorgten und in letzter Konsequenz in zwei tragischen Selbstmorden gipfeln sollten. Der Griff zur tödlichen Notbremse wäre bei den Ettmayers früher undenkbar gewesen: Sie waren eine starke, harmonierende Familie, in der die Beziehungen immer gestimmt hatten. Josef Ettmayer galt als kräftiger, fleißiger, körperlich tüchtiger Mann, zufrieden, ausgeglichen und sozial gefestigt.

Josef Ettmayer wurde ein Opfer des Alkohols. Und merkte erst viel zu spät, daß er immer tiefer in einen Strudel hineingezogen wurde, aus dem er sich aus eigener Kraft nicht mehr befreien konnte.

Alkohol war bis zu dem Zeitpunkt, als das Geschäft mit den Urlaubern begann, kein Thema in der Familie Ettmayer gewesen. Zu Silvester, zu besonderen Anlässen oder im Kreise guter Bekannter trank man zwar schon ganz gerne ein Gläschen, aber nun begannen Bier und Schnaps ein unverzichtbarer Bestandteil im Leben der Bauern zu werden.

Stets begann es in der Gaststube. Den in fröhlicher Urlaubslaune schwelgenden Gästen kam es natürlich gar nicht in den Sinn, zu den für die Ettmayers gewohnten Zeiten ins Bett zu gehen. Ebensowenig Gefallen hätten sie daran gefunden, ein anderes Lokal aufzusuchen. Im Gegenteil: Sie wollten die Abende mit ihren Zimmervermietern verbringen, wollten deren Welt, deren Tagesabläufe, deren Einstellungen kennenlernen. Sie waren interessiert daran, daß die Bauersleut' Anekdoten aus dem zünftigen Landleben zum besten gaben, wollten deren urige Schmähs, deren Binsenweisheiten hören, waren fasziniert von einer Welt, in der die Uhren noch langsamer zu gehen schienen. Die Städter hatten damals eben Neuland entdeckt.

Und umgekehrt. Denn auch den Ettmayers wurde schlagartig bewußt, daß da ein völlig anderer Menschenschlag in ihre vier Wände eingezogen war. Die Neugier der Bauern war freilich mit einer gehörigen Portion an Respekt, Berührungsangst und Devotismus vermischt. Kein

Wunder. Saßen doch auf einmal die hohen Herren in der Gaststube der braven Bauersleute. Advokaten, Wirtschaftsfachleute, Ärzte, Künstler. Menschen, die von der Landbevölkerung schon alleine deshalb bewundert wurden, weil sie es sich überhaupt leisten konnten, Urlaub zu machen. Menschen, die Geld hatten, freizügig damit umgingen, ansehnliche Autos fuhren. Die Landbevölkerung lernte die Fremden nie in einer anderen Situation kennen als in der des Urlaubes, in der sie sich entspannt, zufrieden und fröhlich präsentierten. Wenn den Ettmayers auch klar war, daß für die Städter diese Phase eine sehr kurze im ganzen Jahr sein mußte – im Unterbewußtsein blieb nun mal ein Eindruck von solchen Menschen haften, die sich frei nehmen, wann sie wollen, die genießen statt zu schuften und die es sich leisten können, bis spät nachts in der Gaststube zu hocken.

Und zu saufen. Denn dem Alkohol sprachen die Touristen recht gerne zu. Brachten zum Teil sogar die Getränke mit. »Das Problem des von den Urlaubern eingeschleppten Alkohols ist da schon ein wichtiger Punkt«, urteilt der Westendorfer Arzt Ekkehard Heel, »ohne diesen Alkohol hätten viele Bauern nie zu trinken begonnen.«

Nicht nur, weil es so gemütlich war, mit den Gästen ein paar Stamperln oder ein paar Biere zu trinken, wehrte sich Josef Ettmayer nicht, am Abend in der Gaststube regelmäßig mitzutrinken. Der Alkohol hatte noch einen Nebeneffekt: Er glich die sozialen Unterschiede, die Berührungsängste und die Scheu, die Ettmayer vor den so viel gebildeter erscheinenden Fremden nun mal beschlich, aus.

Daß die Fremden seine Anwesenheit in der Gaststube ausdrücklich wünschten, war evident. Daß das für das Geschäft außerst förderlich war, weil man sich dadurch treue Stammkundschaft heranzüchten konnte, leuchtete Josef Ettmayer auch ein. Trotzdem: Es prallten zwei Kulturen frontal aufeinander. Der Alkohol ebnete dieses Sozialgefälle nachhaltig. Sobald Bauer und Rechtsanwalt besoffen waren, fühlten sie einander näher. Ekkehard Heel: »Das war eben die große Verbrüderungsgeschichte. Dadurch kam man schleichend zum Alkohol.«

Der zügellose Alkoholkonsum beeinträchtigte freilich die Leistungsfähigkeit von Josef Ettmayer, die er jeweils am Morgen darauf hätte aufbringen müssen, um all die erforderlichen Tätigkeiten im Stall und auf dem Feld zu verrichten. Er schaffte die Arbeit, aber es bereitete ihm immer mehr Mühe und er tat es mit immer weniger Freude. Ettmayer fühlte sich ständig unausgeschlafen, mürrisch und schlapp. Alkohol und Zigarettenrauch verursachten ein permanentes dumpfes Gefühl in seinem Kopf und längerfristig ein laues Gefühl in den Muskeln. Stimmungsschwankungen traten häufiger auf als früher. Josef Ettmayer war plötzlich nicht mehr Herr seiner Zeit, kontrollierte den Tagesablauf nicht mehr selbst, die Dinge, die zu erledigen waren, erfuhren plötzlich eine andere Gewichtung. Die Arbeit in der Landwirtschaft stellte sich für ihn mehr und mehr als lästige Mühsal dar, die Betreuung der Urlauber bereitete ihm nicht zuletzt in Anbetracht eines gefüllten Bankkontos zwar Freude, war aber andererseits eine permanente soziale Belastung – welche sich allerdings spätestens nach dem dritten Stamperl in Gleichgültigkeit auflöste. Immer öfter brauchte sich Ettmayer zum Mittrinken nicht überreden zu lassen, sondern strebte das allabendliche Hochgefühl sogar an.

Dazu kam der Umstand, daß sowohl der Mißmut, den er tagsüber zunehmend ausstrahlte, als auch die ständig präsenten Gäste familiärem Gedankenaustausch im Weg standen. Plötzlich lebte jeder für sich. Josef arbeitete auf dem Feld oder pflegte Kontakt mit den Touristen, Gerlinde kümmerte sich um Küche oder Fremdenzimmer, die Eltern des Ehepaares halfen zumindest sporadisch mit, den Betrieb in Schuß zu halten, die Kinder hatten sich mit sich selbst zu beschäftigen und ihren schulischen Pflichten nachzukommen. Spannungen wurden nicht mehr verbalisiert, sondern aufgestaut und hinuntergeschluckt. Plötzlich war das eigene Haus kein Refugium für die Bewältigung privater Probleme mehr, sondern eine Bühne, auf der die Ettmayers Tag und Nacht zu stehen hatten und auf der sie ständig dem Blick der Pensionsgäste ausgesetzt waren. Einen Vorhang freilich konnte man nicht fallen lassen. Den ließ Josef Ettmayer erst Jahre später für sich persönlich fallen.

Anfang der achtziger Jahre. Das Leben am Hof der Familie hatte sich grundlegend geändert. Die Landwirtschaft war inzwischen zu völliger Bedeutungslosigkeit geschrumpft. Einerseits weil Josef Ettmayer weder Zeit, Energie noch Lust für die harte Arbeit aufbrachte, andererseits weil die landesweit mißliche Lage der Landwirtschaft auch auf seinem Hof spürbar war. Man konzentrierte sich dafür um so stärker auf das Geschäft mit den Touristen, baute zwei Zimmer dazu, stattete sämtliche Räume mit höherem Standard aus. Auch die Mentalität der Reisenden war eine andere geworden. Das vorsichtige, neugierige Herantasten an die Gepflogenheiten der Landbevölkerung war längst ei-

nem fordernden, vereinnahmenden Konsumtourismus gewichen. Die Urlauber wollten bedient werden, wünschten den Kontakt mit den Einheimischen nicht mehr, sondern setzten ihn geradezu als selbstverständliche Bedingung voraus, als Service der Dorfbevölkerung, das im Pauschalpreis inbegriffen sein mußte.
Die Nachkommen der Ettmayers, den Kinderschuhen mittlerweile entwachsen, verließen das Elternhaus Mitte der achtziger Jahre, um Jobs in den Städten nachzugehen. Nicht zuletzt zahlreiche Gespräche mit den Touristen hatten ihnen diesen Weg geebnet.
Die Ehe von Josef und Gerlinde Ettmayer degenerierte zu einem Formalakt – es waren schließlich weder Raum noch Zeit vorhanden, um Beziehungsprobleme auszudiskutieren. Spannungen entstanden auch zwischen Josef Ettmayer und seinem Vater Ferdinand*, der seinem Sohn immer wieder vorwarf, die althergebrachte Familientradition, die Landwirtschaft, verkümmern zu lassen.
Schließlich bestand die Familie Ettmayer nur mehr aus Einzelpersonen, die ihre Tätigkeiten verrichteten, funktionierten, wie Marionetten agierten. Der Kontakt untereinander wurde nur mehr zum Zwecke der Gästebetreuung aufrechterhalten. Die Fremden waren die Schaltstelle, der Verteilerkreis, bei dem alle Fäden zusammenliefen und über den die einzelnen Fäden in Berührung kamen. Nach außen hin und gegenüber den Gästen wurde der Schein der Intaktheit trotzdem all die Jahre aufrechterhalten. Längst trank Josef Ettmayer in dieser Situation nicht mehr deshalb, um einen guten Draht zu den Städtern herzustellen, sondern aus purem Frust. Außerdem bemerkte er auch, daß es in vielen anderen Familien ganz ähnlich lief – und damit auch die Möglichkeit, zumindest mit alten Bekannten, mit früheren Schulkollegen, Gedankenaustausch zu betreiben, fehlte. Die Jugendfreunde kämpften mit denselben Problemen, waren ebenso in die Abhängigkeiten des Tourismus verstrickt. Auch bot die zur Kitschkulisse mutierte dörfliche Struktur einfach keine Gelegenheit mehr zu intensiven privaten Kontakten. Ebenso wie in den eigenen Häusern tummelten sich auch auf dem ehemaligen Marktplatz, an der Busstation, im Supermarkt und im längst für den Massentourismus umgebauten Wirtshaus die Urlauberhorden. Josef Ettmayer fühlte sich isoliert und plötzlich selber fremd. Fühlte sich im eigenen Dorf, als wäre er in eine andere Stadt versetzt worden, in der er die Sprache nicht verstand.

---

* Die Namen wurden vom Verlag geändert.

Im September 1990 mußte sich Gerlinde Ettmayer einer Bandscheibenoperation unterziehen. Das ständige Schuften in der Küche und in den Fremdenzimmern hatte ihren Rücken arg in Mitleidenschaft gezogen. Für einige Monate war Josef somit auf sich allein gestellt, versuchte, all die Abläufe in der Pension selbst unter Kontrolle zu halten. Der einst kräftige Mann, der mit seinen 56 Jahren allerdings schon alt, verbraucht und gebrechlich wirkte, fühlte sich, obwohl ihm seine Eltern zur Seite standen, hoffnungslos überfordert. Sich am Abend mit den Gästen zusammenzusetzen, war für ihn nun zwar einerseits fast erlösend, da der Alkohol die Probleme bald ausblendete, andererseits geriet der Zwang, freundlich und entspannt wirken zu müssen, immer mehr zu einer nahezu unerträglichen Qual.
Eines Morgens im November 1990 war Josef Ettmayer nicht in der Küche der kleinen Pension anzutreffen, wo er sonst immer das Frühstück für die Gäste zubereitete. Auch im Stall und in der Scheune fand man ihn nicht.
Gefunden wurde Josef Ettmayer im Keller des Hauses.
Er war in der Nacht nach ausgiebigem Alkoholgenuß, nachdem die wenigen Stammgäste, die sich zu dieser Jahreszeit in der Pension aufhielten, in ihren Zimmern verschwunden und müde unter ihre Bettdecken gekrochen waren, in den Keller hinabgestiegen. Und hatte sich dort an einem Heizungsrohr erhängt.

Gemeinsam mit Gerlinde Ettmayer, die sich von ihrer Operation mittlerweile so halbwegs erholt hatte, führte ihr Schwiegervater Ferdinand den Betrieb noch eine Zeitlang weiter. Die familiäre Tragödie, das traurige Ende von Josef, wurde kaum angesprochen, sondern tabuisiert. Die Tätigkeiten in der Pension wurden pflichtgemäß, aber lustlos und mechanisch ausgeführt. Ferdinand Ettmayer sah sich vor den Trümmern seines Lebens. Immer wieder lief vor seinem geistigen Auge der Film von seinem Sohn, der sich umgebracht hatte, von den Enkelkindern, die geflüchtet waren, von der Familientradition, die der neuen Welt zum Opfer gefallen war, ab.
Im März 1991 folgte Ferdinand Ettmayer im Alter von fast achtzig Jahren dem Beispiel seines Sohnes Josef.

In der indianischen Kultur wurde schon vor vielen Jahren folgendes beobachtet: Solange die Indianer in ihrem angestammten Lebensraum eingebettet waren, sich in ihren gewachsenen dörflichen Stammeskulturen aufhielten, wo soziales Gleichgewicht herrschte, war ihnen das Phänomen Selbstmord völlig fremd. Freiwillig in den Tod zu gehen ließ sich weder mit ihrer Tradition noch mit ihrer Religion vereinen. Darüber hinaus hatten die Indianer schlicht und einfach keinen Anlaß, einen derartigen Notausstieg aus ihrer Gemeinschaft zu wählen. Selbstmorde wurden in der indianischen Bevölkerung erst verzeichnet, als sie aus ihrem Sozialgefüge herausgerissen und anderen Kulturen, nämlich der westlichen, untergeordnet wurde.

Verliert eine Gesellschaft Kultur, Tradition und ihren gewohnten Lebensraum, treten verstärkt Sinnkrisen und Identitätsverluste auf. In den Fremdenverkehrsregionen Österreichs ist genau das passiert. Zwar hat sich die Bevölkerung dabei nicht räumlich bewegt, die anderen Wertesysteme sind aber mit voller Wucht über sie gekommen. Das Geschäft mit dem Tourismus hat die Alpenbewohner dazu verleitet, den Urlaubern alles, was sie hatten, zu Füßen zu legen, ländliche Bräuche, kulturelle Überlieferung und sogar religiöse Gepflogenheiten zu verdinglichen, zur Ware zu machen und im Sonderangebot auf den Jahrmarkt der Sehenswürdigkeiten zu werfen. Folklore und Tracht waren nicht länger soziale Ereignisse, die die Bevölkerung über Jahrhunderte hinweg zusammengeschweißt hatten, sondern wurden nunmehr im handlichen Kombi-Familienangebot wie im Bauchladen als fließbandgefertigtes Souvenir zum Billigpreis verschleudert. Aus architektonischen Strukturen wurden kalte Betonhülsen, aus der Volksmusik wurde volksdümmliche Massenware, aus den Trachten wurden Kostüme, die bei jeder Gelegenheit voyeuristisch zur Schau gestellt werden. Seit Jahrzehnten wird den Touristen Theater vorgespielt. Laientheater, denn einerseits stimmen die Gagen nicht und andererseits haben sich die Rollen bereits so ins Bewußtsein der Bevölkerung gegraben, daß sie zu einem Identitätswandel geführt haben. »Bei der ersten Schneeflocke«, beobachtet die Innsbrucker Sozialarbeiterin Sigrid Marinell, »verändern die Einheimischen für die Touristen ihr Outfit und ihr Image völlig. Aus dem unauffälligen Bauernsohn wird auf einmal der tolle Schilehrer.« Der Tiroler Volkskundler Hans Haid: »Die Einheimischen werden mehr und mehr zu Tanzbären für die Touristen. Statt Mozart nur noch Mozartkugeln. Der Kaiser wird zum Kaiserschmarren.« Fazit: »Ehemals autonom denkende Menschen werden zu einem servilen Dienstleistungs- und Unterwürfigkeitsvolk. Eine relativ homogene Bevölkerungsschicht löst sich auf. Gegensätze werden immer krasser.«

Der Innsbrucker Soziologe Max Preglau befindet in einer Arbeit zum Thema »Tourismus und soziokulturelles Milieu«: »Die Überlieferung wird als solche aufgelöst, verdinglicht und musealisiert. Sie ist nicht mehr Lebensform, sondern nur mehr verkaufsfördernde Verpackung, dekorative Fassade eines rationalisierten Dienstleistungsbetriebes. Andererseits wächst eine ortsunabhängige Einheitskultur bar jeglicher lokaler Besonderheiten nach.« Preglau kritisiert, daß »ein monokultureller Tourismus das soziokulturelle Milieu, in das er eingebettet ist, zum Teil auflöst. Dieses soziokulturelle Milieu war jedoch in seiner Ursprünglichkeit und Unversehrtheit eine Bedingung seiner Entstehung und Entfaltung. Der monokulturelle totale Tourismus läuft demnach Gefahr, seine eigenen Existenzbedingungen zu untergraben«.

Was bedeutet: Wirklich verheerend wird es erst dann, wenn die Reisenden die Kitschkulisse, die ihnen als Rustikalität verkauft wird, eines Tages satt haben und nicht mehr kommen. Dann hat man ein ganzes Land umgeackert, eine jahrhundertealte Kultur ausgelöscht und steht in einer neuen Welt, die keiner haben will.

Alles wurde geopfert. Stellvertretend für das Auseinanderbrechen des gesamten Sozialgefüges und die uneingeschränkte Anbiederung an die Urlauber sei die Schilderung eines Obergurgler Hoteliers erwähnt, die Max Preglau in einer soziokulturellen Untersuchung über den Fremdenverkehrsort präsentiert: »Weihnachten feiern wir eigentlich am Abend mit den Gästen. Familiär wird es von mir aus drei oder vier Stunden vorgezogen, schon zwar in den Privaträumen, aber ganz kurz. Und hier mit den Angestellten im Hotel mach' ich es sogar drei Tage vorher. Eine kleine Ansprache, ich feiere mit ihnen, natürlich ist des auch logisch, der 24. is a hektischer Abend. Von mir aus g'sehen, von meiner Person aus, i bin des nie anders g'wohnt g'wesen, weil's schon von dahoam aus immer so war. Ganz kurzfristig ist man zusammengekommen in den Privaträumen, hat g'sagt ›Stille Nacht, heilige Nacht‹ und ich gratuliere und is' schon wieder ins G'schäft gangen, so war des bei mir schon früher. Ich könnt' auch gar nicht lang zusammensitzen, auch nicht zu einem Geburtstag, zu was denn da lang z'sammhocken und Geburtstag feiern?«

Das Bedienen der Gäste ist so in Fleisch und Blut übergegangen, daß man es als selbstverständlich erachtet. Heute allerdings schafft ein neuer Aspekt, der aus dieser Abhängigkeit resultiert, erst recht wieder Probleme. Die Branche will eigentlich gar nicht mehr dienen. Kein

Wunder: Zumindest ein gewisser Prozentsatz der Unternehmer im Fremdenverkehr hat sich ansehnlichen Wohlstand geschaffen. Einen Wohlstand, der jenem der Reisenden durchaus gleichwertig ist oder diesen sogar übersteigt. Wer will da noch die Rolle des Dieners spielen? Die Touristen aber wollen bedient werden, weil sie es jahrzehntelang nicht anders gewöhnt waren. Auch in diesen Teufelskreis hat man sich selbst hineinmanövriert: Die Alpenbewohner haben das Dienen viel zu wörtlich genommen, und jetzt können sie die ihnen auf den Leib geschnittene Rolle nicht mehr oder nur sehr schwierig abschütteln – was natürlich wieder zu Identitätskrisen bei der Bevölkerung führt.

Es ist einfach zu schnell gegangen. »Vor zwanzig Jahren«, erinnert sich der Westendorfer praktische Arzt Ekkehard Heel, »bin ich hierher gekommen unter der Voraussetzung, einen kleinen, ruhigen Ort mit bäuerlichen Strukturen vorzufinden. Dann ist der Tourismus wie eine Lawine hereingebrochen, hat das Dorf förmlich überrollt. Man hat nie gelernt, mit dem Phänomen umzugehen, man hatte nur das schnelle Geld vor Augen.«

»Die Dosis macht eben das Gift«, schließt der Vorarlberger Psychiater Albert Lingg an. »Die Gegend bekam in kurzer Zeit den Tourismus aufoktroyiert. Die Leute waren immer religiös und traditionell orientiert. Es ist einfach eine Überforderung der Gesellschaft entstanden.« Ekkehard Heel: »Der Tourismus hat einen Wandel in der Gesellschaft bedingt, eine Annäherung von Stadt und Land. Man ist plötzlich in der modernen Welt erwacht, kann aber mit dem kulturellen Umbruch nicht umgehen. Ein wesentlicher Punkt ist sicher auch, daß die Religion, die ja bisher immer Halt geboten hat, an Bedeutung verloren hat. Sonst würden die Leut' ja nicht bei mir, sondern beim Pfarrer sitzen.«

Den Kreis schließt sich bei den beiden tragischen Selbstmordfällen in der bäuerlichen Familie Ettmayer, bei den überdurchschnittlich vielen Selbstmorden in der Gemeinde Westendorf, die wiederum hauptsächlich die Landwirte begehen, und bei den eklatant hohen Suizidraten, die bis Mitte der achtziger Jahre im Montafon und am Arlberg zu verzeichnen waren. Albert Lingg: »Von 1970 bis 1984 lagen die Suizide in den beiden Fremdenverkehrsgebieten fünfzig Prozent über dem Vorarlberger Landesdurchschnitt.« In den beiden Tourismusregionen kamen in dieser Zeitspanne auf 100 000 Einwohner jährlich im Schnitt 32 Selbstmorde. Das sind um zehn mehr als im Vorarlberger Gesamtdurchschnitt. Eine interne Studie des Vorarlberger Krankenhauses, die sich mit der hohen Selbstmordrate beschäftigt, merkt an: »Der Einfluß des Fremdenverkehrs dürfte für diese Ziffer mitentscheidend sein, da der Niedergang traditioneller Strukturen in relativ kurzer Zeit, Labilisierung durch sehr unterschiedliche Beanspruchung in Saison- und Zwischensaisonzeiten, häufiger Orts- und Arbeitsplatzwechsel der in Saisonstellen Beschäftigten, überdurchschnittlicher Alkoholmißbrauch in diesen Gebieten und überdimensionale finanzielle Probleme eine Gefahr darstellen. In dieser höchst interessanten Fragestellung fällt auf, wie wenig Beachtung dieser Schattenseite des Tourismus im Vergleich etwa zu den ökologischen Folgen geschenkt wurde.«

Der Kreis schließt sich auch beim eklatant hohen Alkohol- und Drogenmißbrauch, bei Tabletten- und Spielsucht, bei der ausufernden Junkieszene in Vorarlberg. Der Kreis schließt sich, wenn man sich die Vielzahl an psychosomatischen Leiden wie Depressionen und Schlafstörungen oder die auseinanderbröckelnden Beziehungen im Fremdenverkehr anschaut.

Ohne Zweifel hat der Tourismus aus sozialer Sicht auch so manchen Vorteil mit sich gebracht. Frauen, die bisher ausschließlich auf ihre Männer angewiesen waren und somit in hundertprozentiger Abhängigkeit lebten, schufen sich, indem sie für den reibungslosen Betrieb in den Pensionen sorgten, eine gewisse Eigenständigkeit und gewannen dadurch an Selbstbewußtsein. Durch den Kontakt mit den Urlaubern fand außerdem die in vielen abgeschiedenen Bergdörfern über Generationen herrschende geistige und körperliche Inzucht ein Ende. Abgesehen davon, daß die trostlose Situation im Winter die Bergbevölkerung auch damals nicht selten zum Seelentröster Alkohol greifen ließ.

Trotzdem: Vergleicht man, wie die österreichische Alpenbevölkerung das Phänomen Tourismus sozial bewältigte, und wie die Einheimischen anderer Länder das tun, fallen krasse Unterschiede auf. Zwar haben auch die hoffnungslos überfüllten Strände an den Küsten Italiens und die kasernenartigen Bettenburgen in den Südländern weder mit Erholung noch mit dem ureigenen Charakter des Landes etwas zu tun. Aber die Bevölkerung war klug genug, die Touristen nicht ins Landesinnere, wo sich ihr eigener Lebensraum befindet, vordringen zu lassen. Die Privatsphäre und das zerbrechliche, intime Sozialgefüge der Bevölkerung war für die Reisenden immer tabu. Auch in Griechenland wuchsen landesweit und vor allem auf Inseln wie Ios oder

Santorin Touristensilos in die Höhe. Auch dort wurde die wilde, natürliche Landschaft in katastrophalem Maß zerstört. In Santorin zum Beispiel, wo an die beiden großen Strände Perissa und Kamari einst endlose Steppenlandschaft anschloß, wurde im Lauf der letzten sechs oder sieben Jahre nahezu jeder Quadratzentimeter mit Hotels, Bars und Diskotheken verbaut. Aber: Der Grieche läßt schon allein aufgrund seiner Mentalität seine Persönlichkeit, seinen Charakter nicht von den Fremden umpolen, er läßt sich nicht hetzen, nicht gänzlich vom Geschäft vereinnahmen. Er ist von seiner Veranlagung her schon auf Distanz getrimmt. Die Griechen sind überaus stolze Menschen – sie lassen sich nicht erniedrigen, weigern sich zu dienen, lassen sich von niemandem vorschreiben, wie sich ihre kulturellen Ereignisse zu gestalten haben. Wenn Griechen zum Beispiel ein religiöses Fest feiern, dann nach den überlieferten Riten ihrer Vorfahren und außerdem so, daß die Festivität entweder überhaupt unter Ausschluß der touristischen Öffentlichkeit stattfindet oder zumindest so, daß die Feierlichkeiten nicht beeinträchtigt werden können.

Zu all den hausgemachten Problemen in Österreich kommt noch ein weiterer Umstand, der in zunehmendem Maß aufs Gemüt der Alpenbevölkerung drückt: nämlich die Mentalität der Reisenden selbst. Der Begriff »Reisen« hat sich im Lauf vieler Jahrzehnte stark gewandelt. Aus dem staunenden, interessierten Beobachter anderer Länder und Kulturen, wie es ihn noch hauptsächlich zu Zeiten der Kavaliersreise gab, ist der polternde, fordernde Konsumurlauber geworden. Aus den sensiblen Erforschern unbekannter Regionen wurde eine rüde Besatzungsmacht.

»Ein großes Werk versammelter Menschlichkeit, ein herrliches Monument eines Volkes!« notierte Johann Wolfgang von Goethe 1786 ehrfürchtig, als er durch die Straßen von Venedig wandelte. Denn damals fuhr man noch in aller Bescheidenheit in andere Länder, ließ sich von den Sehenswürdigkeiten anderer Städte oder fremder Regionen gerne beeindrucken und brachte dieses Gefühl auch gerne zum Ausdruck. Man bereitete sich damals auf solche Reisen vor, man vertiefte sich, bevor man aufbrach, in Literatur, um sich mit den Gepflogenheiten und Bräuchen dieser unbekannten Länder vertraut zu machen. Man ordnete sich den Gesetzen dieser Länder unter und empfand das als selbstverständlich. Schließlich war man der Fremde, der es als Ehre empfinden mußte, anderswo Gastfreundschaft zu genießen.

Das alles hat sich heute grundlegend geändert. Der Tourist fügt sich nicht mehr in die Gegebenheiten seiner Reiseziele (was in Tirol übrigens auch gar nicht mehr möglich wäre, weil ja in blinder Demut alles auf die Wünsche der Urlauber zurechtgebogen wurde). Der Tourist will an seinem Ferienort am liebsten alles so vorfinden wie zu Hause: im Zimmer den Fernseher, auf der Speisekarte sein Lieblingsgericht, in der Bar seine bevorzugten Getränke. Er will das Ziel seines Urlaubes mühelos erreichen können, einen Parkplatz vor der Haustür, einen ständig pendelnden Schibus, der ihn auf schnellstem Weg zum Lift bringt. Der Tourist will auf nichts verzichten müssen: Er verlangt Urtümlichkeit und High Tech, Abgeschiedenheit und Highlife, unberührte Natur und optimale Verkehrsverbindungen. Schließlich hat er dafür bezahlt. Und wer bezahlt hat, darf anschaffen.

Urlaub ist kein Reisen mehr. Urlaub ist heute das Verfrachten von Menschen von einem Ort an einen anderen, wo man einerseits was erleben können muß, und wo man andererseits denselben Komfort, den man zu Hause genießt, verlangt. Die steigende Mobilität hat es mit sich gebracht: Reisen wird nicht mehr als das Zurücklegen enormer Strecken empfunden. Kontinente werden mit dem Flugzeug innerhalb weniger Stunden übersprungen. Man jettet für ein Wochenende nach Rio oder auf einen Sprung nach Chicago. Dabei gehen Sensibilität und Einfühlungsvermögen für die Andersartigkeit fremder Kulturen verloren.

Reisen ist außerdem zum genauen Gegenteil von Erholung geworden, nämlich zum Streß. Auf Schipisten, vor den Liftanlagen, im Schibus, in den Bädern, auf Almen und Wanderwegen herrscht Streß.Darüber hinaus werden die angeblich schönsten Wochen im Jahr dazu benützt, all das wettzumachen, was im Arbeitsalltag auf der Strecke bleibt: Beziehungsprobleme, soziale Krisen, Selbstverwirklichung. Man projiziert alle möglichen Sehnsüchte und Wünsche auf zwei oder drei Wochen. Und befindet sich damit erst recht wieder in einem streßbeladenen Ausnahmezustand. Denn statt dem Streß, den Beruf, Familie und der Großstadttrubel mit sich bringen, setzt sich der Tourist nun unter den Streß, daß all seine Träume wahr werden müssen – und benutzt die Einheimischen in den Fremdenverkehrsregionen als willfährige Objekte, um ihm bei der Erfüllung dieser Träume behilflich zu sein.

Die Wünsche bleiben natürlich unerfüllt. Man kann nicht per Startschuß glücklich werden. Was zurückbleibt, ist Frustration. Die Gründe für das unerfüllte Urlaubserlebnis werden dann meist in mangelhaften Angeboten der Gastgeber gesucht, die halt einfach den hohen Ansprüchen nicht gerecht wurden oder sich zuwenig um ihre Gäste kümmerten.

Der eigene Mißmut über jene unerfüllten Wünsche und Sehnsüchte wird aber nicht nur schnurstracks auf das touristische Angebot projiziert, sondern auch auf die eigene Beziehung. Denn viele Ehepartner, viele Freunde sind im Urlaub zum ersten Mal unausweichlich aneinandergeschweißt, und bei vielen treten plötzlich unüberbrückbare Bruchstellen in der Partnerschaft auf. Zu keiner Jahreszeit gehen so viele Beziehungen auseinander wie nach dem Sommerurlaub. Im September herrscht bei den Scheidungsrichtern der Bezirksgerichte regelmäßig Hochkonjunktur. Nach dem Urlaub liegt die Scheidungsrate immerhin um ein knappes Drittel über dem Jahresdurchschnitt.

Auch diese Facette ist ein Baustein der neuen Welt, die über die Alpentäler hereingebrochen ist und soziale Spannungen, enormen Leistungsdruck und noch dazu den Verlust von religiösen und anderen tradierten und sinnstiftenden Werten mit sich gebracht hat. Was bei den Einheimischen grundlegende Sinnkrisen verursachte – die sich wiederum in übermäßigem Alkohol- und Drogenkonsum, in psychosomatischen Störungen und in krassen Fällen in ausweglosen Selbstmordgedanken ein Ventil suchen. Die Goldene Ära des Fremdenverkehrs hat die Menschen entwurzelt.

Zunft ohne Zukunft

Arbeit bis zur Selbstzerstörung, Tablettensucht, vier Fehlgeburten; der ökonomische Erfolg – ein Nullsummenspiel. Der Fall einer Tiroler Pensionsbesitzerin zeigt, was von offizieller Seite gerne beschönigt wird: Der Traum vom großen Geld ist oft bittere Illusion.

Daß die Geschichte des österreichischen Fremdenverkehrs von groben Fehlplanungen geprägt ist, wird zuweilen zugegeben. Die Gastronomen und Hoteliers mußten sich, so das ziemlich abgenützte Argument, halt erst an den Umgang mit dem neuen Wirtschaftszweig gewöhnen.

Daß in vielen Tourismusregionen eigene Kultur und Tradition zugunsten der Urlauber auf der Strecke blieben – na gut, traurig, aber eben notwendig, um der wirtschaftlichen Tristesse zu entkommen.

Überhaupt wird bei fast allen Vorwürfen gegen das touristische System das Argument vom »ökonomischen Nutzen« ins Treffen geführt. Wirtschaft, Aufschwung, Tourismus. Unsere Wirtschaft muß wachsen, mag auch rundherum alles zugrunde gehen. Dafür müsse man eben, wurde der obrigkeitsgläubigen Bevölkerung jahrzehntelang eingehämmert, Opfer bringen. Seid's lieber dankbar, so habt's wenigstens a Geld.

Das Argument vom »wirtschaftlichen Erfolg« hat allerdings einen entscheidenden Nachteil: Es stimmt nicht. Denn, so zeigt die Statistik, je mehr sinnlose Infrastruktur in Österreich für touristische Zwecke aus dem Boden gestampft wird, desto höher wächst der Schuldenberg. Tatsächlich weist die Kurve der Negativa in den Bilanzen der Branche seit geraumer Zeit kontinuierlich nach oben. Innerhalb von nur zehn Jahren – von 1982 bis 1992 – hat sich die Verschuldung des Beherbergungs- und Gaststättenwesens mehr als verdoppelt: Stand die Branche 1982 noch mit rund 44,5 Milliarden Schilling in der Kreide, schnellte die Summe der Verschuldung bis Anfang der neunziger Jahre auf über 80 Milliarden hinauf und erreichte 1992 mit 104,8 Milliarden Schilling einen traurigen Rekord.

Die Geschichte von Marianne Huber*, die seit 1958 eine kleine Pension in einer stark erschlossenen Tiroler Wintertourismusgemeinde führt, steht stellvertretend für diesen Trend und für Hunderte ähnlich gelagerte Fälle in ganz Österreich.
Von Kindesbeinen an war die heute 56jährige mit dem Gastgewerbe vertraut. Als jüngstes von sieben Kindern auf einem mittelgroßen Bauernhof aufgewachsen, half sie schon im Alter von sieben, acht Jahren bei der Arbeit am Hof mit, kletterte etwa im Sommer mit den Eltern auf die Alm und hatte sich dort um die Versorgung der Ziegen zu kümmern.
Von der Alm führte ein nicht allzu weiter Weg zu einem kleinen Schutzhaus, in dem sich bereits damals im Sommer zahlreiche Touristen tummelten. Nach der Hauptschule jobbte Marianne dort in allen nur erdenklichen Bereichen des Gastgewerbes, werkte als Kellnerin, Köchin, wurde ebenso zum Aufräumen eingesetzt. Nach einem Jahr hängte sie ihren ersten Job an den Nagel: »Ich hab' dort einen siebzehn-Stunden-Tag gehabt. Am Ende hab' ich nicht mehr grad gehen können.« Im zarten Alter von fünfzehn Jahren mußte sie zur Bekämpfung ihrer Rückenschmerzen Injektionen über sich ergehen lassen. Zu dieser Zeit öffnete in Hall in Tirol eine Gastgewerbeschule ihre Pforten. Durch Beziehungen – als Kind, das nicht direkt einem gastronomischen Betrieb entstammte, hätte sie sonst keine Chance gehabt – durfte sie dort am Unterricht teilnehmen. Drei Jahre lang paukte Marianne in Hall das, was gemeinhin als »touristische Grundkenntnisse« gilt, nahm einige Jobs in Tirol an, schlug sich unter anderem sogar bis nach Dänemark durch.
Als Marianne Huber mit achtzehn Jahren heiratete, stand bereits der Rohbau ihres künftigen Eigenheimes. Im Hinblick auf potentielle Touristen hatte ihr Mann das Haus sicherheitshalber gleich von vornherein großzügiger konzipiert. Die Hubers sahen in diesem Kompromiß – nämlich einen Teil ihres Hauses den Urlaubern zur Verfügung zu stellen – die einzige Möglichkeit, die Schulden, die sie durch den Hausbau angehäuft hatten, regelmäßig abzuzahlen. »Es war ein mühseliger Anfang«, blendet Marianne Huber zurück, »wir haben unsere Existenz mit Schulden aufgebaut. Wir hatten gar keine Ahnung, mit welcher Mühe das Zurückzahlen verbunden sein würde.«
Es war ein finanzieller Überlebenskampf, eine Gratwanderung, wenn nicht gar ein Drahtseilakt. Marianne Huber: »Da war pausenlos der

---

Die Namen wurden vom Verlag geändert.

Gedanke: Entweder du schaffst die Saison oder... Du darfst nicht krank werden, sonst geht's nimmer. Auf Dauer macht das nervlich kaputt. Es wäre natürlich eine Schande gewesen, es nicht zu schaffen. Unsere Generation ist eben so erzogen worden.«

1956 war der Rohbau fertig. 1958 zog das Ehepaar ins lang ersehnte traute Heim ein. Freilich rangierte beim weiteren Ausbau eigene Lebensqualität ganz unten auf der Prioritätenliste. Das erste, was in Anbetracht der finanziellen Last in Schuß gebracht werden mußte, waren die Gästeunterkünfte im ersten Stock. Mit eisernem Willen verzichteten die Hubers auf persönliche Ansprüche und schliefen drei Jahre lang auf dem Badezimmerboden. Auf zerschlissenen Matratzen, die sie geschenkt bekommen hatten. Als sie nach dem Tod des Großvaters dessen altes Bett weiterbenutzten, war »das schon fast ein Luxus für uns«.

Zu diesem Zeitpunkt befanden sich das Erdgeschoß und der zweite Stock noch im Stadium des Rohbaus. »Wir haben nur stückerlweise ausbauen können, immer wenn wir ein paar Schillinge zusammenkratzen konnten. Kredite haben wir längst keine mehr bekommen. Das war den Banken damals alles viel zu riskant.«

1961 wurde das erste Kind geboren, 1962 folgte das zweite. Das Umfeld, das sich dem Nachwuchs von Anfang an darbot, prägte wohl bereits in frühen Jahren die radikal tourismusfeindliche Haltung, die die Kinder heute vertreten: Entbehrung, Armut, zwanghafte Bescheidenheit, verzweifelter Überlebenswille und nackte Badezimmerfliesen möblierten die Kinderstube.

1963 bauten die Hubers aus, vergrößerten die Bettenanzahl, um, so die Hoffnung, auch bessere Jahresgewinne einspielen zu können. Da nun mehr als zehn Betten als Fremdenbetten deklariert waren, meldeten die Hubers das Gewerbe an.

Marianne Huber: »Das ist jahrelang so weitergangen. Arbeiten – nicht mehr können – arbeiten – nicht mehr können.« Marianne kümmerte sich im Alleingang um die Pension, ihr Mann arbeitete – schließlich reichten die Einkünfte aus dem Tourismus kaum für die Abzahlung der Schulden – bei einer Elektrizitätsgesellschaft. Mariannes Belastung beschränkte sich dabei keineswegs nur auf die Zeit des Gästesturms in den Hauptsaisonen: »Während der Zwischensaisonen hab' ich noch härter gearbeitet. Schließlich mußten die Zimmer wieder in Schuß gebracht werden, außerdem war's halt nötig, den Komfort regelmäßig zu erhöhen, damit die Gäst' wiederkommen. Die Ansprüche steigen halt auch immer.«

Sowohl die zwanghafte Arbeitswut als auch die extreme Enthaltsamkeit nahmen bei ihr mit der Zeit fast manische Formen an. Als Marianne Huber 1964 nach einem Nervenzusammenbruch aus dem Krankenhaus zurückkehrte, hatte ihr Mann als freudige Überraschung für sie den ersten Fernseher gekauft. Marianne allerdings war psychisch so den Zwängen des ewigen Existenzkampfes verhaftet, daß sie nicht anders konnte, als mit Vorwürfen zu reagieren, sich selbst und ihren Mann mit Gewissenbissen zu peinigen: »Wie kannst du nur einen Fernseher kaufen, solang wir noch Schulden haben.«

Mehr und mehr zerfraßen vor allem in den sechziger Jahren die Überlebenssorgen das Privatleben des Ehepaares. Eine Zeitlang klopften drei- oder viermal pro Woche zynische Unternehmer an die Tür, die mit der baldigen Insolvenz des Betriebes spekulierten und eiskalt Kaufangebote machten. Die mit quälender Regelmäßigkeit stattfindenden Visiten wurden freilich von der – in allen kleinen Dörfern existierenden – voyeuristischen Neidgenossenschaft hämisch mitverfolgt. Genüßlich und aus sicherer Distanz beobachtete die Konkurrenz, ob der junge Betrieb überleben würde oder nicht. Gerade, daß keine Wetten darüber, ob die Hubers es wohl bis zum Ziel schaffen oder vorher auf der Strecke bleiben würden, abgeschlossen wurden. Typisch für die verschachtelten ländlichen Strukturen: Jeder kennt jeden, jeder weiß ungefähr, was der andere gerade tut und wie's dem anderen momentan geht. Ein Untertauchen in anonymer Masse ist undenkbar. Derjenige, der gerade erst zögernd seinen ersten Auftritt gehabt hat und nun all seine Energie dafür verwendet, sich freizuspielen, steht im Rampenlicht der Bühne wirtschaftlichen Erfolges. Und das Auditorium spekuliert munter darüber, ob das Stück wohl mit einem Happy-End ausgeht oder nicht. Eine fast ausweglos scheinende Situation, bestimmt von den althergebrachten Erwartungshaltungen und knorrigen ideologischen Parolen der Landbevölkerung: Leist' was, dann bist was. Wer – aus welchen Gründen auch immer – scheitert oder von den vorgegebenen Rahmen abweicht, fällt der Häme und der Verachtung der anderen Dorfbewohner anheim.

Ein Boden, auf dem die Fama nur so wuchert. Besonders hart traf Marianne, daß, als sich die finanziellen Probleme der Pension im Ort herumsprachen, sogar ihr Vater sie besorgt fragte, ob denn all die Gerüchte über eine eventuelle Insolvenz stimmten. Marianne

bemühte sich, ihn zu beruhigen und versicherte ihm, man werde es schon schaffen.
Ein Anlaß, noch härter, noch selbstzerstörerischer zu arbeiten. Und noch weniger auf das eigene Wohlbefinden oder wenigstens auf das der Kinder Rücksicht zu nehmen.

Im Alter von vierzehn Jahren bekam Marianne Hubers Sohn Gerhard* sein erstes Darmgeschwür und mußte operiert werden. Die Mutter schreibt die Leiden ihres Sohnes heute dem Streß, dem Frust der Kinder, verursacht durch die ständig präsenten Gäste, zu. Auch der Sohn gibt dem Fremdenverkehr die Schuld an seinen Erkrankungen. »Und wennst mir das Haus nachwerfen würdest«, sagte er etwa vorwurfsvoll zu Marianne, »ich würd's nicht nehmen.« Als Teenager flüchtete er zu den Saisonspitzen mit dem Schlafsack auf irgendeine abgelegene Alm, um dem Trubel, der seine Nerven mehr und mehr angriff, zu entkommen. Die Kinder mußten andererseits ständig mitansehen, wie ihre Mutter an der Überforderung, am Leistungsdruck und am finanziellen Überlebenskampf zu zerbrechen drohte; daß sie auch arbeitete, wenn sie erkältet war, wenn sie Fieber hatte, Kreuzschmerzen hatte. Nicht einmal als sie an Gürtelrose litt, gestand sie sich eine Verschnaufpause zu. Marianne Huber: »Die Gäste haben auch nie gemerkt, wenn ich krank war oder wenn's mir seelisch schlecht ging. Im Gegenteil: Oft mußte ich sogar den Beichtvater für manche Urlauber spielen. Wir haben zum Beispiel Stammgäste aus Norddeutschland, die bei mir anrufen, wenn sie Probleme haben.« Über ihre eigenen Schwierigkeiten jedoch verlor sie gegenüber den Touristen nie ein Wort.
Sie hätte sich gar nicht getraut, die Gäste auch nur andeutungsweise in die tatsächliche Situation einzuweihen. Da war die Angst, bei den Urlaubern die Illusion von den ausgeglichenen Landmenschen zu zerstören und sie damit vielleicht zu verscheuchen, viel zu groß. Im Gegenteil: Marianne Huber schürte – wie die meisten Pensionsbesitzer – die Erwartungshaltungen der Touristen, trachtete danach, sie nach Strich und Faden zu verwöhnen. »Wir haben uns schon verausgabt, wir haben ja vor jedem einen Kniefall gemacht. Unsere Leut' hab' ich so verwöhnt, da bin ich halt sicher selbst schuld. Aber wir mußten die Gäste eben dementsprechend verwöhnen, sonst wären sie ja nicht wiedergekommen.« Auch dem Wunsch der Urlauber, mit ihnen die

---

* Die Namen wurden vom Verlag geändert.

Abende in der Gaststube zu verbringen, wagte sie sich kaum zu widersetzen. Außerdem: »Es ist schon sehr verführerisch. Mein Mann und ich haben aber Gott sei Dank nie Alkohol angegriffen.« Bis ein, zwei Uhr nachts saß Marianne oft mit ihren Stammgästen in der Gaststube. »Heute geh' ich spätestens um zehn, sonst brech' ich zusammen.«

Marianne Huber kompensierte nie mit Alkohol. Sie kompensierte Streß und Frustration aber mit einer mindestens ebenso zerstörerischen Droge, mit jener nämlich, die – weiß Sozialberaterin Sigrid Marinell – für Frauen typisch ist: Tabletten – die stille Sucht. Unauffällig, unsichtbar. Das Zerstörungspotential entlädt sich dabei nicht wie in den meisten Fällen von Alkoholismus auf die Außenwelt, sondern richtet sich ausschließlich nach innen.

Medikamente, um seelische und körperliche Schmerzen zu dämpfen: Diagnostiziert wurden bei Marianne Huber unter anderem Gallensteine, Migräne, Depressionen, chronische Schlafstörungen. Sie mußte sich mehreren Operationen am Rückgrat und an der Halswirbelsäule unterziehen, ihr gesamter Bewegungsapparat ist geschädigt, die rechte Körperhälfte hoffnungslos abgenützt. Körper und Psyche waren so geschwächt, daß sie vier Fehlgeburten erlitt.

Vor allem in der Nacht verfolgten Marianne Huber die Sorgen um den Betrieb, um die Kinder, um die Finanzen und die aufgrund der vertrackten Situation strapazierte Beziehung zu ihrem Mann. Denn »daß a Verhältnis leidet, wenn die Frau verrückt spielt, ist ja klar«.

Fast vier lange Jahre lang war Marianne Huber tablettenabhängig, pumpte Unmengen an Valium und Lexotanil in sich rein. Zwischen sechzehn und zwanzig Stück am Tag. Hie und da konsultierte sie Nervenkliniken. Dort allerdings speiste man sie mit einer regelmäßig noch größeren Menge an Medikamenten ab. Einmal wurde sie stationär aufgenommen.

Die körperlichen Schäden waren unübersehbar: Marianne Huber magerte ab, wurde, wenn sie keine Tabletten zur Verfügung hatte, fahrig, nervös, begann zu zittern, lief ziel- und ruhelos im Haus auf und ab, litt unter Depressionen und Weinkrämpfen. »Ich war unterwegs wie ein richtiger Roboter.«

Ihr Mann versuchte mit allen Mitteln, sie zu beruhigen, redete ihr etwa ein, daß die Schlafstörungen gar nicht so schlimm seien, daß sie manchmal doch recht gut schlafen würde. Über ihren wahren Zustand freilich konnte er sie nicht hinwegtäuschen.

Eines Morgens sagte er zu Marianne, um sie aufzumuntern, er hätte beobachtet, daß sie letzte Nacht besonders fest geschlafen hätte. Marianne starrte ihn ungläubig an. Dann forderte sie ihn auf, ihr in den Keller zu folgen. Unten deutete sie auf einen riesigen Berg frisch gebügelter Wäsche. »So, ich hab' heut' gut geschlafen, meinst du«, sagte sie und nahm gleich darauf all seinen rührenden Beschwichtigungsversuchen den Wind aus den Segeln, »das alles hab' ich heut' nacht gebügelt, weil ich nicht schlafen hab' können. Bevor du sowas sagst, mußt du zumindest schauen, ob ich überhaupt im Bett bin.«

Erst auf den Rat des Dorfarztes, der ihr vor allem eindringlich empfahl, beruflich radikal zurückzustecken, begann Marianne Huber, den Tablettenkonsum schrittweise abzubauen und ihren Körper von der Sucht zu befreien. Ebenso kompromißlos, wie sie immer gearbeitet hatte, versuchte sie nun, ihre Medikamentenabhängigkeit zu besiegen. Sie wußte zu jenem Zeitpunkt, daß sie es geschafft haben würde, sobald sie eine ganze Schachtel mit den Tabletten neben dem Kopfpolster auf dem Nachtkästchen deponieren konnte, ohne in Versuchung zu geraten, zur Droge zu greifen. Marianne Huber stellte sich dem psychischen Kampf: »Ich muß es schaffen, daß das Zeug da liegt, ohne daß ich was davon nehm'.« Heute hat sie die Sucht tatsächlich unter Kontrolle, nur ganz selten erlaubt sie sich eine Beruhigungstablette.

Die körperlichen Schäden freilich sind geblieben, auch die Schlafstörungen kehren immer wieder zurück. »Wenn man einmal mit den Nerven fertig ist, baut man's eben nicht mehr so leicht ab.«

Ihren Lebensrhythmus hat Marianne Huber allerdings inzwischen gezwungenermaßen geändert. Auch deshalb, weil sie sich endlich die Muße genommen hat, über all das, was die letzten dreißig Jahre ihr Leben bestimmt hat, nachzudenken und so manches in Frage zu stellen. Etwa, ob es tatsächlich erforderlich war, sich bis 1972 keinen einzigen Tag Urlaub zu gönnen und auch ab diesem Zeitpunkt nur zehn bis vierzehn Tage pro Jahr. Oder sich zum Beispiel das völlig gestörte Verhältnis zu Familienfesten wie Weihnachten vor Augen zu halten: Schon als Kind und auch als junge Frau, deren Leben ausschließlich von den Touristen dominiert worden war, hatte Marianne immer davon geträumt, Weihnachten einmal nur im Kreis der Familie feiern zu können. Vor ein paar Jahren wurde der Traum wahr: Außer ihrem Mann und ihren Kindern waren nur zwei altbekannte Stammgäste aus Berlin in der Pension anwesend. Marianne: »Ich hab' mir vorgestellt, das müßten die schönsten Weihnachten meines Lebens werden. Und als es dann vorbei war, hab' ich mir gedacht: Es war kein Weihnachten. Man ist den Trubel eben so gewöhnt, das ist alles so in Fleisch und Blut übergegangen, daß man da gar nicht mehr normal empfinden kann.«

Auch was die Entwicklung des Fremdenverkehrs in der gesamten Ortschaft betrifft, stellt Marianne Huber immer öfter die Sinnfrage. Die Konkurrenz ist im Lauf der letzten Jahrzehnte gewaltig gestiegen, das Geschäft mit den Touristen aber derzeit eher rückläufig. Vor allem die Sommersaison läßt – wie in vielen österreichischen Fremdenverkehrsregionen – Jahr für Jahr mehr zu wünschen übrig. Man buhlt um jeden Gast, unterbietet einander mit Dumpingpreisen, um die Hotels wenigstens voll zu haben. Zuweilen werden in der Ortschaft Privatzimmer zu Schleuderpreisen von 140 Schilling vermietet – eine Summe, die das Geschäft kaum mehr rentabel machen kann. »Da herrscht überhaupt keine Einigkeit unter den Hoteliers.« Außerdem gibt es Preisunterschiede je nach Touristen. Engländer zum Beispiel, weiß Marianne Huber, sind derzeit sehr beliebt. Die Briten sind zwar nur ungern bereit, viel Geld für ein Zimmer auszugeben, dafür um so mehr für Alkoholisches – oft nicht das beste Publikum, beobachtet Huber, aber die krisengebeutelten Zimmervermieter strecken sich eben nach der Decke. Wenn der Abwärtstrend weiterhin anhält – und vor allem, wenn niemand einen neuen Anreiz für die Urlauber ausklügelt – »werden wohl zahlreiche Betriebe bei uns bald zusperren müssen«.

Marianne Huber selbst hat sich inzwischen eine relativ distanzierte Sichtweise angewöhnt, läßt sich nicht mehr gänzlich von den Urlaubern vereinnahmen und gängeln, springt nicht mehr, wenn der Fremde pfeift. Die traurige gesundheitliche Bilanz, die das Diktat des Fremdenverkehrs bei ihr gezeitigt hat, hat sie letztendlich zum Umdenken bewogen. »Heut' laß' ich mir nicht mehr alles gefallen, ich hab' da schon Distanz gewonnen.« Auch bringt sie mittlerweile den Mut auf, unsensible Touristen, die glauben, im Zimmerpreis seien auch gleich die Privatsphäre der Vermieter und die Menschen selber inkludiert, die in grenzenloser Taktlosigkeit glauben, jeden Quadratzentimeter des Hauses okkupieren zu können, in die Schranken zu weisen. Immer wieder polterten zum Beispiel Urlauber in die private Küche der Hubers, nahmen sich deren Geschirr einfach ungefragt mit aufs Zimmer. Derlei Selbstbedienungsambitionen hat Marianne Huber inzwischen ein für allemal einen Riegel vorgeschoben. Ebenso bittet sie heute Gäste, die wie die Hunnen in den Zimmern wüten und das Inventar beschädigen, unbarmherzig zur Kassa. Und kann angesichts der präpotenten Erwartungshaltungen mancher Touristen nur den Kopf schütteln. Da gebe es Leute, die die Zerstörung oder Beschädigung von Geschirr und Möblage mit dem dreisten Argument »schließlich verdient's ihr ja genug an uns« rechtfertigen. Es feiere eben vielfach eine Mentalität fröhliche Urständ', die da heißt: Wir haben bezahlt, wir schaffen an, wir haben ein Recht darauf, bedient zu werden. Selbsternannte Herren seien das, die glauben, für eine oder zwei Wochen im Jahr mit läppischen 150 Schilling, die sie für die Übernachtung bezahlen, Menschen zu Sklaven degradieren zu können. Marianne Huber: »Ich hab' vor allem beobachtet: Je weniger gebildet die Leute sind, desto höher schrauben sie ihre Ansprüche und desto mehr Rabbatz machen sie.«

Zahlreiche Branchenkollegen gebieten dem entwürdigenden Treiben heute noch keinen Einhalt. Ihre Schwägerin, erzählt Marianne Huber, sei eines Tages tränenüberströmt zu ihr gekommen und habe ihr berichtet, daß ein Urlauber sie niedergebrüllt habe, weil sie die Betten einmal um ein paar Stunden später gemacht hätte als sonst.

Die letzten Schulden vom Hausbau bezahlte das Ehepaar Huber 1992 ab, sagenhafte 34 Jahre nach der Eröffnung der Pension.

Die Abbezahlung der letzten Raten war für Marianne Huber einer der ganz seltenen Anlässe, mit einem Glas Sekt auf den lang ersehnten Augenblick anzustoßen.

Die Zwanzig-Betten-Pension spielt jährlich rund 500 000 Schilling ein. Die derzeitige Bettenauslastung liegt bei ungefähr siebzig Prozent in der Sommersaison, nur zu Spitzenzeiten im Winter ist das Haus voll. Diese Optimalauslastung läßt sich freilich nur wenige Wochen im Jahresschnitt erzielen. Unterm Strich liegt die Pension der Hubers mit insgesamt etwa hundert Vollbelagstagen pro Jahr im miserablen Österreichdurchschnitt. Zukunftsorientiert geführte Alternativbetriebe erreichen bis zu 250 Vollbelagstage.

Von den 500 000 Schilling Jahresumsatz blieben 1992 mickrige 19 700 Schilling Gewinn. Der Rest ging für Renovierungsarbeiten, Ausbaumaßnahmen und Erhaltungskosten während der Flautezeiten drauf. Marianne Huber: »Aus dem Betrieb haben wir so gut wie nichts rausgeholt. Gelebt haben wir von dem, was mein Mann verdient hat.«

Die Bilanz nach dreißig Jahren schuften, kämpfen, nach drei Jahrzehnten Entbehrung, Mühsal, Selbstgeißelung, nach Leiden und Krankheit: knappe 20 000 Schilling im Jahr.

Es hat sich nicht rentiert.

Und es ist völlig absurd: All die Strapazen, die Ehekrisen, die Vernachlässigung der Kinder – der Wahnsinn geschah in Wahrheit um seiner selbst willen. Tourismus als lukrative Einkommensquelle ist für das Ehepaar Huber längst nur mehr ein fernes, düsteres Traumgebilde.

Und noch eine Illusion ist für Marianne Huber endgültig zu Bruch gegangen: nämlich durch den Verzicht auf eigenes Wohlbefinden zumindest für ihre Kinder eine günstige Startposition schaffen zu können. Denn in den beiden Kindern sitzt die Abneigung vor dem Gespenst Fremdenverkehr so tief, der Haß auf die dominanten Fremden ist heute noch so präsent, daß beide mit dem Tourismus unter keinen Umständen zu tun haben wollen. Der Sohn arbeitet in einer Bank, die Tochter hat eine Fachschule in Innsbruck absolviert. Marianne Hubers bitteres Fazit: »Wir haben das eben damals alles nicht hinterfragt. Wir sind halt so erzogen worden. Wir sind erzogen worden zum Dienen und zur Leistung.«

Mit den Leuten im Dorf und mit ihren Branchenkollegen spricht sie über derlei Dinge nicht. »Ich hab' keine Probleme im Dorf, lebe aber auch sehr zurückgezogen. Man grüßt, man spricht, aber es gibt da keine intensiven Kontakte. Unter jedem Dach ein Ach, aber damit muß eben jeder selber fertigwerden.«

Der Fall Huber ist symptomatisch für jenen Traum vom großen Geschäft mit dem Fremdenverkehr, der allzu oft mit jähem und bitterem Erwachen endet. Das Goldene Kalb Fremdenverkehr droht in Wirklichkeit nämlich auszubluten. Nicht, daß es keine erfolgreichen Betriebe gäbe. Über einen Kamm scheren läßt sich die Misere der Tourismuswirtschaft natürlich nicht. Vor allem die großen Hotels, meist mit gehobenem Standard und im Besitz und dirigiert von vermögenden, umtriebigen Investoren, spielen durchaus beeindruckende Ergebnisse ein. Freilich handelt es sich dabei oft um riesige, vom Fitneßstudio im Keller bis zum Solarium am Dachboden durchgestyle Vier- oder Fünfsternebetriebe, deren Publikum sich zu einem hohen Prozentsatz aus begüterten bis elitären Urlauberschichten rekrutiert. Solche Hotels können es sich meist nicht nur leisten, Spitzenkomfort anzubieten, sondern werden auch von einem Personal verwaltet, das fachlich hervorragend geschult ist und daher die Gefahren, die die Branche prinzipiell in sich birgt, genau kennt und das aus diesem Grund Bescheid weiß, wie es mit diesen Gefahren umgehen muß. Außerdem leisten sich solche Hoteliers zumeist den »Luxus«, so viel Personal zu haben, daß die Angestellten nicht im Sumpf von Arbeitsüberlastung und daraus resultierender Kompensation zu ersticken drohen. Darüber hinaus beschränkt sich in den Großhotels der Kontakt der Mitarbeiter mit den Gästen tatsächlich auf die Dienstzeiten. Daneben hat das Personal ausreichend Gelegenheit zur Distanz. Daß es jedoch auch bei dieser Gattung von Hoteliers schwarze Schafe gibt, die den Sinn des sanften Einsatzes der Mitarbeiterressourcen nicht einsehen, ist klar. Die Grundvoraussetzungen sind allerdings bei diesen Strukturen weitaus günstiger. Solche Unternehmer sind dabei vielfach große Investoren, die sozusagen vom Elfenbeinturm aus die Fäden in zig Betrieben ziehen. Im Alltagsgeschehen der Hotels bleiben sie völlig anonym, kommen mit den Gästen gar nicht in Kontakt – und ersparen sich damit die Probleme, die sich den Kleinunternehmern stellen, die Tag und Nacht durch die Hotelräume hetzen müssen, um sie in Schuß zu halten.

Nun stellt jenes Gesellschaftssegment, das sich solchen Standard im Urlaub leisten kann, einen wohl eher geringen Prozentsatz sowohl unter den in- als auch unter den ausländischen Urlaubern dar. Das Gros der Feriengäste kann gerade noch Zwei- oder Dreisternbetriebe bezahlen. Auch auf der Unternehmerseite tut sich hier eine Schere auf: Zwar stellen solche Großunternehmer einen nicht unbeträchtlichen Anteil der in Österreich vorhandenen Bettenkapazitäten. Die deutliche Mehrzahl der Betriebe aber sind Privatpensionen und im Familienbesitz befindliche Minihotels. Überhaupt ist »die Privatpension«, die »Urlaub am Bauernhof« anbietet, typisch für die österreichische Alpenlandschaft und war seit jeher eines ihrer Charakteristiken. Wie schon beschrieben, prägten in der Nachkriegszeit vor allem Einheimische bäuerlicher Herkunft die touristische Infrastruktur. Und schließlich suchten ja die Touristen auch bewußt das – zumindest einstmals – romantische Flair dieser Feriendomizile.

Wer den Zustand einer Branche untersucht und sich dabei darauf konzentrieren will, wie es den Menschen darin geht; wer ein soziales Sittenbild zeichnen will, muß sich in erster Linie jener Leute annehmen, die die Mehrheit darstellen. Und muß sich für jene Menschen interessieren, die tatsächlich permanent ins Tagesgeschehen eingebunden ind. Und das sind in diesem Fall hauptsächlich die ortsansässigen

Kleinunternehmer, die im eigenen Lebensraum Tourismuskapazitäten etabliert haben.

Und bei diesen schaut's tatsächlich trist aus. Sowohl was die aktuelle Wirtschaftslage betrifft als auch was die Zukunftsaussichten der Betriebe anbelangt. Vor allem die klassische Privatpension scheint mehr und mehr ausgedient zu haben. Zwar gelten heute als Potential der Zukunft die Besucher aus den ehemaligen Oststaaten, die sich – noch – gerne mit dem Standard der Privatquartiere zufriedengeben. Die Frage ist nur, wie lange. Grundsätzlich, weiß Anneliese Hora, Statistikerin der »Österreich Werbung«: »Man will im Urlaub zumindest keinen schlechteren Standard vorfinden als zu Hause.«

Ohne Zweifel ist es ein riskantes Unterfangen, anhand von Tabellen den Status quo einer Branche schlüssig ableiten zu wollen. Schließlich herrschen zwischen einzelnen statistischen Größen unzählige Abhängigkeiten, die einander beeinflussen und dem Gesamtbild immer wieder neue Facetten hinzufügen. Sein und Schein klaffen da oft auseinander. Beispiel: die bereits vorher beschriebene Unart der Seilbahnindustrie, im Sinne des Umweltschutzes Jubelmeldungen über den Rückgang der Aufstiegshilfen zu verbreiten und gleichzeitig unter dem Vorwand der »Komfortverbesserung« die Kapazitäten zu erhöhen. Vorsicht ist vor allem auch dann geboten, wenn nackte Betten- oder Nächtigungszahlen als Gradmesser für qualitative Interpretationen und als Argument für ein Umfeld, in dem psychisches Wohlbefinden möglich ist oder nicht, dienen sollen. Schließlich muß wirtschaftlicher Erfolg nicht zwingend mit persönlicher Zufriedenheit einhergehen. Wie viele psychosomatische Erkrankungen, Schlafstörungen, nervöse Leiden oder gar Herzinfarkte werden als Begleiterscheinungen des Wirtschaftswachstums hingenommen! Und wie viele Manager sind sie stolz darauf, ihren Einsatz für den »ökonomischen Fortschritt« mit einer ganzen Palette seelischer und somatischer Leiden zu bezahlen. Die Absurdität dieses Denkens schlägt sich in einem Beispiel nieder, das der Schweizer Systemkritiker Hans A. Pestalozzi in seinem Buch »Auf die Bäume ihr Affen« anführt. Er zitiert einen jugoslawischen Manager: »Es geht uns gut. Unsere Wirtschaft gedeiht. Wir hatten schon die ersten Herzinfarkte.«

Trotzdem: Beim Fremdenverkehr spießt es sich auch wirtschaftlich in zunehmendem Maße. Die einzelnen statistischen Kategorien sprechen eine ziemlich deutliche Sprache: Auch wenn es heute noch selten auf der Tagesordnung steht – die Branche muß sich was einfallen lassen, muß radikal umdenken, sonst sieht die Zukunft des österreichischen Tourismus düster aus.

Mehrere statistische Größen müssen zu einem Puzzle zusammengesetzt werden, das ein ökonomisches Gesamtbild der Branche ergibt:

- Die *Dynamik,* also Art und Entwicklung der Betriebe – Differenzierung vor allem nach gewerblichen Hotels und Privatzimmervermietern, denn vor allem hier sind die Trends gegenläufig.
- *Bettenzahlen.* Gesplittet nach Sommer- und Winterbetten, nach Qualität der Unterkünfte und nach Bundesländern. Zusätzlich muß der Versuch unternommen werden, Trends abzuleiten, die Interpretationen und in manchen Fällen Prognosen erleichtern.
- *Nächtigungszahlen.* Auch hier muß eine saisonale Trennung sowie eine Differenzierung nach Herkunftsländern und Sozialstandard der Urlauber erfolgen.
- *Tourismusintensität,* das heißt, die Ballung des Fremdenverkehrs in bestimmten Regionen – ein wichtiger Gradmesser, der Aufschluß über die Grenzen der Verträglichkeit des Fremdenverkehrs gibt.
- *Auslastungszahlen.* Hier sollte es nicht um die Spitzensaisonen gehen, sondern um die jährliche Durchschnittsauslastung – ein ebenso wichtiger Punkt, der viel zuwenig beachtet wird und der ein entscheidender Faktor für die roten Zahlen in der Branche ist.
- *Arbeitnehmerzahlen.*
- *Finanzen:* Devisen, Eigen- und Fremdkapital, Investitionsvolumina und Überschuldung.

• Die *Dynamik* der Betriebe selbst zeigt zweierlei: einerseits den Trend zu mehr Qualität bei den gewerblichen Hotels. Betriebe gehobenen Standards dürfen sich über von Jahr zu Jahr wachsende Wettbewerbsvorteile freuen. Umgekehrt bedeutet das eine Chancenverminderung für schlechter ausgestattete Hotels. Damit verbunden fördert dieser Trend erst recht jenen eklatanten Konkurrenznachteil für private Zimmervermieter zutage. Wie bereits erwähnt: Die Privaten stellen zwar den Löwenanteil der Betriebe – die Tabellen lassen jedoch darauf schließen, daß diese Form des Urlaubsdomizils mehr und mehr obsolet zu werden droht.*

* Der offizielle Unterschied zwischen gewerblichen und privaten Betrieben, abgesehen davon, daß die Privatzimmer strukturell meist mit dem Wohnraum der Vermieter verbunden sind: Privatquartiere dürfen nicht mehr als zehn Betten umfassen.

In der Kategorie Fünf- und Viersternehotels zeigt die Wachstumstendenz eindeutig nach oben. Von österreichweit 1260 Betrieben im Jahr 1988 kletterten die Zahlen über 1389 anno 1990 auf immerhin 1499 im Jahr 1992. Auch im Mittelfeld – bei den Dreisternehotels – zeichnen sich, wenn auch nicht derart eklatante, so doch leichte Zuwächse ab. Stiefkind unter den Hotelgattungen: die Ein- und Zweisternebetriebe. Die 14 072 Betriebe, die 1988 noch ihre Pforten geöffnet hatten, schrumpften innerhalb von fünf Jahren auf 12 010. Und sind damit ausschlaggebend für das österreichweite Minus an Hotels, das den Statistiken zu entnehmen ist.

Insgesamt standen den Feriengästen 1992 im ganzen Bundesgebiet 18 955 gewerbliche Hotels zur Verfügung. Mit 6048 Betrieben stellt Tirol fast ein Drittel der Gesamtkapazitäten. Im Vergleich dazu: Die Anzahl der Privatunterkünfte überragt die gewerblichen bei weitem: 41 741 lockten 1992 etwa mit »Urlaub am Bauernhof«. Mit 14 758 Unterkünften liegt Tirol auch hier an der Spitze. Zur Veranschaulichung die prozentuelle Verteilung von Gewerbe- und Privatbetrieben: 55,4 Prozent nehmen die Gewerblichen in Beschlag, 23,4, die Privaten. Der Rest verteilt sich auf Kur- und Erholungsheime sowie auf Notbetten und Matratzenlager. In Sachen Privatquartiere vermerken die Tabellen übrigens keine Trends.

• Diese zeigen sich dafür bei den *Bettenzahlen* um so deutlicher (siehe Tabellen 1–4). Letztere stiegen seit den sechziger Jahren österreichweit kontinuierlich an. Herrschte allerdings bis Mitte der Siebziger – mit etwa sechs bis sieben Prozent per anno – noch allgemeine Wachstumseuphorie, legt die Branche heute jährlich im Schnitt nur mehr an die 0,5 Prozent zu. Auch hier ist – damit kein verzerrtes Bild entsteht – die Trennung in gewerbliche und private Betten erforderlich.

Die Statistiken über das Bettenwachstum zeigen den Abwärtstrend der Privaten deutlich: Boten sie im Sommer 1982 noch 422 979 Betten an, so waren es 1992 nur mehr 279 329. Allein von 1984 auf 1985 schrumpfte die Bettenanzahl um ganze sieben Prozent. Ähnlich bei den Winter-Betten: Von 322 939 anno 1982 auf 222 044 im Jahr 1992. Bei den gewerblichen Betrieben ist der Trend gegenläufig. Im selben zehnjährigen Beobachtungszeitraum stieg die Winterbettenanzahl von 587 366 kontinuierlich auf 604 934. Im Sommer bleiben die Bettenkapazitäten der Gewerbebetriebe seit Jahren ziemlich konstant.

Insgesamt standen 1992 den Winterurlaubern also knapp über eine Million Betten zur Verfügung, den Sommerfrischlern rund 200 000 mehr. In diese Summe sind allerdings alle Möglichkeiten der Übernachtung inkludiert, auch die relativ unbedeutende Anzahl an Notbetten und Matratzenlagern.

Auch in Sachen Bettenkapazität liegt Tirol mit 378 648 im Winter und knapp 400 000 im Sommer vor allen anderen Bundesländern. Rechnet man die einzelnen Bettenkategorien zusammen, ergibt sich für Österreichs fremdenverkehrsintensivstes Bundesland für 1992 ein Plus von rund einem Prozent. Die Privaten sind trotzdem die Verlierer: Sie büßten sowohl im Winter als auch im Sommer 1992 im Vergleich zum Jahr davor 1,6 Prozent ein.

Der Grund, warum in diesem Buch immer wieder Tirol den prominentesten Platz eingeräumt bekommt, liegt darin, daß es einerseits als Bundesland mit der dichtesten touristischen Infrastruktur deutlichen Einfluß auf die Gesamtsituation hat; andererseits hat Tirols Freizeitangebot den Charakter Österreichs als Fremdenverkehrsland am nachhaltigsten geprägt. Trotzdem sollen hier auch die Entwicklungen in einem Bundesland erwähnt werden, dem im Zusammenhang mit Tourismus bislang kaum Aufmerksamkeit geschenkt wurde: Zum absoluten Star der letzten Jahre hat sich nämlich das Burgenland gemausert. Vor allem im Winter waren die Zuwächse beachtlich. Von 1991 auf 1992 konnte Österreichs östlichstes Bundesland satte 24 Prozent beim Bettenzuwachs zulegen. Und bereits von 1990 auf 1991 schlug sich der Aufschwung mit immerhin 11,8 Prozent zu Buche. Die Gründe: Mit neuen Hotelbauten reagieren die Burgenländer auf die sich abzeichnenden Urlauberströme aus den ehemaligen Oststaaten.

Das Fazit der Bettenzahlen: Betriebe gehobenen Standards sind die Gewinner der Zukunft, insbesondere Privatzimmervermieter – die aber mit Abstand den größten Anteil der heimischen Tourismusbranche stellen – befinden sich tendenziell auf der Verliererstraße. Der Trend zur Qualitätsverbesserung wird übrigens auch von staatlicher Seite angekurbelt. So zielen etwa die »Föderungsrichtlinien« des Wirtschaftsministeriums vom Mai 1992 dezidiert darauf ab, die Hotels auf höheren Standard und mehr Komfort zu trimmen. Andrea Marth, die im Wirtschaftsministerium für die Tourismusförderungs-Aktion zuständig ist: »Man will weg von Massenhotels, bei denen der Standard auf der Strecke bleibt. Ganz Österreich soll sukzessive zumindest Dreistern-Niveau erreichen.« Das heißt, auch von staatlicher Seite werden Unternehmer wie etwa Marianne Huber, die weder Kraft noch Geld noch Know-how für qualitative Eskapaden haben, nicht gerade begünstigt.

Entwicklung der Fremdenbetten

1. Winter-Betten, Stichtag 28. bzw. 29. Februar (inkl. Notbetten und Matratzenlager)

	gewerblich		privat		insgesamt	
1965	344.633	+ 5,7	204.180	+ 9,3	573.225	+ 6,9
1966	371.165	+ 7,7	219.864	+ 7,7	618.623	+ 7,9
1967	389.905	+ 5,0	228.788	+ 4,1	646.910	+ 4,6
1968	395.386	+ 1,4	229.499	+ 0,3	655.164	+ 1,3
1969	418.089	+ 5,7	242.650	+ 5,7	693.937	+ 5,9
1970	437.679	+ 4,7	251.120	+ 3,5	720.088	+ 3,8
1971	458.737	+ 4,8	269.266	+ 7,2	761.363	+ 5,7
1972*)	421.281	–	270.040	+ 7,2	748.533	–
1973*)	458.613	+ 8,9	285.516	+ 5,7	804.266	+ 7,4
1974	477.112	+ 4,0	282.201	– 1,2	821.093	+ 2,1
1975	488.408	+ 2,4	291.528	+ 3,3	848.859	+ 3,4
1976	512.283	+ 4,9	320.089	+ 9,8	905.607	+ 6,7
1977	527.193	+ 2,9	327.505	+ 2,3	934.521	+ 3,2
1978	544.191	+ 3,2	331.012	+ 1,1	963.321	+ 3,1
1979	565.376	+ 3,9	334.517	+ 1,1	993.520	+ 3,1
1980	567.850	+ 0,4	320.650	– 4,1	1,006.082	+ 1,3
1981	584.549	+ 2,9	325.070	+ 1,4	1,040.287	+ 3,4
1982	587.366	+ 0,5	322.939	– 0,7	1,049.640	+ 0,9
1983	605.294	+ 3,1	322.098	– 0,3	1,073.007	+ 2,2
1984	605.142	– 0,0	307.961	– 4,4	1,064.627	- 0,8
1985**)	–		–		–	
1986	575.164	–	266.464	–	992.199	–
1987	583.184	+ 1,4	256.116	– 3,9	998.805	+ 0,7
1988	595.118	+ 2,0	249.865	– 2,4	1,014.553	+ 1,6
1989	601.266	+ 1,0	246.758	– 1,2	1,025.064	+ 1,0
1990	599.749	– 3,0	232.891	– 5,6	1,018.273	– 0,7
1991	601.504	+ 0,3	225.081	– 3,4	1,021.197	+ 0,3
1992	604.934	+ 0,6	222.044	– 1,4	1,033.021	+ 1,2

*) Ohne Notbetten und Matratzenlager

**) Für 1985 sind keine Daten vorhanden.

Quelle: ÖSTAT

2. Sommer-Betten, Stichtag 31. August (inkl. Notbetten und Matratzenlager)

II

	gewerblich		privat		insgesamt	
1965	466.095	+ 6,9	331.117	+ 5,8	835.979	+ 6,2
1966	493.566	+ 5,9	345.007	+ 4,2	878.824	+ 5,1
1967	509.719	+ 3,3	352.511	+ 2,2	901.888	+ 2,6
1968	522.366	+ 2,5	365.481	+ 3,7	930.289	+ 3,1
1969	538.831	+ 3,2	374.222	+ 2,4	956.893	+ 2,9
1970	562.000	+ 4,3	390.446	+ 4,3	996.685	+ 4,2
1971	578.475	+ 2,9	413.594	+ 5,9	1,038.010	+ 4,1
1972*)	542.615	–	416.023	–	1,037.551	–
1973*)	582.890	+ 7,4	444.839	+ 6,9	1,107.005	+ 6,7
1974	595.396	+ 2,1	444.584	– 0,1	1,131.862	+ 2,2
1975	606.408	+ 1,8	453.654	+ 2,0	1,158.367	+ 2,3
1976	624.606	+ 3,0	469.696	+ 3,5	1,194.996	+ 3,2
1977	638.470	+ 2,2	466.194	– 0,8	1,216.406	+ 1,8
1978	655.533	+ 2,7	459.053	– 1,5	1,236.189	+ 1,6
1979	666.307	+ 1,6	461.652	+ 0,6	1,250.905	+ 1,2
1980	668.875	+ 0,4	434.987	– 5,8	1,265.688	+ 1,2
1981	671.295	+ 0,4	432.289	– 0,6	1,277.484	+ 0,9
1982	686.787	+ 2,3	422.979	– 2,2	1,289.493	+ 0,9
1983	692.620	+ 0,8	411.257	– 2,8	1,292.417	+ 0,2
1984	692.669	+ 0,0	395.360	– 3,9	1,286.696	– 0,4
1985	688.892	– 0,5	368.290	– 6,8	1,279.481	– 0,6
1986	682.328	– 1,0	368.371	+ 0,0	1,266.074	– 1,0
1987	676.109	– 0,9	354.732	– 3,7	1,250.521	– 1,2
1988	681.493	+ 0,8	340.180	– 4,1	1,246.631	– 0,3
1989	685.569	+ 0,6	329.982	– 3,0	1,252.928	+ 0,5
1990	679.437	– 0,9	312.421	– 5,3	1,241.661	– 0,9
1991	682.901	+ 0,5	297.077	– 4,9	1,234.617	– 0,6
1992	684.215	+ 0,2	289.329	– 2,6	1,234.627	+ 0,0

*) Ohne Notbetten und Matratzenlager
Quelle: ÖSTAT

Betten in allen Fremdenunterkünften nach Bundesländern

1. Winter-Betten, Stichtag 28. bzw. 29. Februar (inkl. Notbetten und Matratzenlager)

III

	1987	1988	%	1989	%
Burgenland	8.731	9.264	+ 6,1	8.913	- 3,8
Kärnten	81.566	86.796	+ 6,4	91.460	+ 5,4
Niederösterreich	62.267	62.229	- 0,1	63.581	+ 2,2
Oberösterreich	71.247	70.980	- 0,4	67.793	- 4,5
Salzburg	194.502	197.539	+ 1,6	200.692	+ 1,6
Steiermark	102.662	103.597	+ 0,9	103.999	+ 0,4
Tirol	370.007	372.353	+ 0,6	375.457	+ 0,8
Vorarlberg	79.217	81.186	+ 2,5	80.034	- 1,4
Wien	28.606	30.6609	+ 7,0	33.135	+ 8,3
insgesamt	**998.805**	**1,014.553**	**+ 1,6**	**1,025.064**	**+ 1,0**

	1990	%	1991	%	1992	%
Burgenland	8.795	- 1,3	9.830	+ 11,8	12.187	+24,0
Kärnten	91.970	+ 0,6	93.464	+ 1,6	95.432	+ 2,1
Niederösterreich	61.914	- 2,6	61.216	- 1,1	62.799	+ 2,6
Oberösterreich	68.227	+ 0,6	66.552	- 2,5	68.455	+ 2,9
Salzburg	202.703	+ 1,0	202.606	- 0,0	203.151	+0,3
Steiermark	100.366	- 3,5	99.420	- 0,9	99.318	- 0,1
Tirol	369.752	- 1,5	375.740	+ 1,6	378.648	+ 0,8
Vorarlberg	80.274	+ 0,3	79.117	- 1,4	78.282	- 1,1
Wien	34.272	+ 3,4	33.252	- 3,0	34.749	+ 4,5
insgesamt	**1,018.273**	**- 0,7**	**1,021.197**	**+ 0,3**	**1,033.021**	**+ 1,2**

2. Sommer-Betten, Stichtag 31. August (inkl. Notbetten und Matratzenlager)

IV

	1987	1988	%	1989	%
Burgenland	21.472	22.202	+ 3,4	21.993	- 0,9
Kärnten	216.077	214.506	- 0,7	213.037	- 0,7
Niederösterreich	72.206	71.759	- 0,6	72.838	+ 1,5
Oberösterreich	101.190	98.716	- 2,4	96.631	- 2,1
Salzburg	211.510	211.951	+ 0,2	214.030	+ 1,0
Steiermark	115.451	116.259	+ 0,7	116.396	+ 0,1
Tirol	396.125	391.203	- 1,2	397.441	+ 1,6
Vorarlberg	80.330	80.725	+ 0,5	81.002	+ 0,3
Wien	36.160	39.310	+ 8,7	39.560	+ 0,6
insgesamt	**1,250.521**	**1,246.631**	**- 0,3**	**1,252.928**	**+ 0,5**

	1990	%	1991	%	1992	%
Burgenland	21.262	- 3,32	22.404	+ 5,4	22.010	- 1,8
Kärnten	212.988	- 0,0	208.751	- 2,0	208.806	+ 0,0
Niederösterreich	71.629	- 1,7	69.734	- 2,6	70.911	+ 1,7
Oberösterreich	94.179	- 2,5	91.458	- 2,9	89.849	- 1,8
Salzburg	214.287	+ 0,1	215.917	+ 0,8	214.455	- 0,7
Steiermark	111.840	- 3,9	111.249	- 0,5	109.978	- 1,1
Tirol	394.163	- 0,8	394.541	+ 0,1	398.783	+ 1,1
Vorarlberg	80.310	- 0,9	79.754	- 0,7	78.065	- 2,1
Wien	41.003	+ 3,6	40.809	- 0,5	41.770	+ 2,4
insgesamt	**1,241.661**	**- 0,9**	**1,234.617**	**- 0,6**	**1,234.627**	**+ 0,0**

• Auch die *Nächtigungszahlen* nehmen – von einzelnen Einbrüchen abgesehen – insgesamt kontinuierlich zu. (siehe Tabellen 5 bis 10) Im Jahr 1992 wurden 130,4 Millionen Nächtigungen verzeichnet. Fast schon müßig zu erwähnen, daß Tirol auch hier mit an die 46 Millionen – was einem prozentuellen Anteil von 35,2 Prozent entspricht – die Nase vorn hat. Knapp 100 Millionen von der Gesamtzahl entfallen auf Ausländernächtigungen, wobei die treuesten Kunden in Österreichs Hotels nach wie vor die Deutschen sind, die mit 10,6 Millionen Nächtigungen an die 65 Prozent aller Ausländerübernachtungen tätigen.

Auch hier fällt der gewaltige Größenunterschied zwischen jenem Potential an Urlaubern, die in gewerblichen Betrieben wohnen und jenen, die Privatquartiere vorziehen, auf. 80,3 Millionen Nächtigungen fanden 1992 in den noblen Schlafzimmern gewerblicher Hotels statt, nicht einmal ganz 20 Millionen entfielen auf die Privaten. Somit verbuchen die Privaten nur magere 15,2 Prozent von den Gesamtnächtigungen. Auch die Trends lauten unterschiedlich. Während bei den Gewerbebetrieben ein stetiges Plus zu beobachten ist, sind die Entwicklungen bei den Privaten von starken Schwankungen von jährlich oft bis zu sieben Prozent geprägt. Mal rauf, mal runter. Gute Zeiten, schlechte Zeiten. Aber immer, so scheint's, unsichere Zeiten.

Übernachtungen nach Unterkunftsarten

1. Übernachtungen in gewerblichen Beherbergungsbetrieben

	1987	1988	%	1989	%
Bgld.	982.274	984.715	+ 0,2	1,033.506	+ 5,0
Ktn.	8.738.047	9,062.574	+ 3,7	9,438.043	+ 4,1
NÖ.	3,732.973	3,847.105	+ 3,1	4,078.749	+ 6,0
OÖ.	3,851.282	3,844.927	– 0,2	4,179.181	+ 8,7
Sbg.	11,957.880	12,165.369	+ 1,7	13,288.623	+ 9,2
Stmk.	4,992.637	4,973.365	– 0,4	5,390.566	+ 8,4
Tirol	25,611.884	25,595.335	– 0,1	27,901.046	+ 9,0
Vbg.	4,426.825	4,466.574	+ 0,9	4,731.505	+ 5,9
Wien	5,429.689	5,815.064	+ 7,1	6,262.803	+ 7,7
insg.	**69,723.311**	**70,755.028**	**+ 1,5**	**76,304.022**	**+ 7,8**

	1990	%	1991	%	1992	%
Bgld.	1,051.713	+ 1,8	1,104.226	+ 5,0	1,105.630	+ 0,1
Ktn.	9,001.640	– 4,6	9,920.912	+ 10,2	9,637.099	– 2,9
NÖ.	4,303.008	+ 5,5	4,408.938	+ 2,5	4,221.756	– 4,2
OÖ.	4,242.504	+ 1,5	4,441.683	+ 4,7	4,425.510	– 0,4
Sbg.	13,352.257	+ 0,5	14,223.872	+ 6,5	14,409.129	+ 1,3
Stmk.	5,492.085	+ 1,9	5,621.639	+ 2,4	5,556.273	– 1,2
Tirol	28,233.692	+ 1,2	29,496.852	+ 4,5	29,752.874	+ 0,9
Vbg.	4,607.926	– 2,6	4,856.477	+ 5,4	4,905.650	+ 1,0
Wien	6,760.891	+ 8,0	6,182.090	– 8,6	6,337.365	+ 2,5
insg.	**77,045.716**	**+ 1,0**	**80,256.689**	**+ 4,2**	**80,351.286**	**+ 0,1**

Übernachtungen in Privatquartieren VI

	1987	1988	%	1989	%
Bgld.	271.282	309.466	+ 14,1	293.424	- 5,2
Ktn.	2,496.320	2,510.040	+ 0,5	2,509.611	- 0,0
NÖ.	734.151	745.412	+ 1,5	752.713	+ 1,0
OÖ.	1,129.966	1,131.688	+ 0,2	1,171.466	+ 3,5
Sbg.	3,739.679	3,659.506	- 2,1	3,896.911	+ 6,5
Stmk.	1,739.528	1,773.039	+ 1,9	1,879.241	+ 6,0
Tirol	8,127.115	7,981.354	- 1,8	8,372.853	+ 4,9
Vbg.	1,578.948	1,518.240	- 3,8	1,566.998	+ 3,2
Wien	3.431	2.952	- 14,0	3.330	+ 12,8
insg.	**19,820.420**	**19.631.697**	**- 1,0**	**20,446.547**	**+ 4,2**

	1990	%	1991	%	1992	%
Bgld.	300.235	+ 2,3	308.009	+ 2,6	350.338	+ 13,7
Ktn.	2,197.843	- 12,4	2,340.441	+ 6,5	2,181.815	- 6,8
Nö.	721.878	- 4,1	723.445	+ 0,2	701.329	- 3,1
Oö.	1,113.259	- 5,0	1,172.428	+ 5,3	1,134.341	- 3,2
Sbg.	3,669.887	- 5,8	4,079.769	+ 11,2	3,995.586	- 2,1
Stmk.	1,782.458	- 5,2	1,834.552	+ 2,9	1,789.879	- 2,4
Tirol	7,951.339	- 5,0	8,504.219	+ 7,0	8,151.443	- 4,1
Vbg.	1,440.144	- 8,1	1,517.495	+ 5,4	1,482.077	- 2,3
Wien	2.210	- 33,6	1.625	- 26,5	1.782	+ 9,7
insg.	**19,179.253**	**- 6,2**	**20,481.938**	**+ 6,8**	**19,788.590**	**- 3,4**

Quelle: ÖSTAT

Die nächtigungsstärksten Monate im Jahr 1992 waren in der Wintersaison wie üblich Jänner und Februar mit 11 bzw. 13,8 Millionen Übernachtungen und in der Sommersaison Juli und August mit 20 bzw. 23 Millionen. Absolutes Stiefkind, was den Zuspruch der Reisenden betrifft: der November mit 2,2 Millionen Nächtigungen. Typisch für Österreich ist die extreme zeitliche Ballung der Touristenströme auf vier bis maximal sechs Monate pro Jahr. Vor allem im Winter sind die Betten meist voll ausgelastet. In vielen Wintersportgemeinden könnte man die Kapazitäten sogar noch erhöhen, ohne mit leerstehenden Betten rechnen zu müssen. Das Fatale dabei: Während der Flautezeiten stehen die Zimmer leer und verursachen ungeheure

Erhaltungskosten. Und zwar oftmals mehr, als durch eine Aufstockung der Bettenzahl im Winter eingespielt werden kann.

Übernachtungen nach Monaten in allen Fremdenunterkünften VII

	1986	1987	1988	1989	1990	1991	1992*)
Jänner	9,353.079	9,716.415	9,205.635	10,065.384	9,764.812	10,098.452	11,092.400
Februar	12,272.094	11,950.943	12,921.950	13,563.637	12,469.366	13.915.640	13.873.507
März	12,261.836	10,970.766	12.196.238	14,931.915	11,224.690	12,762.093	11,410.277
April	4,459.311	6,287.739	5,817.377	4,476.131	6,748.843	5,093.886	6,613.203
Mai	5,585.213	4,939.313	5,231.744	6,267.599	5,792.995	6,789.207	6,164.838
Juni	8,105.127	9,259.568	8,543.385	8,805.254	10,074.463	9,430.783	10,298.731
Juli	18,659.976	18,318.425	18,903.282	19,948.562	19,355.208	20,510.546	20,218.815
August	20,376.473	19,310.793	20,074.078	20,920.422	21,409.534	23,360.382	23,059.074
September	10,266.436	10,422.140	10,591.578	11,188.047	11,769.052	12,149.471	12,138.842
Oktober	4,221.311	4,570.293	4,811.012	4,977.656	5,501.343	5,876.458	5,517.406
November	1,809.329	1,874.872	1,975.444	2,298.169	2,480.053	2,492.667	2,250.017
Dezember	6,251.161	6.063.949	5,440.518	6,341.410	7,039.119	7,593.214	7,783.256
insgesamt	**113,621.346**	**113,685.216**	**115,712.241**	**123,784.186**	**123,629.478**	**130,072.799**	**130,416.269**

Quelle: ÖSTAT

Übernachtungen nach Bundesländern und Monaten für das Jahr 1992

VIII

	Bgld.	Ktn.	NÖ.	OÖ.	Sbg.	Stmk.	Tirol	Vbg.	Wien	insgesamt
Jänner	41.827	635.451	313.098	347.710	2,740.009	739.070	5,036.198	950.163	288.874	11,092.400
Februar	47.502	784.356	340.214	447.680	3,473.950	945.540	6,316.328	1,213.605	304.332	13,873.507
März	64.216	542.522	352.062	422.275	2,739.576	707.101	4,983.468	1,108.438	490.619	11,410.277
April	101.397	396.193	449.907	416.583	1,174.355	502.394	2,396.465	561.984	613.925	6,613.203
Mai	188.924	652.198	608.335	604.859	969.091	562.227	1,550.473	337.446	691.285	6,164.838
Juni	286.740	1,832.436	682.965	825.538	1,769.447	816.961	2,938.321	552.430	593.893	10,298.731
Juli	482.366	4,728.045	818.831	1,515.086	3,398.429	1,366.141	6,105.290	1,069.420	735.207	20,218.815
August	556.128	5,124.693	975.297	1,667.685	3,822.207	1,600.845	7,147.445	1,241.200	923.574	23,059.074
September	264.184	1,784.214	738.606	851.355	1,991.475	938.505	4,050.478	735.172	784.853	12,138.842
Oktober	128.544	427.697	502.788	484.523	795.087	555.381	1,642.400	340.732	640.254	5,517.406
November	57.511	115.399	260.742	250.000	307.877	258.874	525.802	70.893	402.919	2,250.017
Dezember	40.764	525.802	290.463	349.987	1,753.927	548.108	3,253.370	607.749	413.086	7,783.256
insgesamt	2,260.123	17,549.025	6,333.314	8,183.289	24,935.473	9,541.154	45,941.745	8,789.303	6,882.843	130,416.269

Ein weiterer Indikator für die wirtschaftlichen Systemmängel ist die durchschnittliche Aufenthaltsdauer der Feriengäste, wobei als Faustregel gilt: Je länger der Tourist bleibt, desto besser, da weniger Streß durch Reisebewegungen entsteht. Tirol liegt da mit rund fünf bis sechs Tagen pro Urlauber im österreichweiten Mittelfeld. Am schlechtesten schneidet in dieser statistischen Kategorie Wien ab. Die Städteurlauber halten sich in der Regel nur zweieinhalb Tage in der Bundeshauptstadt auf. Gegenstück dazu ist Kärnten: Rund eine Woche baumelt man in Österreichs südlichstem Bundesland mit der Seele. Erfreulich scheint, daß die Aufenthaltsdauer insgesamt seit Anfang der neunziger Jahre wieder leicht ansteigt. Anneliese Hora, Statistikerin der »Österreich Werbung«, über diese Dynamiken: »Rein wirtschaftlich gesehen wäre sicher der Kurzurlauber interessanter. Wer wenig Zeit hat, tätigt natürlich auch seine Ausgaben in gedrängtem Rhythmus. Der Kurzurlauber bringt aber Unruhe rein. Für die Umwelt und das soziale Gefüge sind langfristige Gäste verträglicher.«

Was die Absolutzahl der Nächtigungen betrifft, führt Wien sowohl im Winter – mit 2,5 Millionen 1992 – als auch im Sommer – mit 4,3 Millionen im selben Jahr – die Rangliste an. Auffällig ist allerdings – und hier wird es auch für das soziale Umfeld interessant –, daß die Bundeshauptstadt in Sachen Wintertourismus dicht von den Gemeinden Sölden, Saalbach-Hinterglemm, Lech und Mittelberg gefolgt ist. Allesamt einstmals winzige Ortschaften, die heute von den Wintersporttouristen buchstäblich niedergerannt werden. Im Gegensatz zu Wien, wo sich die Urlauberströme unauffällig im Städtelabyrinth verteilen, drücken die Fremden den an sich unscheinbaren 2500 bis 3000-Einwohner-Gemeinden merkbar ihren Stempel auf, polen den Ortscharakter zu Saisonspitzen geradezu um. Bemerkenswert ist auch, daß nur zehn österreichische Fremdenverkehrsgemeinden ganze 22 Millionen Nächtigungen auf sich konzentrieren. Eine Horrorzahl, die zu einer für das soziale Gleichgewicht der Fremdenverkehrsbranche entscheidenden Schlüsselgröße überleitet.

• Die *Fremdenverkehrsintensität* nämlich gibt Aufschluß darüber, wie gesund und wie sozial verträglich das Verhältnis Einheimische – Fremde ist (siehe Tabelle 11). Es erscheint wohl logisch, daß es zu Spannungen und zu Aversionen unter der Dorfbevölkerung kommen muß, wenn die Anzahl der Touristen die Anzahl der Einheimischen in einem Maß übersteigt, das die gewachsenen dörflichen Strukturen quasi ausrottet. Wenn zwei Einheimische in ihrem Stammlokal keine

Die Übernachtungsergebnisse der 10 wichtigsten Fremdenverkehrsgemeinden Österreichs im Winterhalbjahr 1991/92

IX

	Gemeinden	Inländer-übernachtungen	Ausländer-übernachtungen	Kumulierte Werte der Ausländerübernachtungen absolut	Kumulierte Werte in %	Gesamtübernachtungen in Winter 1991/92	Kumulierte Werte der Gesamtübernachungen im Winter 1991/92 absolut	Kumilierte Werte in %
1	Wien	408.777	2,153.070	2,153.070	5,2	2,561.847	2,561.847	4,8
2	Sölden	55.867	1,399.837	3,552.907	8,6	1,455.704	4,017.551	7,6
3	Saalbach-Hinterglemm	280.188	986.605	4,539.512	11,0	1,266.793	5,284.344	10,0
4	Lech	161.131	700.103	5,239.615	12,7	861.234	6,145.578	11,6
5	Mittelberg	2.582	840.771	6,080.386	14,8	843.353	6,988.931	13,2
6	Ischgl	64.122	747.908	6,828.294	16,6	812.030	7,800.961	14,7
7	St. Anton am Arlberg	103.294	686.648	7,514.942	18,3	789.942	8,590.903	16,2
8	Zell am See	78.000	632.108	8,147.050	19,8	710.108	9,301.011	17,5
9	Bad Hofgastein	328.894	355.202	8,502.252	20,7	684.096	9,985.107	18,8
10	Seefeld in Tirol	24.990	640.334	9,142.586	22,2	665.324	10,650.431	20,1

Die Übernachtungsergebnisse der 10 wichtigsten Fremdenverkehrsgemeinden Österreichs im Sommerhalbjahr 1992

X

	Gemeinden	Inländer-übernachtungen	Ausländer-übernachtungen	Kumulierte Werte der Ausländerübernachtungen absolut	Kumulierte Werte in %	Gesamtübernachtungen in Winter 1991/92	Kumulierte Werte der Gesamtübernachungen im Winter 1991/92 absolut	Kumilierte Werte in %
1	Wien	421.119	3,947.947	3,947.947	6,7	4,369.066	4,369.066	5,6
2	Sankt Kanzian	528.340	633.403	4,581.350	7,8	1,161.743	5,530.809	7,2
3	Salzburg	187.515	968.211	5,459.561	9,5	1,155.726	6,686.535	8,6
4	Mittelberg	4.083	1,004.227	6,553.788	11,2	1,008.310	7,694.845	9,9
5	Villach	309.469	636.261	7,190.049	12,3	945.730	8,640.575	11,2
6	Saalbach-Hinterglemm	38.389	819.166	8,009.215	13,7	857.555	9,498.130	12,3
7	Innsbruck	129.053	719.881	8,729.096	14,9	848.934	10,347.064	13,4
8	Finkenstein	230.562	617.200	9,346.296	15,9	747.762	11,194.826	14,5
9	Zell am See	70.774	691.528	10,937.824	17,1	762.302	11,957.128	15,4
10	Seefeld in Tirol	39.773	669.576	10,707.400	18,3	709.349	12,666.477	16,4

Möglichkeit mehr zur Kommunikation haben, weil die Bar von fünfzehn Urlaubern okkupiert ist, der Billardtisch seit Wochen hoffnungslos von Touristen in Beschlag genommen wird, der Weg zur Musikbox sowieso regelmäßig von einer Schlange von Feriengästen versperrt und die Kellnerin tagtäglich bis in die frühen Morgenstunden von Horden frivoler Nachtschwärmer aus aller Herren Länder umzingelt wird, geht der eigene Lebensraum unwiderruflich verloren. Wenn der Einheimische die örtliche Buslinie nicht mehr benutzen kann, weil Touristen die öffentlichen Verkehrsmittel längst in Seeräubermanier geentert haben, wenn er auf den Einkauf im Supermarkt verzichtet, weil die Kassa stundenlang belagert wird, wenn er vor seiner Haustür wochenlang keinen Parkplatz findet, wenn ihn der Urlaubertrubel bis vier oder fünf Uhr früh bis unter die Bettdecke verfolgt, sind Frustrationen nicht verwunderlich. Das alles hat längst nichts mehr mit Integration von Feriengästen in die dörflichen Strukturen zu tun, in vielen Gemeinden ist aus den Touristenströmen inzwischen eine Besatzungsmacht geworden.

Als gerade noch verträgliches Verhältnis zwischen Einheimischen und Fremden wird gemeinhin die Relation eins zu zwei angenommen. Das heißt, auf einen Dorfbewohner kommen maximal zwei Urlauber. Manche Vordenker in alternativ gestalteten Fremdenverkehrsregionen setzen sich überhaupt das Limit eins zu eins. Idealverhältnis und Realität klaffen in Österreich jedoch weit auseinander. Im Durchschnitt kamen 1992 auf einen Österreicher 16 Nächtigungen. Ergibt unterm Strich – wenn man die durchschnittliche Aufenthaltsdauer von fünf Tagen heranzieht – etwa drei Touristen pro Staatsbürger. Wieder einmal ist es das Bundesland Tirol, das die Kurve hinaufschnalzen läßt. Dort kommen nämlich auf einen Einwohner 71 Nächtigungen. Macht rund vierzehn Touristen pro Tiroler. Einzelbeispiele zeigen es noch plakativer: Im Winter 1992 hielten in der 2500-Seelengemeinde Saalbach-Hinterglemm jeden Dorfbewohner im Schnitt über 120 Gäste in Schach!

• Reisewahnsinn zu den Spitzensaisonen, Flaute in den Nebensaisonen. Trotz allem Jahrmarkttrubel läßt die Auslastung der Betriebe mehr als zu wünschen übrig (siehe Tabellen 12 bis 14). Die durchschnittliche Bettenauslastung im Jahr 1992: 29,2 Prozent. Mit 32,6 Prozent Bettenauslastung liegt Tirol da noch im Mittelfeld, besonders betrüblich sind dagegen die Werte in Kärnten: 20,8 Prozent. Auch in dieser statistischen Kategorie sind die Privatvermieter die absoluten Verlierer:

ALLGEMEINE TOURISMUSDATEN

Fremdenverkehrsintensität nach Bundesländern (Gesamtnächtigungen/Einwohner) XI

Jahr	Bgld.	Ktn.	NÖ.	OÖ.	Sbg.	Stmk.	Tirol	Vbg.	Wien	**insges.**
1980	754	3.601	442	674	5.050	796	6.699	2.718	291	**1.581**
1981	767	3.493	432	648	5.084	760	6.927	2.736	308	**1.602**
1982	776	3.298	425	638	4.939	797	6.958	2.749	300	**1.567**
1983	761	3.109	424	631	4.775	746	6.683	2.645	319	**1.533**
1984	748	2.936	434	601	4.670	736	6.631	2.554	353	**1.519**
1985	758	2.911	425	582	4.520	713	6.448	2.545	372	**1.490**
1986	723	3.031	418	574	4.585	725	6.445	2.554	354	**1.502**
1987	771	3.016	424	558	4.510	729	6.373	2.494	398	**1.501**
1988	766	3.134	432	565	4.555	736	6.375	2.502	424	**1.523**
1989	769	3.240	448	598	4.885	787	6.894	2.617	454	**1.625**
1990	782	3.046	459	593	4.787	786	6.836	2.502	485	**1.603**
1991	826	3.265	451	601	5.038	796	7.126	2.603	435	**1.667**
1992	836	3.165	431	603	5.081	795	7.130	2.597	441	**1.654**

Bevölkerung: Quelle ÖSTAT

Bettenauslastung nach Bundesländern (in %) – **1. Jahr** (1. Jän. bis 31. Dez., 365 bzw. 366 Tage) XII

Jahr	Bgld.	Ktn.	NÖ.	OÖ.	Sbg.	Stmk.	Tirol	Vbg.	Wien	*)	**insges.**
1983	18,8	17,2	20,9	18,9	26,2	19,3	26,0	26,1	41,6	50,5	**23,2**
1984	18,4	16,6	21,3	18,2	25,9	19,2	26,1	26,3	42,5	49,6	**23,0**
1985	18,4	16,4	20,8	18,2	25,8	18,8	25,5	25,1	43,9	50,9	**22,8**
1986	18,6	17,4	21,5	18,4	26,1	19,7	26,0	26,2	39,1	45,6	**23,2**
1987	20,3	17,5	20,1	16,4	26,3	19,8	25,9	25,7	42,7	50,1	**23,5**
1988	20,3	18,2	22,2	19,1	26,6	19,8	26,4	25,6	41,8	47,8	**23,9**
1989	21,0	19,1	22,8	18,8	28,5	21,2	28,4	27,3	45,1	51,2	**25,6**
1990	22,4	18,2	24,0	21,6	28,3	22,2	28,7	26,7	47,1	52,7	**25,8**
1991	22,4	20,2	24,8	23,0	30,3	22,9	30,6	28,5	43,4	48,4	**27,3**
1992	23,3	19,6	23,3	23,4	30,8	22,9	30,3	29,3	43,4	48,4	**27,3**
1992**)	24,3	20,8	25,2	25,3	32,6	25,1	32,6	31,6	45,2		**29,2**

*) Wien (ohne Studentenheime).
**) Ohne Notbetten und Matratzenlager.

Übernachtungen in allen Fremdenunterkünften (minus Campingübernachtungen) im Kalenderjahr (Betten im August)
bestes Ergebnis: 27,3% oder 99,9 Tage/366, letztes Ergebnis: 27,3% oder 99,9 Tage/366

An nur rund 18 Prozent aller 365 bzw. 366 Tage im Jahr sind die Betten voll. Das Resümee: Aus der eklatanten und in hohem Maß streßverursachenden Ballung des österreichischen Tourismus auf wenige Orte und gedrängte Zeitspannen resultieren neben den umweltfeindlichen Massereisebewegungen auch die katastrophalen Kapazitätsauslastungen. Der Trugschluß zahlreicher Hoteliers: Um die extreme Flaute in den Nebensaisonen zu kompensieren, versuchen sie, für die Spitzenzeiten noch mehr Infrastruktur zu schaffen, um in wenigen Monaten hohe Umsätze zu erwirtschaften, die sie dann für die Hungerzeiten entschädigen sollen. Die Krux ist dabei wie gesagt, daß die Überkapazitäten dann den Großteil des Jahres brach liegen und enorme Kosten verursachen. Der Ausweg ist auch hier nicht in quantitativen Lösungen zu suchen, sondern vielmehr in inhaltlichen Alternativen: Das Ziel wäre, die Urlauberströme über das ganze Jahr zu verteilen, was einerseits die Auslastung positiv beeinflussen und andererseits den Verkehrshorror bremsen würde, und zweitens die jeweils betriebsspezifische Bettenkapazität zu errechnen, die sowohl der Gästemenge annähernd gerecht wird als auch die Kosten in den schwachen Monaten nicht explodieren läßt. Daß Investitionen und blindwütiger Ausbau keineswegs mit wirtschaftlichem Nutzen einhergehen, wird weiter unten noch zu erörtern sein.

• Wie kontraproduktiv räumliche und zeitliche Ballung sind, zeigt auch die Entwicklung am Arbeitsmarkt. Zwar stiegen in den letzten fünf Jahren die *Arbeitnehmerzahlen* kontinuierlich an, und in der Fremdenverkehrsbranche werkten 1992 insgesamt 160 903 Kellner, Köche, Bürokaufleute oder Hotelassistenten. Dieser Trend wird allerdings zu einem nicht unwesentlichen Prozentsatz von ausländischen Arbeitskräften beeinflußt. Denn von 1986 bis 1992 hat sich die Zahl derer, die aus anderen Ländern in die österreichischen Gastronomiebetriebe pilgerten, mehr als verdoppelt: Waren es 1986 noch knapp über 20 000, schnellte die Zahl bis 1992 auf stattliche 45 700. Das Problem dabei ist jedoch laut dem Innsbrucker Tourismusberater Jakob Edinger, daß das ausländische Personal dann »von den Gästen oft zuwenig akzeptiert« wird. Der Urlauber will halt auch im Personal seine Idealvorstellung von kernigen Tiroler Bauernburschen und fröhlich jodelnden Almmädels verkörpert wissen.

Der heimische Nachwuchs aber läßt sich für die Fremdenverkehrsbranche immer weniger begeistern. Die aktuellen Lehrlingszahlen sind in dieser Hinsicht vielsagend (siehe Tabelle 15) Von 1984 bis zum

2. In gewerblichen Beherbergungsbetrieben

XIII

Jahr	Bgld.	Ktn.	NÖ.	OÖ.	Sbg.	Stmk.	Tirol	Vbg.	Wien	*)	**insges.**
1983	19,0	20,3	20,4	20,4	30,7	21,6	32,1	33,8	41,3	49,4	**27,4**
1984	18,7	19,7	21,6	19,9	30,5	21,4	32,3	33,3	42,4	49,8	**27,5**
1985	18,8	20,0	21,4	19,6	30,2	21,6	31,7	33,0	43,4	50,5	**27,3**
1986	18,1	20,9	21,9	19,7	30,3	22,4	32,2	33,6	38,6	45,1	**27,6**
1987	20,4	21,5	22,5	20,2	30,8	22,6	32,2	34,2	42,3	48,1	**28,2**
1988	20,4	21,9	23,1	20,3	31,0	22,2	32,3	33,9	41,4	47,4	**28,4**
1989	21,9	23,0	23,9	23,1	33,7	24,2	34,6	36,5	44,4	50,6	**30,5**
1990	22,8	22,3	25,6	24,0	33,8	25,4	35,0	36,3	46,4	52,3	**31,1**
1991	22,6	24,5	26,7	25,6	35,3	26,0	36,5	38,0	42,6	50,5	**32,2**
1992	23,0	23,7	24,8	25,5	35,9	25,6	36,6	39,0	42,8	47,7	**32,0**
1992**)	23,9	24,8	26,1	26,5	37,4	27,1	38,4	40,3	44,5		33,5

*) Wien (ohne Studentenheime).
**) Ohne Notbetten und Matratzenlager.

Übernachtungen in gewerblichen Beherbergungsbetten im Kalenderjahr (Betten im August)
bestes Ergebnis: 32,2% oder 117,5 Tage/365, letztes Ergebnis: 32,0% oder 117,1 Tage/366

3. In Privatquartieren

XIV

Jahr	Bgld.	Ktn.	NÖ.	OÖ.	Sbg.	Stmk.	Tirol	Vbg.	Wien	**insges.**
1983	14,4	12,7	13,8	13,2	17,8	14,4	18,6	20,3	–	**16,5**
1984	13,6	12,0	12,7	12,7	17,3	13,8	18,2	19,9	–	**16,0**
1985	13,4	10,9	12,0	12,1	16,2	13,0	17,7	19,7	12,7	**15,2**
1986	13,0	11,6	13,0	11,8	17,0	13,7	18,1	20,1	17,8	**15,7**
1987	13,1	11,1	13,6	11,2	16,3	13,9	17,5	19,9	7,8	**15,3**
1988	15,2	11,7	14,0	11,6	16,7	14,5	17,9	20,1	6,7	**15,8**
1989	15,4	12,4	14,6	12,9	18,5	15,7	19,1	21,8	10,9	**17,0**
1990	16,5	11,3	14,5	13,3	17,7	15,7	19,6	20,9	5,6	**16,8**
1991	17,2	12,9	15,6	14,9	21,0	17,2	21,7	22,9	4,3	**18,9**
1992	21,0	12,3	15,2	15,4	21,0	17,1	21,0	23,9	4,4	**18,7**

Übernachtungen in Privatquartieren im Kalenderjahr (Betten im August)
bestes Ergebnis: 18,9% oder 69,0 Tage/365, letztes Ergebnis: 18,7% oder 68,4 Tage/366

Stichtag 31. Dezember 1991 schrumpfte die Anzahl derer, die in den Hotelfachschulen die Schulbank drückten, von 17 500 auf 12 700. Vor allem die Köche und Kellner haben es offensichtlich satt: Interessierten sich 1984 noch 3688 Jungtalente für den Kellner-Job, waren es 1991 nur mehr 2322. Ähnlich bei den Köchen: Wählten 1984 noch immerhin 6712 junge Österreicher dieses Berufsbild, so sackte diese Zahl bis 1991 auf 4281.

Lehrlinge in den einzelnen Bereichen der Fremdenverkehrswirtschaft (Stichtag 31. Dezember)

XV

	1984	1985	1986	1987
Kellner	3.688	3.684	3.493	3.459
Koch	6.712	6.760	6.508	6.276
Hotel- u.Gastgewerbeassistent	865	864	870	955
Reisebüroassistent	194	208	201	196
Bürokaufmann	166	184	168	167
Doppellehre Kellner und Koch	5.831	5.861	5.682	5.556
andere Doppellehren*)	58	58	54	58
übrige	56	57	49	49
insgesamt	**17.570**	**17.676**	**17.025**	**16.716**

	1988	1989	1990	1991
Kellner	3.315	3.042	2.701	2.332
Koch	5.870	5.321	4.804	4.281
Hotel- und Gastgewerbeassistent	1.042	1.090	1.162	1.223
Reisebüroassistent	236	271	304	291
Bürokaufmann	169	168	189	211
Doppellehre Kellner und Koch	5.317	4.981	4.639	4.285
andere Doppellehren*)	81	69	61	72
übrige	55	76	81	72
insgesamt	**16.085**	**15.018**	**13.941**	**12.767**

*) inkl. Doppellehren in Kombination mit Gewerbe und Handel

Der Fremdenverkehrsexperte Egon Smeral vom Wirtschaftsforschungsinstitut versuchte den Entwicklungen in puncto Beschäftigungsmöglichkeiten auf den Grund zu gehen. Die Aussichten, so analysiert Smeral in einer Studie mit dem beredten Titel »Arbeitslos im Tourismus«, seien trotz allgemeiner Wachstumseuphorie alles andere als rosig – und äußeres Anzeichen prinzipieller Systemmängel.
Bereits seit 1988 steigen die Arbeitslosenzahlen merkbar an. Im Jahr

1990 fristeten immerhin 26 000 Personen aus der Branche ihr Dasein ohne Job. Mit 17 Prozent ist das im Vergleich zu anderen heimischen Wirtschaftszweigen die höchste Arbeitslosenquote in Österreich. In seiner Studie prognostiziert Smeral einen weiteren Anstieg. Die Ursachen dafür sieht der WIFO-Experte vordergründig einmal in der branchenbedingten Wetter- und Saisonabhängigkeit. So ist die Arbeitslosenrate während touristischer Flautezeiten dreimal so groß wie die gesamtwirtschaftliche, zu den Saisonhöhepunkten reduziert sich der Wert auf »nur« das Doppelte.

Die traurige Bilanz hat aber auch andere Ursachen. Zum einen mehren sich Jobschwierigkeiten der Arbeitnehmer deshalb, weil deren Ansprüche an das Tätigkeitsfeld in den letzten Jahren – ohne daß sich die Qualifikation entscheidend geändert hätte – gewachsen sind, wiederum den Zuzug genügsamerer Arbeitskräfte aus dem Ausland begünstigt hat.

Unterschiede in Sachen Jobchancen gibt es aber vor allem je nach Art des Betriebes. Eindeutig benachteiligt sind auch hier die Kleinbetriebe, die kaum Aufstiegsmöglichkeiten bieten und darüber hinaus meist nur mit eher bescheidenen Löhnen locken können. In größeren Betrieben mit höherem Standard ist naturgemäß auch das Qualifikationsniveau des Personals höher – was sich wiederum auf die Präferenzen der Urlauber auswirkt, die unter dem Gesichtspunkt besserer Betreuung auch mehr Geld lockermachen. Gut ausgebildeten Mitarbeitern stehen eben alle Türen offen, und sie garantieren durch ihre Fähigkeiten für dauerhaften Gästezulauf.

In den Nebensaisonen ist das Personal entweder zu mühsamem Pendeln gezwungen – was die für das Wohlbefinden ganz und gar nicht förderliche soziale Entwurzelung nach sich zieht – oder überhaupt arbeitslos. Egon Smeral empfiehlt neue Modelle. Die Betriebe könnten da nämlich selbst korrigierend eingreifen: »Beispiel: Winterbetriebe kooperieren mit Sommerbetrieben, um ihrem Personal einen Ganzjahresjob anbieten zu können.« Nicht zu verachtender Nebeneffekt: Durch die unterschiedlichen Tätigkeitsbereiche lernen die Arbeitskräfte dazu, was sowohl deren beruflichem Fortkommen als auch den Ansprüchen der Gäste entgegenkommt. Smeral: »Die Schulung des Personals erhält damit Investitionscharakter.«

Darüber hinaus plädiert Egon Smeral in diesem Zusammenhang für »eine Entzerrung der Reiseströme, zum Beispiel durch Eingriffe in die bestehende Ferienordnung«.

• Am meisten zu denken geben aber die *Finanzen*, vor allem jene Schere, die zwischen Investitionsvolumina und Schaffung von neuen touristischen Infrastrukturen einerseits und der Überschuldung der Branche andererseits auseinanderklafft. Weiteres Alarmzeichen: die immer miserabler werdende Ausstattung der Betriebe mit Eigenkapital.

Für Anlageinvestitionen gab die Branche 1988 – jüngere Daten waren nicht verfügbar – 22,5 Milliarden Schilling aus, was im Vergleich zum Jahr davor einem Plus von 8,9 Prozent entspricht. In Bautätigkeiten wurden im selben Jahr 13,5 Milliarden Schilling gebuttert – gegenüber 1987 ebenfalls ein Plus von 8,9 Prozent. Ebenso steil nach oben wie jene der Investitonen für touristische Infrastruktur zeigt jedoch die Kurve der Überschuldung (siehe Tabelle 16). Schlugen sich die Negative der Branche 1981 noch mit knapp über 44 Milliarden Schilling zu Buche, kletterte das Sümmchen bis Mitte der achtziger Jahre auf über 57 Milliarden, um sich 1992 mit 104,8 Milliarden Schilling auf einen betrüblichen Rekord einzupendeln. Innerhalb von zehn Jahren haben sich die Schuldenstände also mehr als verdoppelt.

Schuldenstände der Fremdenverkehrsbranche
(in Mio. S) XVI

Jahr	Fremdenverkehr
1981	44.072
1982	47.487
1983	49.512
1984	52.537
1985	57.655
1986	61.165
1987	65.366
1988	72.189
1989	80.523
1990	87.727
1991	96.047
1992*)	104.860

Quelle: Oesterreichische Nationalbank

Gleichzeitig rasseln die Eigenkapitalquoten mehr und mehr in den Keller. Die Dynamik in Sachen Eigenkapital wird von der Österreichischen Nationalbank regelmäßig in der periodisch erscheinenden Broschüre »Bilanzkennzahlen österreichischer Fremdenverkehrsbetriebe« untersucht. Allerdings: Die Analysen der Nationalbank beschränken sich auf gewerbliche Betriebe. Darüber hinaus untersuchen Österreichs staatliche Banker nicht flächendeckend, sondern beschreiben die Trends anhand von Stichproben, für die die Entwicklung in 800 bis 900 Betrieben herangezogen wird. »Die österreichischen Fremdenverkehrsbetriebe«, so das Resümee, »weisen weiterhin eine negative Eigenmittelausstattung auf.« Noch gravierender als im Beherbergungswesen sei der Abwärtstrend dabei in der Gastronomie. Wies die Hotellerie anno 1990 ein Eigenkapitalminus, und damit Schulden, von 4,7 Prozent aus, so ergab sich im selben Jahr für die Verpflegungsbetriebe ein negativer Wert von stattlichen 25,2 Prozent. Für die Berechnung wird dabei nicht der Mittel-, sondern der weitaus schlüssigere Medianwert herangezogen. Schlüssiger deshalb, weil der Median jene Linie ist, die sich genau durch die Mitte aller Werte durchzieht. Das heißt, exakt die Hälfte aller Zahlen befindet sich darüber, die andere Hälfte darunter. Statistische Ausreißer, besonders kleine oder besonders große Einzelwerte, können das Gesamtbild nicht verzerren. Bei einer Deutung anhand von Mittelwerten werden dagegen alle vorhandenen Zahlen einfach in einen Topf geworfen.

In diesem Zusammenhang wird oft das verharmlosende Argument vorgebracht, all diese alarmierenden Zahlen würden nur das reine Barkapital betreffen, und wenn man Aufschluß über die tatsächlichen Finanzen der Branche gewinnen wolle, müsse man Infrastruktur und Immobilien dazurechnen. Dann ergebe sich ein weitaus positiveres Bild. »80 bis 90 Prozent des Betriebsvermögens«, weiß Franz Partsch, der sich in der Nationalbank mit der Erstellung der Bilanzkennzahlen beschäftigt, »liegen im Bereich der Betriebsanlagen.« Nur: De facto darf die Infrastruktur trotzdem nicht als Gradmesser für das Florieren eines Betriebes herangezogen werden. Infrastruktur und Betriebsanlagen sind ja schließlich die Voraussetzung, um überhaupt Cash einspielen zu können. Sind sämtliche Reserven in den Immobilien und in der Infrastruktur gebunden, heißt das noch lange nicht, daß es dem Betrieb gut geht. Denn wollte der Besitzer sie flüssig machen, würde er sich ja die Existenzgrundlage abgraben, da er nichts mehr hätte, womit er Gewinne erwirtschaften kann. Will man wissen, wie es einem Betrieb wirklich geht, muß also die Infrastruktur aus den Berechnungen draußen bleiben.

Im Gegensatz zum Eigenkapital, vermerkt die Broschüre der Nationalbank weiter, muß »die Fremdmittelausstattung, insbesondere die Bankverschuldung, der österreichischen Tourismusbetriebe nach den vorliegenden Ergebnissen als überaus hoch beurteilt werden«. Das Sorgenkind ist auch hier die Gastronomie: »Bei mehr als 50 Prozent der in der Stichprobe enthaltenen Verpflegungsbetriebe ist 1990 der Buchwert der Bankschulden allein bereits genauso hoch wie jener des betrieblichen Gesamtvermögens.«

Daß zahllose Hoteliers bei den Banken hoffnungslos in der Kreide stehen, ist längst ein offenes Geheimnis, wird aber ebenso wie die seelischen Auswirkungen des Fremdenverkehrs tabuisiert. Nach außen hin muß der Schein gewahrt bleiben. Auch hier stößt man wieder auf die typische Fassade, die mit protzigem Repräsentationsgehabe aufrechterhalten wird. Heinrich Huber, Ex-Gemeinderat der Zillertaler Ortschaft Stumm, der selbst einem gastronomisch orientierten Elternhaus entstammt, über diese Verlogenheit: »Oft ist es so, daß die Hoteliers längst nicht mehr Eigentümer sind, sondern eigentlich die Banken. Die natürlich wiederum daran interessiert sind, daß die Betriebe nicht zusperren. Schließlich sind die überschuldeten Hotels zumindest eine Zeitlang ein Geschäft für die Banken. Viele Hoteliers fungieren längst nur mehr als Geschäftsführer. Nach außen hin wird natürlich demonstriert, wie gut's uns geht. Die fahren immer noch mit dem fetten Mercedes herum.«

Viele Unternehmer fallen noch einem weiteren fatalen Trugschluß zum Opfer. Um den Jahresumsatz nicht versteuern zu müssen, reinvestieren sie das Geld, das der Betrieb während der Saisonen eingespielt hat, in neue Infrastrukturen. Um wirklich ausreichend dazubauen zu können, reicht die Summe dann meist doch nicht. So greifen die Unternehmer entweder auf vorhandene Reserven zurück oder entschließen sich zu einem Bankkredit, um via Ausbau dem Finanzamt ein Schnippchen zu schlagen. Dadurch entstehen freilich oft nicht nur neue Schulden, sondern wiederum oft unrentable Überkapazitäten.

Ein Resümee fördert nun einige Impulsgeber für Entwicklungen und Trends im Fremdenverkehr zutage, die sich wie Rädchen zu einer dringend wartungsbedürftigen Maschinerie zusammenfügen:

- Allgemein permanente Zunahme von Infrastruktur und Nächtigungen, wobei allerdings die anteilsmäßig bedeutenderen Privatzimmervermieter das Stiefkind sind.
- Eklatante, aus sozialen, ökologischen und ökonomischen Gründen ungesunde Ballung des Tourismus auf wenige Orte und kurze Zeitspannen.

- Daraus resultierende Umweltbelastung durch Massereisebewegungen und beängstigend magere Kapazitätsauslastungen, wieder vor allem bei den Privaten. Die in den Flautezeiten leerstehenden Zimmer und Gaststuben verursachen astronomisch hohe Betriebskosten. Außerdem wirkt sich die Kapazitätsproblematik nachteilig auf die Beschäftigungsrate und die Qualifikation von Arbeitskräften aus.
- Dazu die Diskrepanz, die immer deutlicher wird und aus der offenbar noch kein Ausweg gefunden wurde: Je mehr man den finanziellen Einbrüchen in den Nebensaisonen mit struktureller Aufrüstung davonzulaufen versucht, desto mehr steigen die Schulden. Anders ausgedrückt: Je mehr man in den Fortschritt investiert, desto weniger Erfolg stellt sich ein.

Das Problem sind längst nicht mehr ein paar unfähige Hoteliers oder einzelne Faktoren, die sich in einem Gesamtsystem negativ auswirken. Hier geht es darum, daß ein gewachsenes System als solches nicht funktioniert, viel mehr einem Labyrinth gleicht, aus dem es keinen Ausweg zu geben scheint. Nur ein einziges Schild prangt in diesem Labyrinth: »Zurück an den Start.«

Dabei scheint das gar nicht so schwierig: Man bräuchte nur in die Gegenrichtung zu gehen: Eben *nicht* noch mehr noch größer bauen. Eben *nicht* glauben, in den Spitzensaisonen die Spirale noch höher schrauben zu müssen. Sondern endlich dieses abstruse Höher-Schneller-Stärker-Denken aufgeben und sich damit aus dem ewigen Teufelskreis, der nur zum Zusammenbruch des Systems führen kann, ausklinken.

Gerald Hauser, Fremdenverkehrsdirektor der Osttiroler Gemeinde Sankt Jakob im Defereggental, dessen touristische Wege im zweiten Teil des Buches noch erklärt werden, sieht durchaus Fluchtwege aus dem Dilemma. Er meint, es gehe vor allem darum, ein gesundes Verhältnis zwischen Kapazitäten und der tatsächlichen Gästenachfrage – und zwar im Jahresdurchschnitt – herzustellen. Beispiel Sankt Jakob: In den Wintermonaten könnte man dort die Bettenzahlen locker aufstocken und damit höhere Urlauberzahlen anpeilen. Doch das wird bewußt nicht getan, sondern man trachtet vielmehr danach, den Urlauberstrom gezielt über das ganze Jahr zu verteilen. Die Sankt Jakober setzen sich selber ein striktes Limit an Bettenzahlen, und zwar dergestalt, daß man im Winter die Hotels voll hat, aber andererseits von den Touristen nicht überrollt wird und daß in den Nebensaisonen keine schmerzlichen Leerläufe entstehen. Diese Vorgangsweise hat sich bereits bewährt.

Was Österreichs etablierten Tourismusregionen außerdem abgeht, sind klare Angebote und bewußte Zielgruppenorientierungen. Fast alle bieten denselben Einheitsbrei an und können damit den Urlauber nur zu ganz bestimmten Zeiten und noch dazu unter ganz bestimmten Wettervoraussetzungen anlocken. Damit ist die Chance vertan, die Feriengäste auch außerhalb der Hauptsaisonen auf Trab zu bringen. Gerald Hauser: »Ich muß doch dem Gast zumindest sagen können, warum er zu mir kommen soll. Bei uns zeigt sich, daß Zielgruppenorientierung unterm Strich auch bessere Umsätze bringt.«

Das Ziel der Branche kann eben nicht mehr polternde Expansion, sondern muß intelligente Konzentration auf Spezialgebiete sein. Daß sie mit Ausbau und Investitionen bereits an eine Grenze gestoßen sind oder sie gar überschritten haben, merken viele Hoteliers ja ohnehin daran, daß ihre Betriebsergebnisse tief und tiefer in den Keller sinken. In dem Zusammenhang sieht Tourismusberater Jakob Edinger für so manchen Hotelier düstere Zeiten heraufdämmern: »Es folgt jetzt sicher eine Konsolidierungsphase. Jede Branche muß irgendwann redimensioniert werden.«

Die Kinder sind dran

Vernachlässigung, Vereinsamung, Gefühlskälte – Drogensucht als Notausstieg: Der Tourismus hinterläßt auch beim Nachwuchs tiefe seelische Narben.

Der »Marienhof« in der kleinen südniederösterreichischen Gemeinde Aspang. Das Therapiezentrum des »Grünen Kreises«, eine Anlage aus mehreren uralten Holz- und Bauernhäusern, die über Jahre hinweg Schritt für Schritt renoviert wurden, liegt, abgeschirmt von jeder Zivilisation, einige Kilometer außerhalb der Ortschaft. Eine enge, dürftig asphaltierte Straße führt durch dichten Wald zu jenem Ort, an dem sich einige Dutzend Drogenpatienten mitten im Grünen unter Betreuung von Sozialarbeitern und mit gezielter Beschäftigungstherapie von der teuflischen Sucht befreien lassen wollen. Junkies aller Altersgruppen pflegen Gemüsebeete, arbeiten in der Küche, kümmern sich um den Haushalt oder darum, daß die Gebäude selbst in Schuß gehalten oder renovierungsbedürftige Teile davon instand gesetzt werden.

Andrea Gmeiner,* 29, hat den Webstuhl zu ihrem derzeitigen Arbeitsplatz auserkoren, knüpft Teppiche oder flicht Hausschuhe in allen möglichen Formen und Farben aus flauschiger Schafwolle.

Andrea Gmeiner ist Gastgewerbekind.

Und hing an der Nadel, dreizehn höllische Jahre lang.

Täglich schoß sie sich Heroin, das sie regelmäßig aus Amsterdam nach Wien geschmuggelt hatte, schnupfte Unmengen von Kokain, an Spitzentagen bis zu fünf Gramm. Das Koks freilich brauchte sie nicht zu importieren. Denn davon gab es in Österreichs Fremdenverkehrsorten, besonders in Kitzbühel, mehr als genug. Auch heute hört Andrea immer wieder, daß in Kitz »irrsinnig viel mit Coca und Zeug läuft«. »Zeug« heißt in der Junkiesprache Heroin.

Andrea ist Gastgewerbekind. Und ihr Leben, ihre Kindheit und Entwicklung, ihre Erziehung sind absolut typisch für ein Mädchen, dessen Eltern in der Gastronomie tätig sind.

* Die Namen wurden vom Verlag geändert.

Andrea Gmeiners Leben war immer von Ruhelosigkeit geprägt, von frühester Kindheit an, und bis heute führt sie ein Nomadendasein. Kein echtes, akzeptiertes Zuhause, kein vertrautes Umfeld, keine sozialen Wurzeln. Bis zu ihrem sechsten Lebensjahr lebt Andrea in Söll in Tirol. Die Eltern hatten dort ein Gasthaus gepachtet und vermieteten nebenbei auch ein paar Privatzimmer. Dann zogen sie weiter nach Reit bei Brixlegg – der Pachtvertrag für die Gastwirtschaft in Söll war abgelaufen. Für ein Jahr faßten die Gmeiners dort Fuß. Dann dasselbe Spiel noch einmal: Wieder ging ein Pachtverhältnis zu Ende, wieder zog die Karawane weiter. Diesmal in fernere Gefilde nach Deutschland. Auch im nördlichen Nachbarland mußte Andrea die ständigen Ortswechsel der Familie mitmachen. Mittlerweile sind die Gemeiners in Kirchberg in Tirol zur Ruhe gekommen – ihr dortiger Gasthof ist inzwischen nämlich Familienbesitz. Auch in Kirchberg beschränken sich die Tätigkeiten der Gmeiners nicht allein auf Gastronomie, sondern auch auf die Zimmervermietung. 27 Hotelbetten bieten Andreas Eltern heute an.

Bereits in Söll hatte Andrea unter dem Geschäft mit den Urlaubern gelitten. »Ich bin als Kind sehr vernachlässigt worden«, sagt die Dunkelhaarige, die im »Marienhof« mittlerweile offensichtlich wieder Kräfte gesammelt hat, »ich war schon mit vier oder fünf Jahren komplett auf mich alleine gestellt, hab' mich sogar noch dazu um meine kleinere Schwester kümmern müssen. Auch kleine Arbeiten wie Serviettenzusammenlegen hab' ich in der Wirtschaft schon machen müssen.«

Bald galt die kleine Andrea, die zum Gaudium der Gäste emsig im Gasthaus umherwieselte und es bereits mit vier Jahren fertigbrachte, mit ihren Patschhändchen den einen oder anderen Handgriff zu verrichten, als Muster- und Herzeigekind. Wie selbständig die Kleine doch war!

Innerlich, glaubt Andrea Gmeiner, wuchs aber schon damals die Abneigung gegen derlei Tätigkeiten. »Ich hab' bereits zu der Zeit zwei Leben gelebt. Nach außen hin war ich ein überaus braves Kind, sonst war ich aber eher link.« Wohl, um gegen das von ihr mehr und mehr abgelehnte Umfeld zu rebellieren und befähigt durch die früh erlangte Selbständigkeit, fand Andrea bald Gefallen daran, sich mit Geld aus der Wirtshauskassa im nächsten Lokal Eis zu kaufen. Sie kam auch schnell dahinter, daß es für ein kleines Mädchen durchaus ein lohnendes Geschäft ist, aus dem eigenen Vorratskeller ein paar Flaschen zu entwenden und diese dann irgendwo zu verhökern. Die Umgebung begünstigte derlei Umtriebe. Schließlich war niemand da, der sie auf sinnvollere oder kreativere Gedanken bringen hätte können, schließlich beschränkte sich der Kontakt zu den Eltern auf einige knappe und täglich wiederkehrende Phrasen und Floskeln, wie sie sich zu verhalten habe und was gerade an Arbeit anfalle.

Während ihrer Zeit in Reit in Tirol wurde die familiäre Sprachlosigkeit noch schlimmer, weil sich das Ehepaar vorübergehend getrennt hatte. Andrea blieb bei der Mutter, die gezwungen war, den Betrieb allein weiterzuführen und daher Tag und Nacht an nichts anderes dachte als an die Arbeit. Die Kinder waren vollkommen sich selbst überlassen, die kleine Schwester hatte Andrea unter ihre Fittiche zu nehmen. »Meine Schwester war sozusagen mein Schatten. Auch beim Arbeiten.«

Daß ihr jemand beim Lernen, bei der Erledigung von Hausaufgaben oder einfach nur menschlich zur Seite gestanden wäre, war undenkbar. »Ich hatte alles allein zu bewältigen. Zum Beispiel den ersten Schultag. Das tut schon weh, wennst da allein hingeh'n mußt.«

Andrea kompensierte vorerst mit innerer Emigration. Als Schutzmechanismus vor seelischen Schmerzen über die – zumindest mentale – Kindesweglegung tötete sie sämtliche Gefühle ab. Sie gestand es sich selbst nicht zu, darunter zu leiden, daß andere Kinder und Schulkollegen fürsorgliche Eltern hatten und ein Zuhause, das Geborgenheit ausstrahlte. Andrea hatte Angst vor dem psychischen Schmerz, den ihre Vereinsamung auslöste, also verdrängte sie ihn. Sie wurde kalt, gefühlskalt. »Ich hab' schon als Kind alle Gefühle abgetötet. Ich kann heute noch nicht damit umgehen. Irgendwann war ich unfähig, Gefühle überhaupt noch zu empfangen.« Ihr seelisches Leid äußerte sich statt dessen in körperlichen Symptomen. Bereits mit zwölf Jahren hatte Andrea permanent Rückenschmerzen.

Ausdiskutiert wurde die Problematik nie. Bis heute nicht. »Von den Eltern hab' ich mich komplett mißverstanden gefühlt. Es war auch ein Zeitproblem. Ständig waren Gäste da, ständig in unserem privaten Bereich. Bis die Eltern dann irgendwann einmal ein paar Minuten Zeit gehabt haben, hab' ich das Problem dann meistens schon runtergeschluckt gehabt und wollt' auch nicht mehr darüber reden.«

Andrea litt aber nicht nur unter ihrer Vereinsamung, sondern auch unter völliger Ziel- und Orientierungslosigkeit. Schließlich hatte sie ja auch niemand auf ihren künftigen Weg vorbereitet, hatte niemand versucht, ihr Lebenshilfe zu geben oder ihre Begabungen zu fördern.

Nach der Hauptschule besuchte Andrea Gmeiner die Handelsakademie, frequentierte eine Zeitlang ebenso lust- wie erfolglos das Gymnasium, entschied sich dann kurzzeitig für eine Lehre als Verkäuferin. Fertiggemacht hat sie bis heute nichts davon, hat keinen Ausbildungsweg vollendet. Viel zu sehr lehnte sie das roboterartige Schuften ihrer Eltern ab.

Aber es mangelte ihr nicht nur an Zukunftsaussichten, sie weigerte sich auch, sich überhaupt ins bestehende Berufs- und Hierarchienschema einzugliedern, womit sie indirekt auch gegen ihre eigene soziale Verwahrlosung protestierte. »Das hat alles irgendwann in Trotz umgeschlagen.«

Die Flucht aus dem familiären Gefühls-Nirwana bestand für Andrea bald nicht mehr ausschließlich in emotionaler Abschottung. Bereits mit vierzehn Jahren blendete sie die Realität durch übermäßigen Alkoholkonsum aus. Um den kommenden Schultag durchzustehen, schluckte sie in der Früh regelmäßig ein paar Stamperln Apfelkorn runter. Mit vierzehn flüchtete sie schließlich aus ihrem Elternhaus, in dem sie psychische Klaustrophobie empfand. Damals absolvierte sie gerade die Lehre als Verkäuferin, am Abend sollte sie, so der Wunsch der Eltern, in der Küche des Gasthauses mithelfen. Außerdem hatten die Gmeiners von ihrer Tochter eine monatliche Summe von 1000 Schilling fürs Wohnen verlangt.

Andrea hatte genug und versuchte ab nun, sich in Kitzbühel freizuspielen und dort ihr Leben neu zu gestalten. Die Hoffnung erwies sich allerdings bald als trügerisch. Denn die allgemeine Ziellosigkeit wurde sie auch jetzt noch nicht los, die frühkindliche Prägung konnte sie nicht abschütteln. Was ihr fehlte, war vor allem ein konkreter Lebensinhalt. So war die ersehnte Freiheit nicht mehr als ein Anlaß, sich noch mehr treiben zu lassen. In der Tourismusmetropole Kitzbühel war es darüber hinaus ein leichtes, alle möglichen Drogen zu bekommen, die vorgaukelten, der grauen Alltagstristesse zumindest stundenweise entkommen zu können. Abends arbeitete Andrea in einer Pizzeria – die Branche, die sich hier in Kitzbühel in ihrem trügerischen Highlife-Glanz präsentierte, hatte sie wieder. Als sie sechzehn Jahre alt war, hatte Andrea Gmeiner bereits Zugang zu allen Arten von Drogen. Haschisch bildete den Auftakt. Später griff sie zu Heroin und zum Muntermacher Kokain. »Ich wollte krampfhaft abschalten. Anders hab' ich das nicht mehr können. Ich bin so ein Habt-acht-Mensch. Ich glaub', das ist so ziemlich das einzige, was ich von meinen Eltern gelernt habe. Immer zu funktionieren, nie schlappzumachen.«

In Kitzbühel befand sich Andrea nun mitten im Suchtgift-Schlaraffenland. »Die Szene ist zwar nicht offen, man redet nicht drüber, aber wennst ein paar Leute kennst, ist das mit dem Gift kein Problem. Da gibt's genug Discos und Hotels, wo du's bekommt.« Die relativ lockere moralische Einstellung zu Drogen heizte auch Andrea Gmeiners Bereitschaft, zum »Zeug« zu greifen, gewaltig an. »Die meisten Kollegen, die ich dort kennengelernt hab', sind auf irgendwas drauf. Wenn's nicht Gift ist, dann ist es eben Alkohol.«

»H«, »Zeug«, Heroin: ein halbsynthetisches Morphiumderivat, gewonnen aus den Kapseln des Schlafmohns, das Ende des letzten Jahrhunderts als schmerzstillendes Medikament entwickelt und damals erstmals in Umlauf gebracht wurde. Neben Tabletten und Alkohol die teuflischste Sucht überhaupt. »Heroin«, hat Franz Essl, der Leiter des Suchtgiftreferates des Wiener Sicherheitsbüros, einmal treffend gesagt, »Heroin ist wie Hunger im Gehirn.« Die meisten Junkies »schießen«, »fetzen« das Zeug mit der Nadel, in der Junkiesprache »Gun« genannt, in Hände, Arme, Beine. Stechen sich die Nadel zwischen die Zehen, unter die Fingernägel, männliche Junkies unter die Vorhaut, weibliche in die Klitoris, damit die Sucht äußerlich zumindest nicht gleich aufgrund der Einstichwunden auffällt. Manche Süchtige schnupfen Heroin wie Koks. Andrea Gmeiner »fetzte« von Anfang an.

Nahezu jedes Wochenende fuhr sie mit dem Zug nach Amsterdam, in der Szenensprache »Adam« genannt, um sich Heroin zu besorgen. Um unverdächtig zu wirken, verkleidete sie sich adrett mit Dirndl und Trachtengewand. Nach einiger Zeit war sie bei den Zöllnern bereits bekannt und durfte völlig unbehelligt ein- und ausreisen wie es ihr beliebte. Als Argument für ihre regelmäßigen Trips in Europas Drogenmetropole gab sie familiäre Gründe an. Freilich schleuste Andrea aus »Adam« weitaus mehr Zeug nach Österreich, als sie für den Eigenbedarf brauchte. Sie dealte permanent, um ihre Sucht zu finanzieren. Mit 22 Jahren heiratete Andrea Gmeiner. Auch ihr Mann war voll auf »H«. Und außerdem wie sie Gastgewerbekind. Andrea: »Da haben sich zwei gesucht und gefunden, zwei völlig kaputte Typen halt.« Schon ein Jahr zuvor hatte sie ihre Tochter zur Welt gebracht, die heute wieder bei ihr wohnen darf und in Aspang in die Schule geht. Im Rahmen der Entziehungskur versucht Andrea, in ihre Rolle als Mutter hineinzuwachsen. »Ich muß ja erst einen richtigen Umgang mit dem Kind lernen«, erkennt sie heute, »früher hab' ich automatisch das gleiche Erziehungsschema wie meine Eltern vertreten. Hauptsach', sauber, g'schneuzt und schön angezogen. Aber ich war dabei nicht fähig, überhaupt eine menschliche Beziehung zu dem Kind aufzubauen.«

Im Dezember 1988 ging einer von Andreas Amsterdam-Trips doch schief. Aus Rache hatte sie irgendeiner ihrer Bekannten bei der Polizei verpfiffen. Verhaftung, Prozeß: Zwölf Monate bedingt lautete das Urteil, drei Monate mußte sie ins Gefängnis.

Die letzten Monate vor ihrer Verhaftung hatte sich Andrea mit Gelegenheitsjobs mehr schlecht als recht durchs Leben geschlagen, in diversen Büros gearbeitet, sich als Kindermädchen verdingt. Wenn die Sucht ihren Körper zu stark umklammerte, war sie überhaupt arbeitsunfähig. Ihr letzter Job: Nachtportier in einem Kitzbüheler Hotel. »Der Typ von dem Hotel, selber ein schwerer Alkoholiker, hat's irgendwann bemerkt, ich wurde dann rausgeworfen. Zu der Zeit war ich noch nicht ganz in der Gosse, aber knapp davor.«

Nach ihrer Enthaftung legten ihr Ärzte und Behörden nahe, mit dem Gift ein für allemal aufzuhören, wenn sie ihre Tochter behalten wollte. Andrea entschloß sich zum dornigen Weg des Drogenentzuges, ließ sich von ihrem Mann scheiden und entfloh damit auch dem Tiroler Drogensumpf, in dem sie jahrelang tiefer und tiefer gerutscht war. Als erste Variante des Entzuges versuchte sie, sich auf Methadon setzen zu lassen.

Eine Lösung, die allerdings nichts anderes bedeutet als vom Regen in die Traufe zu gelangen. Denn Methadon ist eine fatale Ersatzdroge, deren Suchtpotential zumindest genauso schlimm ist wie das von Heroin. Auch bei Methadonkonsum ist man »drauf«. Was fehlt, ist nur der Effekt, den Heroin auslöst, wenn man sich's mit der Nadel spritzt: nämlich die plötzliche Explosion im Gehirn, der »Flash«. Junkies sind nicht nur auf die Droge selbst süchtig, sondern auch auf jenes Gefühl, das den Körper packt, wenn die Nadel in die Haut reinfährt. Andrea: »Methadon ist eine furchtbare Droge, das ist eine Droge, die lügt. Man ist drauf, aber es fährt nicht ein.«

Drei Monate hielt Andrea das Methadon-Programm aus. 1992 bekam sie schließlich einen Platz in Günter Pernhaupts Therapiezentrum »Grüner Kreis«. Und quälte sich dort durch den eigentlichen Entzug.

Heroin-Entzug ist immer die Hölle: Spätestens 24 Stunden nach dem letzten Schuß setzen peinigende Entzugserscheinungen ein. Der Kör-

per lechzt nach Heroin, der Süchtige »kracht«, so der Junkie-Terminus. Schleim fließt aus der Nase, die Augen tränen, es folgen Muskelkrämpfe, Schüttelfrost, Durchfall und Erbrechen. Manche Junkies leiden unter epileptischen Anfällen. Nach etwa einer Woche klingen die schlimmsten körperlichen Symptome ab, der psychische Entzug freilich dauert jahrelang und ist ohne ärztliche Hilfe und ohne sozialen Rückhalt kaum zu bewältigen.
Andrea über ihren Entzug: »Es war so schlimm, daß ich mich eigentlich gar nicht mehr genau daran erinnern kann. Ich war psychisch total am Ende, ich war völlig sprachunfähig. Es war sicher auch deshalb so arg, weil ich dreizehn Jahre lang ohne Pause drauf war. Ich hab' mich gefühlt wie ein dreijähriges Kind, das pudelnackt mitten in der Großstadt abgestellt worden ist.«

Was sie nach Abschluß der Therapie tun will, weiß Andrea selbst noch nicht so genau. In Aspang hat sie einen Schneider kennengelernt, mit dem sie jetzt zusammenlebt. »Wo's einen Job gibt, dort werden wir hinziehen«, setzt Andrea auf Flexibilität.
Zu den Eltern, die sie immerhin dreizehn Jahre lang nicht gesehen hat, baut sich der Kontakt behutsam wieder auf. Einmal haben die Eltern sie im Therapiezentrum besucht. Andrea: »Ich hab' versucht, ihnen meine Beweggründe und mein Verhalten zu erklären. Meine Eltern sind schon froh, daß ich den Entzug gemacht habe. Die Situation verstehen sie aber, glaube ich, kaum.«
Mittlerweile hat Andrea auch genug Distanz gewonnen, um die Lebensumstände ihrer Eltern halbwegs nüchtern analysieren zu können. »Eigentlich«, resümiert Andrea Gmeiner, »sind meine Eltern selbst süchtig. Sind zumindest einmal extreme Workaholics, was ja auch eine Sucht ist. Nach außen hin geben sie sich zwar total lässig, aber innerlich sieht's sicher anders aus. Meine Mutter hat sich da zwar nie geäußert, aber ich glaub', daß sie ziemliche Herzbeschwerden hat.« Hauptsache war, daß die biedere, korrekte, leistungsorientierte Maske immer saß. Auch sind »alle Betriebe, die meine Eltern je geführt haben, wirtschaftlich immer recht gut gelaufen. Sie haben halt extrem reingebuckelt«. Alles andere zählt eben nicht. »Über die Probleme ist nie gesprochen worden. Solange alles funktioniert, ist es in Ordnung. Da kannst sogar drauf sein, wie du willst. Solange ich mich dabei aufführ', wie sich's gehört, passiert mir auch nix, da wird man akzeptiert.«
Daß sie es schaffen wird, aus diesen Zwängen auszubrechen und ihr

Leben nach ihren Vorstellungen zu gestalten, kann Andrea derzeit nur hoffen. Und versuchen, genug Kräfte zu sammeln, um sich durchzukämpfen und um den Hang zum Suchtverhalten, das ihr in die Wiege gelegt wurde, zu besiegen. Andrea: »Die Therapie ist für mich wie ein Trainingslager für ein Fußballspiel. Wennst dann rausgehst, beginnt das große Match.«

Bereits Mitte der achtziger Jahre veröffentlichte der Innsbrucker Soziologe Max Preglau in einer Studie* über die touristische Entwicklung in der noblen Fremdenverkehrsgemeinde Obergurgl Aussagen von Jugendlichen über deren Verhältnis zu den Urlaubern und die daraus resultierenden Probleme. »Viele Eltern ham ka Zeit«, klagte da etwa ein junger Obergurgler, »ka Zeit für die Kinder. Jetzt bringen sie die kleinen Kinder um neun in den Kindergarten, um halb eins holen s' es wieder. Um halb zwei bringen s' es wieder und um halb fünf holen s' es wieder. Und wenn man so schaut, zum Beispiel a Poppele, des kommt schon in die Gaststub'n, so mit dem Rauch und dem Gästelärm um sich, so wachst es schon in der Wiege mit dem auf. Zum Beispiel gibt es Häuser da in Gurgl, da sind alle Kinder weg, im Internat. ›Um di brauch' i mi net kümmern, die san guat aufg'hoben‹. Das find' i nacha nit richtig, weil die Kinder fühl'n si ja – überflüssig.«
Und ein anderer über das triste Kultur- und Freizeitangebot für die Dorfjugend: »Jedesmal, wenn wir Junge uns treffen, werden ma anschneiden: Warum werd für uns Junge nix getan da? Warum? Zum Beispiel ham ma g'wöllt a Clique probieren, aber wenn ma ka Hilfe von den andern kriegt, ist man aufg'schmissen. Es geht lei bis zu an bestimmten Grad, und da kann man schon was einsetzen, aber das geht nit auf die Dauer, und deswegen sind wir allweilen enttäuscht. Für die Jugend was tuan, des is so schwer, weil ma afoch lei a paar da san, und die wohnen a scho wieder in an anderen Teil, und dann siecht ma si net. Z'nacht kannst nix tuan wie ausgehen, schlafen und ausgehen. Und wennst in an anderes Dorf hinkommst, wo ka Fremdenverkehr ist, da hocken s' da nachts, da kennt jeder jeden. Wir kennen uns a, aber höchstens in der Diskothek triffst amal oans, aber sonst, daß d' in an Gasthaus amal mit an z'sammhockst, mit oan redest, i kann mi lang net erinnern, daß in Obergurgl d'jungen Leut' an oan Tisch g'sessen warn.«
Eine Obergurglerin über die jobbedingte, chronische Vernachlässi-

* »Fremdenverquer – Kosten und Nutzen des Tourismus am Beispiel Obergurgl«

gung der Kinder und die Kompensation dieses Mankos in den Nebensaisonen, wodurch erst recht wiederum andere soziale Kontakte auf der Strecke bleiben: »Und dann ist es so in der Übergangszeit, wenn die Hotels geschlossen sind, dann pflegt man eigentlich sehr wenig Kontakt, weil man froh ist, daß man einmal nichts hört und nichts sieht. Man macht mehr mit den Kindern, man hat ja die ganze Zeit indirekt ein bißchen ein schlechtes Gewissen den Kindern gegenüber, weil es doch oft heißt: ›Beschäftige dich allein, ich hab' jetzt einfach keine Zeit für dich.‹ Und dann versucht man das wieder wettzumachen.«

Im Rahmen eines Projektes eines Grazer Bundesgymnasiums befragten Mittelschüler zahlreiche Kinder in der Tiroler Wintersportgemeinde Westendorf über ihre Erwartungen, Vorstellungen und über ihre Kritik zum Thema Tourismus. Das Ergebnis dieser Befragung – im Jänner 1992 in einer Westendorfer Lokalzeitung publiziert – zeigt eindeutig die tiefe Abneigung Jugendlicher dem Fremdenverkehr gegenüber: »Bei den befragten Kindern von Privatzimmervermietern überwiegen vielfach die negativen Seiten: Eltern haben wenig Zeit für sie, verschiedene Räumlichkeiten müssen mit den Gästen geteilt werden, sie müssen leise sein und immer Rücksicht auf die Urlauber nehmen, auch Feste (zum Beispiel Weihnachten) können nicht ungestört gefeiert werden. Nur wenige Jugendliche wollen später auch einmal Zimmer vermieten. Überhaupt möchten nur zwölf Prozent der Befragten als Erwachsene im Tourismus arbeiten.«
Der Schulaufsatz eines achtjährigen Mädchens veranschaulichte drastisch, daß das Diktat des Tourismus zwar einerseits in Fleisch und Blut übergegangen ist, wie sehr die Kinder aber andererseits darunter leiden. »Weihnachten«, schrieb das Mädchen, »gefällt mir sehr gut. Es sollte aber im November oder im Februar stattfinden.«

Wie intensiv Kinder die Vor- und Nachteile des Tourismus spüren, zeigte auch eine in der Zeitschrift »Föhn« veröffentlichte Umfrage unter zehn- bis fünfzehnjährigen Volks- und Hauptschülern in der Nordtiroler Gemeinde Sölden, die bereits Ende der siebziger Jahre – als landesweit noch die große Wachstumseuphorie herrschte – durchgeführt wurde. Insgesamt 204 Schüler wurden im Zuge dieser Untersuchung mit bestimmten Reizfragen konfrontiert, auf die mit Ja oder Nein zu antworten war. Besonders auffallend war die Diskrepanz zwischen dem wirtschaftlichen Aufschwung durch den Fremdenverkehr, den die kleinen Söldener absolut begrüßten, und den privaten Defiziten, die für sie daraus resultierten und die sie eindeutig ablehnten.

Die Fragestellung »Was bedeutet der Fremdenverkehr für Sölden?« assoziierte über die Hälfte der Kinder mit »Bringt Geld« und mit »Wir können uns mehr leisten«. Dieser wirtschaftliche Anreiz war offenbar auch für einen hohen Prozentsatz der Schüler ausschlaggebend, unter der Prämisse »Man verdient Geld« selbst einmal in der Branche arbeiten zu wollen. Aus diesem Grund würde es dem Nachwuchs durchaus auch Freude bereiten, »Zimmer zu vermieten«. Differenzierter fielen die Antworten aus, als die Dorfjugend entscheiden sollte, ob »das ganze Jahr Gäste in Sölden« sein sollen: Die Mehrzahl lehnte diese Vorstellung mit den Argumenten, daß dann einerseits »keine Erholung« mehr möglich und darüber hinaus der Ort mit »zuviel Verkehr« belastet sei, rigoros ab. Auch auf die Frage: »Möchtest du gerne, daß in der Saison noch mehr Gäste nach Sölden kommen?« antworteten die jungen Söldener mit einem klaren Nein. Denn die Schüler weigern sich offenbar, »noch längeres Anstellen«, »zuviel Betrieb« in Kauf zu nehmen und befinden, daß es in dem Nordtiroler Fremdenverkehrsort »schon genug Gäste« und sogar bereits »zuviel Arbeit« gebe.

Die Nachteile, die der Fremdenverkehr mit sich bringen kann, sind den Kindern und Jugendlichen deutlich bewußt: Sie fürchten eine »Zunahme der Kriminalität« und kritisieren, daß die »Gäste viel kaputtmachen«. Außerdem wollen sie sich nicht damit abfinden, daß »alles verbaut« wird, die »Umweltverschmutzung steigt« und »keine Erholung mehr möglich« ist.

Bei der Fragestellung »Bringt der Fremdenverkehr Nachteile für euch zu Hause?« hagelte es förmlich Negativreaktionen. Die »Eltern haben für die Kinder keine Zeit«, beschwerten sich da immerhin achtzehn von insgesamt sechzig Kindern der dritten Klassen Hauptschule. »Die Familie kann nicht beisammen sein«, ergänzten weitere zehn Schüler. Mit »zuviel Arbeit« und »Familienleben ist gestört« sowie »Kinder müssen ruhig sein« ergibt sich bei zusätzlichen neunzehn jungen Söldenern derselbe Tenor.

Der Leiter der Untersuchung, Peter Paul Riml, merkte an: »Einige Antworten aus der vorliegenden Untersuchung zwingen zu tieferen Überlegungen. Wie aus diesen Antworten hervorgeht, wirkt sich der Fremdenverkehr auf die Bevölkerung von Sölden nicht immer positiv aus.« Eine Söldener Hausfrau gestand dem Studienautor: »Leider sind die Eltern, und hier insbesondere wir Mütter, durch den Fremdenverkehr zu stark belastet und lassen uns zu sehr vom Wohlstand, den der Fremdenverkehr mit sich bringt, blenden. Man ist oft kurzsichtig und beurteilt eine Sache zu einseitig.«

Von den zahlreichen Negativa des großen Geschäftes mit den Urlaubern bleiben die Kinder nicht verschont. Der ewige Teufelskreis aus systemimmanenten Abhängigkeiten wirkt sich bei ihnen besonders schlimm aus: Die völlig überforderten Eltern, die Tag und Nacht buckeln, den Touristen auch ihr gesamtes Privatleben zu Füßen legen, um Schulden abzuzahlen, gute Umsätze einzuspielen und in der dörflichen Hierarchie was zu gelten, vernachlässigen ihre Kinder, für die einfach keine Zeit mehr bleibt, deren Talente und Neigungen aufgrund der mangelnden Betreuung nie geweckt, nie gefördert, nie ausgelebt werden können. Verschärfend kommt dazu, daß die Urlauber ständig präsent sind und beim Kind wohl das Gefühl hervorrufen, keine Intimsphäre zu haben. Diese Touristen, die einem harmonischen Familienleben und damit auch einer persönlichen Aussprache zwischen Eltern und Kindern über Wünsche, Ängste und Hoffnungen klotzig im Weg stehen und die der Grund dafür sind, daß die Kinder ständig angehalten werden, ruhig zu sein, nicht zu lärmen, nicht laut zu spielen, damit sich die Urlauber nicht gestört fühlen. So stehen in gewisser Weise im Mittelpunkt des Lebens eines Gastgewerbekindes nicht die Eltern als Bezugspersonen, die ihm beistehen, sondern die Fremden, die seinen Lebensraum okkupieren und ihm in jeder Beziehung hinderlich sind.

Kein Wunder, daß die Kinder in irgendeiner Form kompensieren. Und zwar sowohl aus Orientierungslosigkeit als auch aus Rebellion gegen die Vernachlässigung. Einer Vorarlberger Lehrerin fiel zum Beispiel bei Kindern aus den fremdenverkehrsintensiven Regionen Montafon und Arlberg auf, daß sie besonders aggressiv, destruktiv, unangepaßt und im Unterricht unkonzentriert sind.

Körper und Seele der Kinder rebellieren: Entweder durch körperliche Symptome wie Marianne Hubers Sohn, der bereits als Teenager an Darmgeschwüren litt und zu Spitzensaisonen verzweifelt mit dem Schlafsack unterm Arm auf die nächste Alm flüchtete. Oder wie Andrea Gmeiner, die schon als kleines Kind aufsässig war, gefühlsmäßig abstumpfte und schließlich ihre Verbitterung über die mangelnde elterliche Zuneigung mit Drogen dämpfte.

Wie alle anderen reichen Eltern mit schlechtem Gewissen überhäufen begüterte Hoteliers ihre Kinder mit materiellen Ersatzbefriedigungen. Die Folge: Der bereits erwähnte »Club 200« – ein typisches Produkt der menschenverachtenden Money-maker-Gesellschaft und überdies ein klassisches Symbol der alpenländischen No-future-Generation. Oder das Schicksal des ebenfalls erwähnten Mädchens, das gegen die starren Normen, denen sich ihre im Tourismus erfolgreichen Eltern unterwarfen, fast aktionistisch protestierte, indem es im Kokstaumel die Schipisten hinunterraste und als letzten verzweifelten Hilfeschrei sogar einen Selbstmordversuch unternahm. Dem Phänomen der Wohlstandsverwahrlosung – freilich kein tourismusimmanentes Problem – wird eben vom Fremdenverkehr der Boden besonders gut bereitet.

»Die Problematik der Kinder im Tourismus ist ein eigenes Kapitel«, sagt Roland Wölfle, Oberarzt der Entzugsanstalt Maria Ebene im vorarlbergischen Frastanz bei Dornbirn, »meist ist viel Geld vorhanden, dagegen wenig soziale Zuwendung, es erfolgt dann eben Kompensation durch materielle Zuwendung, durch ›instant Lust‹. Qualitäten wie Sicherheit, Geborgenheit, Verfügbarkeit von Bezugspersonen fehlen oft völlig. Mir fallen in dem Bereich viele Beziehungsstörungen, schon unter den Eltern, auf. Und wenn's die Eltern schon nicht können, wie sollen dann die Kinder anders reagieren?«

Was das Kompensationsverhalten betrifft, fällt Wölfle bei den Kindern als Hauptmerkmal auf, daß sie sich nicht auf bestimmte Drogen beschränken, sondern sich zunehmend kreuz und quer durch das ganze Angebot an Suchtmitteln wühlen. Roland Wölfle: »Diese jüngsten Opfer des Tourismus sind vor allem Polytoxikomane.« Eine Studie, die im Jahr 1990 unter der Vorarlberger Jugend durchgeführt wurde, zeigte, wie sehr sich die Drogenszene im Westen Österreichs von der sonst dominanten Wiener Szene unterscheidet (siehe Tabelle 17). Auffällig ist vor allem, daß im Ländle auch eine Droge wie etwa das teuflische Crack, das auf dem Wiener Markt quasi nicht existiert, relativ stark im Umlauf ist. »Welche Drogen und Suchtmittel wurden in deinem Bekanntenkreis ausprobiert?« lautete die Fragestellung dieser Jugendstudie. Immerhin fünf Prozent der Befragten gaben an, bereits mit Crack in Berührung gekommen zu sein. Elf Prozent hatten Erfahrungen mit Heroin. An einsamer Spitze aller Suchtmittel rangierte, wie nicht anders zu erwarten, der Alkohol, zu dem 95 Prozent der befragten Jugendlichen schon gegriffen hatten. Gefolgt von Nikotin mit 83 und Tabletten mit 42 Prozent. Als erstaunlich niedrig entpuppte sich dagegen der Zuspruch zu den sanften Drogen Haschisch (34 Prozent) und Marihuana (15 Prozent). Die Vorarlberger Jugend liebt, so scheint es, harte und aggressive Suchtmittel. So weiß Roland Wölfle auch von einer neuen Methode, mit der sich Jugendliche das Gehirn vernebeln: Dabei wird Rum oder purer Alkohol manchmal in Verbindung mit Kokain vermittels einer Spritze in die Vene geschossen.

Vorarlberger Jugendstudie '90: Welche Drogen und Suchtmittel wurden in Deinem Bekanntenkreis ausprobiert?

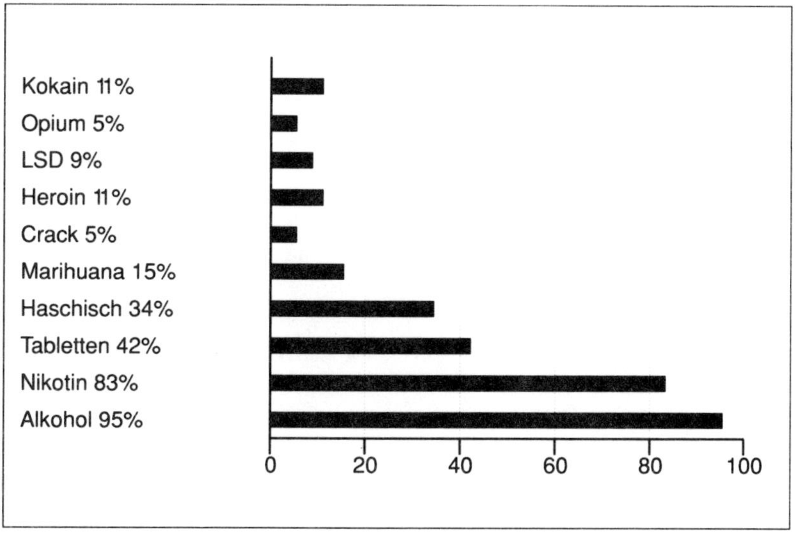

XVII

Zu den innerfamiliären Problemen und den daraus resultierenden Suchtverhalten kommt noch eines: die für Jugendliche in Fremdenverkehrsorten meist mehr als dürftigen Möglichkeiten, einer Freizeitbeschäftigung nachzugehen. Freizeitorientierte Infrastruktur – kulturelle Angebote, Sportmöglichkeiten, Kino, Konzerte – ist meist ausschließlich den Touristen vorbehalten, wird während der Hauptsaisonen von diesen zur Gänze in Anspruch genommen und existiert in vielen Fällen in den Nebensaisonen gar nicht.
Was bleibt, ist das Wirtshaus, die Bar, die Diskothek. Und der Frust darüber, daß sonst nichts bleibt. Und die Wut, daß zu Saisonspitzen auch die Disco, das lärmende, rauch- und neonlichtgeschwängerte Refugium der Einheimischen, von den Fremden gestürmt wird. So ist

die Stimmung in diesen Dorfbars, in denen sich am Abend die einheimische Jugend trifft, oft dumpf, rauh, verkrampft und konfliktgeladen.

Alkohol ist dann der Stimmungsmacher. Das Ventil, um Aggressionen rauszulassen, sich in eine Wolke der Enthemmtheit gleiten zu lassen, die die gelöste Zunge zur Artikulation treibt. Zur Artikulation der inneren Spannungen, der aufgestauten Emotionen. Die berauschende Atmosphäre aus Tabakrauch, gleißendem Zerhackerlicht und Alkoholdunst läßt die Realität in weite Ferne rücken, nimmt dem Draußen vorübergehend seine scharfen Ecken und Kanten. Und erlaubt dem Selbstmitleid freien Lauf, das sich mal aggressiv, mal weinerlich, mal in polternden Alkohol-Exzessen äußert. Alkohol erleichtert auch den Umgang mit den Fremden. Die Kontaktaufnahme erfolgt je nach Stimmung: Entweder man sucht den Konflikt oder man will ahnungslose Touristen beeindrucken, indem man sie zum Wetttrinken auffordert oder aber man kommt tatsächlich ins Gespräch und gewinnt Einblicke in die Alltagswelt der Urlauber. Und wacht dann am nächsten Tag nicht nur mit einem Kater, sondern auch mit dem frustrierenden Hintergedanken an den Abwechslungsreichtum, in dem die Touristen in ihren Großstädten schwelgen, auf. Was wieder die Diskrepanz zwischen der Tristesse des eigenen Daseins und dem scheinbar beneidenswerten Leben der Gäste deutlich macht, die es sich leisten können, wochenlang durch die Gegend zu reisen und dann zu Hause trotzdem ein üppiges Freizeitangebot vorfinden. Zum Neid über das oberflächlich betrachtet elitäre Leben der Touristen gesellt sich bei vielen auch der Zorn darüber, daß die Fremden, die ja offenbar sowieso das ganze Jahr über High-life haben, auch noch in die ländlichen Gegenden vordringen und dort den Lebensraum der Einheimischen okkupieren. Kein Wunder, daß sich manche Schulkinder in Fremdenverkehrsorten, befragt über ihre Berufswünsche, für »Urlauber möcht' ich werden« entscheiden.

Man verdrängt mit Alkohol und sucht andere seelische Fluchtmöglichkeiten. Der Fruststau gräbt sich einen Kanal: Eine Bar in Westendorf, zwei Uhr früh. Die Stimmung kocht um diese Tageszeit, an der Theke stehen die Einheimischen Schulter an Schulter, in den Sitzgruppen drängen sich illustre Grüppchen von Dorfbewohnern und Fremden. Allgemeines Kampftrinken ist angesagt. Runde um Runde wird serviert. Tequila ist das bevorzugte Getränk. Dazu Bier oder G'spritzte zum Neutralisieren des scharfen Schnapses. Der Wirt animiert, trinkt selber aufmunternd bei der Mehrzahl der Runden mit. Eine etwa

30jährige füllige Westendorferin, maßlos aufgedonnert, anzüglich auf ihrem Barhocker hin- und herwippend, verkündet mit schriller Stimme: »Dauernd b'soffen is a a g'regeltes Leben.«

»Dieses Alkoholproblem«, so der Westendorfer Gemeindearzt Ekkehard Heel, »seh' ich bei der Jugend schon. Vor allem bei den 15 bis 22jährigen. Die hocken am Abend zusammen, und da werden Unmengen getrunken. Mir erzählen das oft Eltern, die mit dem Problem nicht umgehen können und nicht wissen, was sie mit ihren Kindern anfangen sollen. Einzelne Jugendliche bleiben dann eben irgendwann drauf hängen.« Auch das wachsende und ständig latent vorhandene Aggressionspotential ist dem Dorfarzt immer wieder aufgefallen: »Es kommt in den Saisonen immer wieder zu Prügeleien mit Ausländern.«

Die tiefere Wurzel dafür sieht auch Ekkehard Heel darin, daß in Touristenortschaften wie Westendorf kulturelles Niemandsland besteht: »Ansaufen ist da die einzige Möglichkeit. Der Alkohol ist hier der absolute Schwerpunkt, um den sich alles dreht. Das überträgt sich auf viele Bereiche. Auch die Kegelbahn ist nicht nur zum Kegeln, sondern in erster Linie zum Saufen da. Alkohol dient außerdem oft als Enthemmer, um neue Leute kennenzulernen. Und damit ist bei vielen bereits die Schiene zum Alkoholismus gelegt.«

Die Strukturen sind mittlerweile so festgefahren, daß das Interesse der Jugend selbst dann, wenn es mal ein Angebot gibt, kaum wachzurütteln ist. Marie-Luise Kogler, 30, die in Westendorf gerade dabei ist, einen Sozialsprengel – eine Anlaufstelle für alle möglichen psychischen und sozialen Probleme der Bevölkerung und namentlich der Jugend – aufzubauen, über die Situation des Nachwuchses: »Viele Junge arbeiten immer noch in den Betrieben mit. Ich hab' aber das Gefühl, der Großteil tut das mit absolutem Widerwillen. Viele wurschteln da ziemlich abgestumpft dahin. So wie sie's daheim mitbekommen haben, machen sie halt weiter. Es gibt da kaum Interessen außer Fußballspielen und Raufen. Und wenn einmal ein Konzert ist, dann geht keiner mehr hin. Trotzdem schimpfen alle, daß nix los ist. Nur bei einem Zeltfest ist der Besucherandrang irrsinnig stark.« Vor einigen Jahren wurde in Westendorf eine Art Jugendzentrum etabliert. Die Räumlichkeiten allerdings wurden von der Jugend überhaupt nicht genützt. Kogler: »Die Jugendlichen sind lasch und lethargisch. Außer der Disco, die gerammelt voll ist, läuft da nix.«

Der Teufelskreis schließt sich wieder bei den Eltern, die von ihrem Nachwuchs – der das Geschäft mit den Urlaubern ablehnt und dem ganzen System mit Lethargie und Selbstzerstörung begegnet – enttäuscht sind und in ihrer Hilflosigkeit nicht wissen, was sie dagegen tun sollen. Für viele aus der Branche bricht mit der Verweigerung der Jugend eine Welt zusammen: Immerhin, so der Gedanke vieler Unternehmer und Eltern, haben sie sich all den Streß, all die Schulden um der Kinder willen angetan, wollten sie für die Kinder günstige Startvoraussetzungen für deren eigenes berufliches Leben schaffen. Die Perversion dabei: Indem die Kinder bei diesem Aufbau nicht nur zuschauen konnten, sondern ihn quasi am eigenen Leib verspürten, wurde ihnen jedes Interesse und jede Motivation, die Betriebe weiterzuführen, genommen. Die menschliche Tragödie ist, daß genau das, womit den Kindern Zukunftsperspektiven geschaffen werden sollten, die Wünsche und Bestrebungen der Kinder zunichte gemacht hat. Eltern wie Kinder stehen damit vor dem Trümmerhaufen ihrer eigenen Illusionen.

Dobermänner in der Fleischerei

Fehlgeleitete historische Entwicklungen, kulturelle Degeneration und wirtschaftliche Trugschlüsse fügen sich zu einer Krankengeschichte über die spezifischen Leiden von Unternehmern und Personal – Diagnose einer kaputten Branche.

Das knappe Dutzend Tische im Aufenthaltsraum des Krankenhauses ist am späteren Nachmittag voll besetzt. Gedankenversunken widmen sich die Patienten ihrem Kaffee, rauchen Zigaretten, blättern lustlos in Tageszeitungen oder unterhalten sich über ihre Lebensgeschichten, um die Zeit totzuschlagen. Sie alle absolvieren in dem Krankenhaus wohl die teuflischsten Wochen ihres Lebens – Drogenentzug. Die Stiftung Maria Ebene, eine eher klein gehaltene Entzugsanstalt, auf einer abgeschiedenen Bergkuppe einige Kilometer vom Vorarlberger Städtchen Dornbirn entfernt, bietet Platz für insgesamt 53 Patienten, die hier stationär und in der Regel für die Dauer von acht Wochen aufgenommen werden. Alkohol ist die Hauptdroge, die es in Maria Ebene zu bekämpfen gilt.

Die Therapie findet hier in mehreren Stufen statt. Es beginnt mit dem rein körperlichen Entzug. Oberarzt Roland Wölfle: »Die Patienten haben meist eine Entgiftungsphase von zwei bis drei Wochen nötig, um überhaupt zugänglich und ansprechbar zu sein, um überhaupt wieder einen Realitätssinn zu bekommen.« Es folgt – parallel zur psychotherapeutischen Betreuung in Einzel-, Klein- und Großgruppengesprächen – permanente Entwöhnungsbehandlung mittels körperorientierter Therapie: Sport, Bewegung, Kneippen. Schließlich mergelt die Sucht den Körper nachhaltig aus. Darüber hinaus wird den Patienten gezielte Beschäftigungstherapie angeboten. Im Keller gibt es zum Beispiel einen riesigen Bastelraum, in dem die Suchtkranken ihren Talenten wieder auf die Sprünge helfen können. Mit Seiden- oder Hinterglasmalerei etwa, mit Töpferei oder ähnlichen handwerklichen Tätigkeiten.

Gebhard Wild ist 26 Jahre alt. Er wirkt kräftig, robust, drahtig. Doch der Schein trügt. Der gebürtige Oberösterreicher absolviert bereits seinen zweiten Alkohol-Entzug. Insgesamt sechzehn Wochen bleibt Gebhard Wild diesmal in Maria Ebene – und sieht für die Zeit danach nur eine einzige Möglichkeit, nicht noch einmal dem Alkohol zum Opfer zu fallen: nämlich die regelmäßige Einnahme eines Medikaments, das – wenn es mit Alkohol in Berührung kommt – die Leberfunktion lahmlegt. Auf diese Tabletten Alkohol zu trinken kann tödlich sein. Aber Gebhard Wild kann sich nur auf Leben oder Tod zur Abstinenz zwingen.

Gebhard, genannt Geby, Wild ist von Beruf Kellner und Koch. Nicht zufällig oder aus einer Notlösung heraus kam er zu dem Job, sondern er strebte das Berufsbild schon als Kind an. »Ich hab' immer Interesse daran gehabt, ich hab' eigentlich mein Hobby zum Beruf gemacht. Seit meinem neunten oder zehnten Lebensjahr wäre nie was anderes in Frage gekommen.« Aus dem Traumberuf wurde jedoch binnen weniger Jahre ein absoluter Alptraum. Geby Wild versank in einem Strudel aus Alkoholsucht, Drogenkonsum, sozialer Entwurzelung und seelischer Zerrissenheit. Jetzt will er einen Schlußstrich ziehen. Und persönlich mit jener Branche abrechnen, die, so ist er fest überzeugt, ein riesiges Zerstörungspotential für die darin arbeitenden Menschen enthält.

Seine Vergangenheit hat er radikal abgeschüttelt: »Du kannst meinen Namen ruhig reinschreiben, und du kannst mich ruhig fotografieren. Zu allem, was ich sage, stehe ich mit meinem Namen. Es ist die Wahrheit, und ich glaube, daß das die Leute endlich einmal hören sollten.«

In Bad Ischl besuchte Gebhard Wild die Hotelfachschule, maturierte und schnupperte für kurze Zeit in den Beruf. Nachdem er seinen Präsenzdienst abgeleistet hatte, begann er, saisonbedingt in den verschiedensten Betrieben zu arbeiten. Fünf Jahre lang hielt sich Geby Wild in Schweizer Hotels auf, nahm dann für ein Jahr Jobs in Deutschland an. Dazwischen und danach arbeitete er in österreichischen Fremdenverkehrsregionen: in Flachau, in Hinterstoder, Steyr, Wien und in Reutte.

Alkohol wurde schon bald zu einem Problem. »Die Alkoholproblematik hat nicht ausschließlich mit dem Gastgewerbe zu tun, in zweiter Linie aber sehr wohl. Sie wird durch den Job ganz extrem gefördert. Es beginnt bereits in der Schulzeit. Da gibt's dieses Imponiergehabe, du bist dabei, wennst mitsaufst, stehst vor deinen Mitschülern und vor deinen älteren Kollegen gut da. Zu dieser Zeit haben auch bei mir schon die ersten Exzesse stattgefunden.« Im Job setzte sich dieses Verhalten übergangslos fort: »Es war unmöglich, ins Bett zu gehen, ohne vorher kräftig zuzuschlagen, sowohl mit den Gästen als auch mit den Kollegen.« Die Gründe für den Griff zu Glas und Flasche sind ebenso mannigfaltig wie systemspezifisch: Zum einen ist der Alkohol in einem Tourismusbetrieb einfach ständig präsent. Zweitens heizt die Anordnung zahlreicher Chefs an das Servierpersonal, mit den Gästen mitzutrinken, um diese zu höherem Konsum zu animieren, auch das eigene Trinkverhalten kräftig an. Drittens besteht in der Branche prinzipiell eine lockere moralische Einstellung zu Alkoholischem. Und schließlich sind auch die Arbeitszeiten nicht unwesentlich an der Problematik beteiligt. Im Gastgewerbe Beschäftigte arbeiten zwangsläufig bis in die Nacht hinein. Durch den Arbeitstag aufgekratzt, will einfach keiner nach Dienstschluß nach Hause gehen, sondern sucht nach irgendeinem psychischen Ausgleich, um abzuschalten, auszuspannen.

Verschärfend kommt in vielen Betrieben dazu, daß die Unterkünfte des Personals so eng und so ungemütlich sind, daß die darin Untergebrachten das Gefühl haben, es falle ihnen die Decke auf den Kopf – und deshalb jede Möglichkeit zur Flucht ergreifen und am liebsten erst spät nachts und möglichst betrunken zurückkommen, um die Unwirtlichkeit der beengenden Unterkunft nicht mehr wahrzunehmen.

Ulrike Ultsch, 40, lange Zeit Geschäftsführerin eines großen Hotels in Leutasch in Tirol, weiß von dieser Problematik ein Lied zu singen. Immer wieder versuchte Ultsch, die unwürdigen Wohnbedingungen des Personals zu reformieren – vergeblich. Das 120-Betten-Hotel hatte insgesamt an die dreißig Mitarbeiter, die in Zimmern mit acht Quadratmetern untergebracht waren. Ulrike Ultsch: »Das erzeugt Aggressionen, das Personal, vor allem die Lehrlinge, waren regelmäßig bis zwei oder drei Uhr nachts unterwegs, waren in der Früh dann logischerweise unkonzentriert und nicht aufnahmefähig und haben außerdem an Gesundheitsschäden gelitten.« Immer wieder machte Ultsch dem Besitzer des Hotels den Vorschlag, die Wohnräume für das Personal vom Arbeitsbereich zu trennen. Platz wäre vorhanden gewesen: Es stand nämlich einige Meter vom Hotelgebäude entfernt ein altes ungenütztes Bauernhaus, das nur hätte adaptiert werden müssen, um den

Angestellten zu mehr Lebensqualität zu verhelfen. Diese Vorschläge stießen jedoch auf taube Ohren. Ultsch: »In die Mitarbeiter zu investieren ist den Unternehmern eben nicht wichtig. Das Gastgewerbe lebt davon, daß es Raum vermietet. Was nicht vermietet wird, gilt als totes Kapital.« Ein altes Tiroler Sprichwort pervertiert hier zur bitteren Wahrheit: »Die Tiroler sind lustig, die Tiroler sind froh, die Tiroler schlafen im Stroh.«

Ulrike Ultsch hat mittlerweile längst ihre persönlichen Konsequenzen gezogen: »Die Situation der Arbeitnehmer war für mich untragbar. Ich bin deshalb aus dem Tourismus komplett ausgestiegen.«

Alles Gründe, die auch bei Gebhard Wild zum permanenten Alkoholkonsum beitrugen. »Die Situation hat sich dann weiterentwickelt, der erste Schluck ist immer früher gekommen, irgendwann bereits während der Arbeitszeit. Bis hin zu einem Zeitpunkt, wo's schon vor der Arbeit losgegangen ist. Außerdem hab' ich immer weniger gegessen. An einem Sechzehn- oder Siebzehn-Stunden-Tag hab' ich mich oft ausschließlich von Alkohol ernährt.«

Die Art und die Mengen, mit denen Geby Wild seinen jungen Körper malträtierte: zu neunzig Prozent Wein, pur oder gespritzt, der Rest harte Sachen. Bis zu sechs Liter Wein schluckte er an Spitzentagen runter, dazu rund einen halben Liter Schnaps. »Ich hab' den ganzen Tag danach getrachtet, den Alkoholspiegel zu halten. Die Spitze war dann immer am Abend. Zwischendurch hab' ich Tabletten genommen, hauptsächlich Captagon, teilweise auch Koks, aber nur ungefähr alle drei Wochen einmal.« In der Früh – »um auf Touren zu kommen« – flößte sich Gebhard Wild wie viele andere Kollegen einen besonders teuflischen Cocktail ein: Er braute sich einen Spezial-Kaffee. Durch die Kaffeemaschine tröpfelt dabei kein Wasser, sondern purer Cognac.

Geby Wild arbeitete sowohl in der Küche als auch im Service. »Die Gefahr ist in der Küche größer«, sagt er, »beim Service muß man ja noch ein gewisses Auftreten haben, aber in der Küche hat mich die Fahne nimmer gestört.«

Die Chefs, so seine Erfahrung, reagieren auf die Alkoholprobleme ihrer Angestellten völlig unterschiedlich. Im wesentlichen hat Wild drei Gruppen von Chefs kennengelernt: »Der erste ist der, der mitmacht. Da gibt's gar nicht so wenige. Dann gibt es den, der's toleriert oder nicht mitbekommt oder sich aber einfach nichts sagen traut, weil er Angst hat, daß ihm während der Saison die Crew davonläuft. Der dritte

Typ ist der, der sich auf die Füße stellt und Konsequenzen zieht. Meiner Erfahrung nach ist der mittlere Typ der häufigste.«

Am Anfang nahm Gebhard Wild seine körperlichen Schäden noch überhaupt nicht wahr. Bald allerdings waren die Symptome nicht mehr wegzubringen: Konzentrationsschwäche, später gesellten sich nachts und in der Früh Schweißausbrüche und Fahrigkeit dazu; Wild litt auch an Appetitlosigkeit, empfand normale Ernährung als Zwang. Im fortgeschrittenen Stadium des Alkoholismus plagte ihn schließlich dauernde »Übelkeit bis zum Erbrechen«. Aber: »Man gesteht sich's nicht ein. Sogar wenn man das theoretische Wissen hat, glaubt man's von sich selber absolut nicht.«

Typisch für einen chronischen Alkoholiker ist das heimliche Trinken. Im Gastgewerbe sieht das so aus: Die Angestellten füllen Wein in Mineralwasserflaschen, um auch während der Dienstzeit und vor den Augen der Gäste ihre Sucht befriedigen zu können. Viele benützen Mundsprays, um die Fahne zu verbergen. »Da haben viele, auch ich, oft an einem einzigen Tag eine ganze Flasche Odol verbraucht.« Freilich nützt der Mundspray nur sehr beschränkt. Denn schließlich transpiriert die Haut, der Süchtige beginnt irgendwann, Alkohol auszuschwitzen. Ein untrügliches Zeichen für einen Alkoholiker im Gastgewerbe, so Geby Wild, sei »ein Koch, der Kaugummi kaut. Der ist garantiert süchtig. Sonst kaut ein Koch keinen Kaugummi, der schmeckt ja nichts mehr«.

Nicht nur durch sein berufliches Umfeld animiert, sprach Gebhard dem Alkohol mehr und mehr zu. Auch im privaten Bereich – den er schon immer vernachlässigt hatte – versuchte er seine Probleme mit erschreckender Regelmäßigkeit mit Wein und Schnaps zu bewältigen. Was natürlich erst recht wieder zu neuen Differenzen im Privatleben führte, die Geby Wild dann erneut im Alkohol ertränkte.

Drei Jahre lang lebte er in einer festen Beziehung, aus der auch ein Kind hervorging. »Die Partnerschaft zerbrach schließlich an der Mischung Gastgewerbe-Alkohol«, urteilt er heute nicht ohne Bedauern. »Einerseits die ständige Nachtarbeit. Und die wenige Zeit, die ich privat gehabt hab', hat der Alkohol dominiert. Das war für die Frau natürlich nicht mehr tragbar. Nach der Trennung folgte für mich ein neuerlicher tiefer alkoholischer Absturz. Du suchst dir dann um so mehr eine Ersatzbefriedigung, um die psychischen Löcher, die du hast, zu schließen.«

Zum Zeitpunkt unseres Interviews lebte Gebhard Wild bereits seit rund eineinhalb Jahren von seiner Lebensgefährtin getrennt. Abgesehen von dieser einen Beziehung war er immer solo. Soziale Kontakte, weiß er, sind in dieser Branche überhaupt sehr kurzfristig. »Du baust dir einen Freundeskreis auf, und nach einigen Monaten oder vielleicht einem Jahr fängst du wieder komplett von vorne an.« Die Karawane zieht eben weiter.

Auch das ist eines der typischen Probleme im Fremdenverkehr, das genau in das deprimierende Bild aus permanenter Alkoholanimation, ständiger Arbeitsüberforderung, zermürbender Nachtarbeit und schleißigem Wohnraum paßt. Ein Problem, das speziell auf die Arbeitnehmer zutrifft, auf jene Arbeitskräfte in der Branche, die jeweils dorthin ziehen, wo es etwas abzugrasen gibt. Je nach Saison, Wetterlage und Jobmöglichkeiten – ein typisches Pendler-Problem eben. In krassem Gegensatz zu den Schwierigkeiten der Hoteliers und Pensionsbesitzer, die eher die beklemmende Mischung aus Schuldenberg, Gästebetreuung, Verkauf der eigenen Identität und Privatsphäre zu ertragen haben, leiden viele Pendler vor allem unter sozialer Entwurzelung. Mal hier, mal dort, einen Monat in diesem Bundesland, einen Monat in jenem. Was dem Pendler bleibt, ist nicht viel: Vom Trubel des Arbeitstages geschlaucht und von der dürftigen Ausstattung der Personalzimmer in die Flucht geschlagen, sucht er schnurstracks das nächste Wirtshaus auf. Nicht zwecks bewußt geplanter Kommunikation, sondern einfach, um die Zeit totzuschlagen und seine Nerven ein wenig durchhängen zu lassen. Irgendwann schließt er mit Gleichgesinnten Kontakte – Freundschaften für eine Saison. Freundschaften, die ebenso intensiv wie kurz sind. Denn bei den Vertretern all jener Berufe, die streßbeladen sind, in denen Extremsituationen ebenso auftreten wie rasante psychische Auf- und Abstiege, brauchen sich Kontakte zumeist gar nicht erst langfristig anzubahnen. Dafür fehlen meist schlicht Zeit und Energie. Die Freundschaft entsteht schnell, zeichnet sich durch Nähe und Spontanität aus. Was auch durch die Mentalität und die Umgebung begünstigt wird: Der Alkohol, der in der Freizeit ausgiebig genossen wird, nimmt die Hemmungen, außerdem ist man aufgrund fehlender anderer Möglichkeiten meist sowieso auf ein oder zwei Lokale angewiesen. Die Freundschaft währt in vielen Fällen nur für die Dauer eines Arbeitsverhältnisses. Dann ist die Saison zu Ende, und jeder geht seiner Wege. Um sich anderswo ähnliche Beziehungen mit derselben Intensität wieder aufzubauen. Und sie wenige Monate später wieder zu stornieren. »Man verliert«, weiß Gebhard Wild aus eigener Erfahrung, »die Fähigkeit, überhaupt noch eine normale, dauerhafte Beziehung aufzubauen.« Man hat keinen längerwährenden Halt, hat keine Bezugsperson, auf die man bauen, hoffen und der man vertrauen kann. Man bleibt als Mitarbeiter der Fremdenverkehrsbranche absurderweise mitten im Trubel ein einsamer Mensch. Daß solche Einweg-Freundschaften und deren Leere zu seelischen Mankos und in weiterer Folge zu wie immer gearteten Ersatzhandlungen führen, verwundert dann nicht.

Für Gebhard Wild kam es noch schlimmer. Fast zur selben Zeit, als ihm seine Lebensgefährtin die Beziehung aufkündigte, kehrten ihm auch seine Eltern – beide Lehrer –, denen die Alkoholprobleme ihres Sohnes nicht verborgen geblieben waren, den Rücken. »Sie reagierten äußerst aggressiv und damit, daß sie jede Verbindung zu mir abgebrochen haben. Es ist ein absoluter Bruch bis heute.«

Je mehr beruflicher und privater Druck auf Geby Wild lastete, desto rückhaltloser flüchtete er in seine Alkoholsucht und desto mehr Emotionen stauten sich in ihm auf. »Es gibt da überhaupt viele Leute in der Branche, die zu Aggressionen neigen, die man halt nicht ewig unterdrücken kann. Da ist neben privaten Problemen auch oft das präpotente Verhalten mancher Kundschaft schuld. Ich sag' immer, es stimmt, daß der Gast König ist, aber dann soll er sich bitte auch königlich benehmen. Und solche Frechheiten spürst du, wenn du zum Beispiel einen ganzen Monat lang ohne freien Tag durchgearbeitet hast, noch viel mehr. Du bist dann halt, wenn du eh schon fertig mit den Nerven bist, auch viel empfindlicher. In der Freizeit knallt's dann eben. Wenn dich einer blöd anredet, reicht das oft. Das ist der berühmte Tropfen, der das Faß zum Überlaufen bringt. Und ich war dann leider auch zu Hause oft aggressiv. Und das alles in Zusammenhang mit Alkohol macht die Aggressionen natürlich noch viel intensiver.«

An einen solchen Vorfall, bei dem seine Sicherungen durchbrannten, erinnert sich Gebhard Wild noch sehr deutlich: An einem freien Tag fragte ihn sein damaliger Chef, ob er nicht Zeit hätte, Telefondienst zu versehen. Geby hatte bereits einiges getrunken und die Wochen davor ohne Pause und sehr intensiv durchgearbeitet. Die Frage des Chefs reichte: In einem plötzlichen Wutanfall schleuderte Geby Wild seinen Chef samt dem Telefon aus dem Fenster – wenn auch nur aus einem Fenster im Erdgeschoß. Der Vorfall blieb ohne Folgen, sein Chef konnte es sich zu der Zeit aus Personalgründen einfach nicht leisten, ihn zu kündigen. »Vielleicht«, vermutet Wild, »hat er auch ein wenig Verständnis für meine Reaktion gehabt.«

Fasching 1992 in Ebensee: G'schnas um G'schnas, ein Fest folgte dem anderen. Ausgelassene Stimmung, Hektik, Trubel. Und das große Geschäft. Auch für Angestellte wie Gebhard Wild, der zu diesem Zeitpunkt körperlich längst ein Wrack war und sich nur durch permanentes Vollpumpen mit Rauschmitteln aller Art zusammenhielt, sich sozusagen mit Alkohol konservierte. Von einem Donnerstag abend bis zum darauffolgenden Mittwochmorgen arbeitete er durch. Ohne Schlaf. Ausgenommen hie und da eine viertel oder halbe Stunde, in der er kurz auf irgendeiner Couch zusammensackte. Um sich dann die nächste Dosis zu verpassen. Er hielt sich aufrecht mit jener Horrormischung aus Wein, Schnaps, Cognac-Kaffee, Kokain und Tabletten. Konsumierte täglich an die 25 Stück Captagon. Feste Nahrung nahm er nicht mehr zu sich.

Schließlich revoltierte der Kreislauf. An jenem Mittwochvormittag, als der Trubel abgeklungen war, schaffte es Gebhard Wild gerade noch, die Abrechnung zu machen. Dann kollabierte er. Und kam nach einem mehr als zweistündigen Blackout im Krankenhaus wieder zu sich.

Es folgte der erste Entzug in einem oberösterreichischen Therapiezentrum. Zwei Monate lang blieb Gebhard Wild dort in stationärer Behandlung.

Dann der nächste Job – der für ihn zugleich die Endstation werden sollte: Ein Viersternehotel in Reutte, Tirol. Geby arbeitete im Service. Drei Monate lang, bis zum Eklat. Sein dortiger Chef wußte, daß er bereits mit Alkoholproblemen zu kämpfen gehabt und auch schon einen Entzug hinter sich hatte. Um so argwöhnischer und kritischer beäugte man ihn daher.

Irgendwann passierte es: Nach Dienstschluß kippte er wieder rein, begann zu trinken, hatte das zwanghafte Bedürfnis, das Loch, das der Entzug in seinen Körper gefressen hatte, aufzufüllen. Als er am nächsten Morgen seinen Dienst antrat, war der Restalkoholspiegel unübersehbar. Es erfolgte die sofortige und fristlose Entlassung.

Darauf bewarb sich Geby Wild um einen Therapieplatz in Maria Ebene und wurde dort schließlich im Juni 1993 stationär aufgenommen.

Gebhard Wild schlendert über den Rasen vor dem Krankenhaus. Hier oben auf der Anhöhe herrscht absolute Stille. Obwohl Hochsommer ist, ist es kalt. Wenige Meter hinter dem Gebäude ziehen sich saftiggrüne Almwiesen steil nach oben, um bald in düsteren Nadelwald und in Strauchdickicht überzugehen. Das einzige dem Krankenhaus nahegelegene Gebäude, ein kleiner Kindergarten, der ein paar Serpentinen weiter unten steht, ist jetzt während der Feriennzeit völlig ausgestorben.

Geby Wild atmet die frische, scharfe Bergluft ein. »Der rein körperliche Entzug war diesmal nicht so schlimm«, resümiert er, »aber das liegt wahrscheinlich daran, daß meine Alkoholphase, die ich seit meiner letzten Behandlung durchgemacht habe, relativ kurz war. Beim ersten Mal war es weitaus ärger.« Wenn er nicht gerade sein Therapieprogramm absolviert, geht Gebhard Wild seinem Hobby nach, mit dem er auch schon früher in touristischen Flautezeiten manchmal Geld verdiente: Er betätigt sich als Masseur. Im Keller von Maria Ebene hat er sich einen provisorischen Massageraum eingerichtet. Es entbehrt nicht einer gewissen Ironie: Er, der seinem Körper jahrelang nicht eine Sekunde Verschnaufpause gönnte, der an seiner Gesundheit Raubbau betrieb, den die Alkoholsucht fest im Klammergriff gehalten hatte, er, bei dem wie bei vielen Branchenkollegen der Job nachhaltige körperliche Schäden wie Abnützungen und Verkrümmungen der Wirbelsäule, schwere Fußbeschwerden, dauerhafte Knieschmerzen oder Sehnenscheidenentzündungen hinterlassen hat, er macht es sich zur Freizeitaufgabe, anderen Leuten Wohlbefinden zu vermitteln.

Ins Gastgewerbe will Gebhard Wild nach seiner Kur trotzdem wieder zurück. »Ich kann mir auch heute einfach keinen anderen Beruf vorstellen. Leuten, die da herinnen gelandet sind, muß halt bewußt sein, daß sie mit Alkohol im normalen Sinn nicht umgehen können.« Mit jenem Medikament, das bei Alkoholkonsum schwere Vergiftungen hervorruft oder gar zum Tod führen kann, hofft er, auf Dauer trocken zu bleiben und alles, was ihn neuerlich in Versuchung führen könnte oder an frühere Zeiten erinnert, abzuschütteln. Ein kleines Andenken an seine triste Karriere als Süchtiger hat er aber trotzdem noch zu Hause: eine ganze Schachtel Captagon. Zu den Tabletten hatte Geby Wild all die Jahre uneingeschränkten Zugang. Allerdings hatte er es nicht nötig, sich die Drogen auf dem Schwarzmarkt zu besorgen. Ein Vertreter eines großen österreichischen Pharmakonzerns lieferte ihm jede gewünschte Menge. Süchtige sind eben ein Bombengeschäft. Auch während seines Aufenthalts in der Schweiz hatte Gebhard Wild ausreichend Gelegenheit, alle nur erdenklichen Medikamentenmischungen und deren Wirkungen auf Körper und Psyche durchzuprobieren. Er führte zum Beispiel Experimente darüber durch, wie man drauf ist, wenn man eine Handvoll Rohypnol schluckt und mit einer Flasche Cognac nachspült. Seine damalige Quelle: Er flog in regelmäßigen Abständen mit dem Notarzthubschrauber mit. Gebhard Wild erinnert sich: »Aus Geldgründen waren Ärzte so gut wie nie an Bord – und ich hatte uneingeschränkten Zugang zum Notarztkoffer.«

Michael Bockel deponiert einen Stoß Bücher auf einem kleinen schnörkellosen Tisch im Keller des Krankenhauses Maria Ebene, in dem die hauseigene Bibliothek untergebracht ist. Er beginnt, Werke deutscher Literaten ins Bücherregal einzuordnen. Nur wenige Lücken klaffen in dem Bücherkasten; Literatur als Zeitvertreib ist offenbar unter den Patienten kaum gefragt. »Das einzige, was sie lesen, ist Jerry Cotton«, schmunzelt Michael Bockel, während er einen Band von Hermann Hesse ins Regal stellt. »Aber der Hesse ist für uns wohl auch nicht grad die richtige Lektüre.«

Bockel verläßt die Bibliothek und wandert bedächtig durch einen kleinen Gang zu den Hobby- und Bastelräumen des Entzugskrankenhauses. Man merkt dem untersetzten 38jährigen, der lange Jahre, viel zu lange aus seiner Sicht, im Gastgewerbe gearbeitet hat, die Alkohol- und Drogenhölle, in die er sich manövriert hatte, deutlich an: fahle Hautfarbe, rotgeäderte Wangen, heisere Stimme, schwerfälliger Gang. Der Job hat auch bei ihm bleibende körperliche Schäden hinterlassen. Die für diese Branche üblich sind, wie Michael Bockel weiß. Beschwerden an den Fußgelenken, Bänderschäden, Magenprobleme durch Streß und unregelmäßiges Essen. »Normales Essen ist so gut wie unmöglich. Essen zu genießen überhaupt. Oft kommt ein Gast dazwischen, den du bedienen mußt, und dann ißt du halt kalt weiter und schlingst das Zeug schnell runter.« Viele seiner Kollegen, erzählt er, leiden an Gastritis, nicht selten an Magengeschwüren, an Leberschäden. Andere wiederum haben sich ihre Seiten- oder Kreuzbänder mittlerweile durch Bänder aus Plastik ersetzen lassen.

Als Beschäftigungstherapie hat Michael Bockel die Seidenmalerei gewählt. Nach zwölf Wochen Therapie hat er bereits eine gewisse Fingerfertigkeit darin entwickelt. Bockel, der einem Gastgewerbebetrieb aus dem Kleinen Walsertal entstammt, bemalt Seidenschals und Halstücher, spannt den Stoff zuerst auf einen Holzrahmen, skizziert die

Motive und Formen, tastet sich dann versuchsweise an die optimale Farbkombination heran.

Sich zumindest jeden Tag einige Stunden auf die Beschäftigungstherapie zu konzentrieren ist für ihn ungeheuer wichtig. Denn in dieser Zeit schweifen seine Gedanken wenigstens von dem imaginären Geschwür, das der Alkohol seiner Psyche beigebracht hat und das der Entzug unbarmherzig aufreißt, ab. »Alkoholentzug ist«, versucht Michael Bockel dieses Gefühl auszudrücken, »wie wenn man dir ein Stück aus deinem Körper reißt. Dieses Loch mußt du dann irgendwie füllen. Ob und wie ich das füllen kann, steht in den Sternen. Du stellst dir dann auch oft die Frage«, sagt er, während er einen seiner Schals nachdenklich durch die Finger gleiten läßt, »ob es sich denn überhaupt lohnt, nichts mehr zu trinken, du fragst dich, was hast du davon. Man hat dir etwas aus deinem Körper gerissen, das für dich lebensnotwendig war. Und was tust du jetzt? Was bleibt dir? Wie sollst du dein Dasein jetzt bewältigen? Du fragst dich dann, ist es das Leben, das du noch führen kannst, überhaupt wert, nichts mehr zu trinken.«

Michael Bockel befand sich weitaus länger im Alkoholsumpf als sein Branchenkollege Gebhard Wild. Seit 1976 arbeitete Bockel als Koch oder Kellner in gastronomischen Groß- oder Mittelbetrieben. Die meisten Jobs hatte er im österreichischen Alpenraum, er nahm aber zeitweise auch Stellen im Ausland an, arbeitete unter anderem in Berlin, Frankfurt und für ein paar Monate sogar in San Diego.

Michael Bockel über die Umstände, die den Auftakt zu seinem Alkoholikerschicksal bildeten: »Ich bin schon der Ansicht, daß der gastronomische Beruf die Ursache für die Alkoholproblematik ist. Ich hab' im Service angefangen. Diese Art der Dienstleistung erfordert, immer freundlich und nett zu sein. Wenn man schlecht drauf ist, darf man's nicht zeigen. Und zu diesem Zeitpunkt kommt schon der Alkohol ins Spiel. Alkohol hat ja bis zu einer gewissen Grenze auch eine anregende Wirkung, solange man den Rahmen nicht sprengt. Zusätzlich trägt das ganze Umfeld irrsinnig stark dazu bei, daß man sich dem Griff zur Flasche nicht widersetzt. Denn zum Teil wird man sogar von den eigenen Chefs animiert und angetrieben, was zu trinken, weil man dann besser verkauft. Viele üben da regelrecht Druck auf dich aus. Nur irgendwann kann man dann den Level nicht mehr abschätzen. Man verliert die Kontrolle. Dann stellt sich Konzentrationsschwäche ein, und es beginnen erst recht die Schwierigkeiten im Geschäft. Und dann üben die Chefs aus diesem Grund noch mehr Druck auf dich aus. Und auf diesen Druck reagiert man erst recht wieder mit Alkohol.«

Der Alkohol war schon in Michaels Kindheit ständig präsent. »Ich bin eben mit der Gastronomie und damit auch mit dem Alkohol aufgewachsen.« Als Suchtmacher, der Menschen ins persönliche Verderben stürzen kann und als gefährliche Droge wurde der Alkohol freilich nie erkannt. Bier, Wein und Schnaps wurden vielmehr verniedlicht, der Konsum mit kernigen Sprüchen augenzwinkernd legitimiert – »Heut' geb' ma uns wieder a g'scheite Nierenspülung« – wenn nicht gar verherrlicht: »A ordentliches Mannsbild hat immer an Rausch.«

So griff Michael Bockel in seinen ersten Berufsjahren vor allem aus Motiven der Leistungssteigerung zum Muntermacher Alkohol. Und ertränkte darin unbewußt auch alle Stimmungsschwankungen, überbrückte damit, wie viele seiner Branchenkollegen auch, jene Tage, an denen es ihm seelisch nicht gut ging, an denen er sich schlapp und ausgebrannt fühlte und an denen ihm der Gästetrubel zusetzte. Aber die Gäste dürfen eben die Emotionen des Personals nicht mitbekommen, die Angestellten müssen ihre Aggressionen nach innen lenken, jeglichen Frust runterschlucken, die Maske darf nie verrutschen.

Michael Bockel: »Ein paar Jahre hab' ich das so auch durchstehen können, hab' erreichen können, daß ich mit dem Alkohol bessere Leistungen erzielt habe. Wirkliche Exzesse haben immer erst am Abend stattgefunden. Entzugserscheinungen oder körperlich merkbare Symptome hat's noch nicht gegeben. Die sind erst relativ spät, so nach drei bis fünf Jahren, aufgetaucht. Diesen Kontrollverlust hab' ich subjektiv überhaupt erst nach fünf Jahren bemerkt. Da hab' ich dann zwar schon gewußt, daß es gefährlich ist, aber ich hab's verdrängt.«

Wozu auch der ständige Druck von seiten vieler Chefs, die auf Umsatzsteigerungen pochten und Bockel damit zu noch mehr Alkoholkonsum antrieben, kräftig beitrug. Einer der Standardsätze solcher Chefs ist ihm heute noch in guter Erinnerung: »Wenn dich ein Gast einlädt, dann trinkst du auch. Aber kan Kaffee. A paar Cognac wirst ja noch runterkippen können.« Die Gastronomie baut ihr Geschäft nicht unwesentlich auf Kosten der Gesundheit ihrer Mitarbeiter auf. Solange man es eben aushält. Wenn einer dann schließlich zusammensackt, wird er entsorgt. Gekündigt oder auf Entzug geschickt. Bockel: »Solange man funktioniert, wird man akzeptiert. Auch als Alkoholiker. Von seiten der Gastronomie besteht aber an der Problematik völliges Desinteresse. Der Umsatz muß passen. Wichtig ist eben nur die Funktion, nicht der menschliche Wert. Für den Menschen interessiert man sich nur, um die Funktion aufrecht zu erhalten. Wenn man dann durchs soziale Netz rutscht, heißt es eben, der nächste bitte. Die Kälte unserer Leistungsgesellschaft ist schon ein wichtiger Aspekt im Zusammenhang mit dem allgemeinen Alkoholismus.«

Meist wird dann argumentiert, da sei halt ein einzelner zu schwach gewesen oder habe die Anlage zum Alkoholismus eben schon immer in sich getragen. In Anbetracht der traurigen Realität ist diese Art der Rechtfertigung jedoch verlogen. Denn Michael Bockel ist in Wahrheit alles andere als ein Einzelfall: »Im Lauf meiner zwanzig Jahre in dem Job hab' ich Hunderte Alkoholkranke kennengelernt, ich schätze, daß an die achtzig Prozent in der Branche alkoholsüchtig sind. Fast alle davon sind entweder Küchenpersonal oder Wirte.« Er erinnert sich an regelrechte Negativkarrieren, die in seinem Bekanntenkreis stattfanden. Etwa an Küchenchefs, denen der Alkohol körperlich und seelisch derart zusetzte, daß sie außer zu stumpfsinnigen und rein motorischen Tätigkeiten zu keiner anderen Arbeit mehr fähig waren und zum Beispiel als Tellerwäscher endeten.

Nicht einen Moment lang stellte der Alkohol für Michael Bockel einen Genuß dar. So konsumierte er ausschließlich Cognac und Schnaps, aber nie Bier oder Wein. »Mir schmeckt Alkohol gar nicht, er hat mir nie geschmeckt. Es ging nie um den Genuß, sondern immer nur um die Wirkung. Daher hab' ich nie Bier oder Wein getrunken.« Zusätzlich zum Alkohol pumpte er sich regelmäßig mit Tabletten und Kokain voll. Auch dem Schritt zu dieser Art Drogen, urteilt Bockel, steht im Gastgewerbe nicht allzuviel im Wege. »In der Gastronomie kommt man an Tabletten, Koks oder an synthetische Drogen irrsinnig leicht ran, außerdem ist die Toleranz in der Branche äußerst hoch. Mit dieser Mischung erreicht man eine Zeitlang wiederum eine gewisse Leistungssteigerung.« Das teuflische Rezept: Cognac, Kaffee und Kokain. »Damit kannst eine Weile tagelang ohne Pause durcharbeiten.«

So steuerte Michael Bockel täglich rasanter in die Abhängigkeit – angespornt durch jene berufsbedingten Faktoren, die den Griff zur Flasche begünstigen. Und als weitere Facette die Funktion des Alkohols als Seelentröster, da erfüllte menschliche Beziehungen aufgrund der Arbeitszeiten und aufgrund des Nomadentums der Saisonarbeiter so gut wie unmöglich sind. »Die Gastronomie macht die Familie kaputt«, kritisiert Michael Bockel. »Ich hatte einige wenige feste Beziehungen, sonst aber à la carte. Du lernst ja auch nur Leute kennen, die selbst aus der Branche kommen. Und die sind ja erst recht wieder kaputt. Das ist nicht nur bei mir so gewesen, das hab' ich auch bei vielen anderen beobachtet. Die Politik der Branche ist überhaupt familienfeindlich.« So weiß Bockel von Unternehmern, die zum Beispiel Pärchen gar nicht erst einstellen, weil sie davor Angst haben, daß diese dann zuviel Zeit und Gedanken für private Belange verschwenden. Manche Hoteliers kündigen Mitarbeiter, die sich in ihren Betrieben kennenlernen und Beziehungen knüpfen, aus denselben Überlegungen. Für das Menschliche und für persönliches Wohlbefinden ist eben kein Platz. Man hat zu funktionieren. Daß allerdings Motivation und Arbeitsfreude und damit unterm Strich auch die Leistungsfähigkeit und -willigkeit steigen, wenn die Lebensqualität paßt, wird dabei offenbar außer acht gelassen.

Auch das Problem des einseitigen sowie einschlägigen Freizeitverhaltens verspürte Michael Bockel jahrelang am eigenen Leib. »Nach der Arbeit brauchst du irgendeinen Ausgleich. Kein Kellner schafft es, danach schlafen zu gehen. Freizeitgestaltung am Tennisplatz oder im Kino ist aufgrund der Arbeitszeiten unmöglich. Also geht man wieder in ein Lokal. Und sauft natürlich wieder. Normales Freizeitverhalten ist in dem Job unmöglich.«

Das Ganze wird dann als »locker«, »lässig« und »in« interpretiert. »Das Bild der Branche von sich selbst«, ätzt Bockel, »ist schicki-micki, toll unterwegs. Die Wahrheit ist anders. Da laufen fast nur kaputte Typen rum.«

»Mein Trinkverhalten«, so Michael Bockel über die letzten Monate vor dem endgültigen Zusammenbruch, »war gerade noch so gelagert, daß ich die Saisonen so halbwegs durchgestanden habe.« Er hackelte, soff, kokste. Bis der Körper rebellierte, bis die Alarmglocken unüberhörbar schrillten. Das Problem wurde freilich nicht gelöst. Vorgesetzte und Kollegen beschränkten sich wie immer auf Symptombekämpfung. Entweder, Michael schaffte es wirklich noch, bis zum Saisonende zu arbeiten. Wenn er danach umkippte, brauchte wenigstens keiner hinzusehen: Was soll's, die Saison ist aus, das Geschäft ist gelaufen, toll wart's Burschen, und was einer danach in seiner Freizeit macht – zusammenbrechen, in die Knie gehen, kollabieren –, ist seine Privatangelegenheit. Na dann, bis zum nächsten Mal. Das nächste Mal, einige

Monate später, hatte sich Michael wieder so halbwegs gefangen. Zumindest so weit, um nicht aufzufallen.

Manchmal allerdings funktionierte das Timing nicht so perfekt und er sackte schon vor dem Saisonende zusammen. »Dann haben's mich halt nach Hause geschickt. Es war immer kritisch. Geht sich's noch aus bis zum Ende oder nicht? Jedenfalls hab' ich zum Saisonende immer körperlich und seelisch ein Stadium erreicht, wo's absolut aus war.« Wenn man ihn vorzeitig nach Hause schickte, erging man sich stets in irgendwelchen Tiraden, betrog sich selbst, argumentierte, daß halt die Anforderungen der letzten Saison so hart gewesen seien und daß Bockel sich eben ein paar Monate von den körperlichen Mühen erholen solle. »Die wahren Ursachen und das Thema Alkoholismus sind allerdings nie zur Sprache gekommen, das hat man immer verdrängt. Die heile Fassade muß eben aufrechterhalten werden. Es ist ja eine Schande, als Krankheit wird Alkoholismus nach wie vor nicht anerkannt. Noch immer dominiert die Meinung, Alkoholsucht ist keine Krankheit, sondern a Zuastand.«

Michael vereinte beide Versionen des Alkoholismus auf sich: Er war sowohl Spiegel- als auch Rauschtrinker. Das heißt, er brauchte ständig ein gewisses Maß der Alkoholisierung, um überhaupt arbeitsfähig zu sein – ohne dabei das eigentliche Gefühl der Trunkenheit zu spüren. In der Früh etwa hatte er den Zwang, ein ganzes Wasserglas voll Cognac hinunterzuwürgen. »Das bleibt dann oft nicht unten, du kannst die Flüssigkeit nicht behalten, zitterst aber am ganzen Körper. Dir graust davor, aber du brauchst das Zeug, sonst kannst du nicht einmal einen Handgriff tun. Dann preßt du halt noch ein Glas runter, bis es untenbleibt.« Andererseits war Michael Rauschtrinker, das heißt, er brauchte am Abend die spürbare Alkoholisierung, die komplette Umnebelung und Ausschaltung des Geistes. Die Phasen, in denen er aus dem Sumpf hervortauchte, wurden kürzer und kürzer. »Ich hab' regelmäßig wieder Jobs gehabt und immer wieder welche bekommen, aber der Abgrund ist halt immer näher gekommen.« An starken Tagen trank Michael Bockel bis zu zwei Flaschen Cognac. »Das ist den Leuten nicht einmal aufgefallen. Ich konnte so halbwegs arbeiten, habe beim Reden auch nicht gelallt. Die meisten Leute schaffen es eben, sich noch irgendwie über die Saison zu retten. Ich kenn' eine Menge Kollegen, denen man ihre Alkoholprobleme deutlich ansieht. Sie altern vorzeitig und sehr schnell und schleppen sich gerade noch irgendwie

durchs Lokal. Ganz schlimm ist diese Problematik im Service und da wiederum vor allem bei den Frauen.«
Zusätzlich pumpte sich Michael Bockel mit gewaltigen Mengen Koks voll, brauchte in der Schlußphase bis zu drei Gramm pro Tag, mußte freilich auch selbst dealen, um die Sucht zu finanzieren. Und handelte sich 1986 deshalb eine Verurteilung zu dreißig Monaten unbedingt ein. Die Menge, mit der er aufgeflogen war: 800 Gramm Kokain. Andere Drogen wie etwa Cannabis-Produkte aller Art sind dagegen meist überhaupt keine Thema: »Gegen Joints hat kaum ein Chef je was gesagt.«

Kurzzeitig versuchte Michael Bockel der Branche zu entkommen. Er ließ sich umschulen, lernte Kommunikationselektronik. Nach drei Jahren allerdings driftete er zurück in die Gastronomie, wo sich seine Alkoholprobleme augenblicklich wieder einstellten. Sein letzter Chef schickte ihn schließlich zur Therapie. Eine Maßnahme, die Michael zu diesem Zeitpunkt schon selbst einsah. Er hatte bereits ein Stadium erreicht, in dem die Drogensucht ihn endgültig zu zerfressen drohte. Er litt oft an völlig unmotivierten Weinkrämpfen. Die Ärzte befanden, daß eine stationäre Aufnahme erforderlich sei.
Nach zwölf Wochen hat er das Schlimmste überstanden. Zumindest den körperlichen Entzug. Wobei der Alkoholentzug somatisch weitaus schmerzhafter ist als der von Kokain. »Psychisch sind die beiden etwa gleichwertig«, befindet Bockel.
Was er nach der Therapie machen wird, weiß Michael Bockel noch nicht. Ins Gastgewerbe wird er aber auf keinen Fall zurückkehren. Denn: »Ich stell' ja einen Dobermann auch nicht in die Fleischerei.«

Michael Bockel und Gebhard Wild haben einander im Krankenhaus Maria Ebene kennengelernt. Verbunden durch die ähnliche Vergangenheit und durch den radikalen Entzug, durch den krassen Schnitt in ihrem Leben, nützen sie das brutale Erwachen zum Gedankenaustausch, lassen ihr bisheriges verpfuschtes Leben Revue passieren, analysieren ihre Fehler und die des Systems. Neben ihnen absolvierten im Sommer 1993 noch fünf weitere Patienten aus der Tourismusbranche eine Alkoholentziehungskur in dem Vorarlberger Krankenhaus. Die Berufssparte Fremdenverkehr stellt damit über zehn Prozent aller Patienten. Und dabei gab es Zeiten, in denen die Zahl noch höher war. Die Süchtigen rekrutieren sich dabei aus allen möglichen Bereichen des Tourismus – die Mißstände wirken sich auf berufliche Randgruppen genauso aus. Oberarzt Roland Wölfle hatte da auch Leute in Behandlung, die mit dem Fremdenverkehr nur indirekt ihr Geld verdienten. Etwa den Schlagzeuger einer Kommerzband, der jahrelang während der Saisonen täglich bei diversen Veranstaltungen spielte und dem vom in Trinklaune schwelgenden Publikum eine Runde nach der anderen gezahlt wurde. Ganz ähnlich gelagert war der Fall eines Entertainers.

»Mehr und mehr Betroffene«, analysiert Albert Lingg, 44, Primar der Nervenheilanstalt Valduna im vorarlbergischen Städtchen Rankweil, »merken, daß es ihnen nicht gutgeht, daß der Preis für den allgemeinen Goldrausch sehr, wenn nicht zu hoch war. Zwar steigt meiner Meinung nach das Bewußtsein unter den Betroffenen, was die Situation entlastet, aber von einer Lösung der Probleme kann keine Rede sein. Durch den Tourismus wurde eben nicht nur die Umwelt in Mitleidenschaft gezogen, es entstanden unter der Bevölkerung auch eindeutige seelische Flurschäden.«

Sigrid Marinell von der Innsbrucker Sozialberatung sammelt schon seit Jahren konkrete Erfahrungen mit Patienten aus dem Tourismusmilieu. »Ich stelle fest, daß sowohl somatische als auch psychosomatische Beschwerden zugenommen haben. Oft stellen sie die Vorstufe zum Drogenkonsum dar. Mir fällt auch ein Anstieg beim Schmerzmittelkonsum auf, man versucht damit die Flucht in eine zumindest zeitweise angenehmere Befindlichkeit. Die Leute haben das Gefühl, daß sie alles kaufen können. Auf diese Weise will man sich auch eine angenehmere Befindlichkeit kaufen.«

»Vor allem die, die am Ende der Saisonen kommen«, hat der Westendorfer Gemeindearzt Ekkehard Heel beobachtet, »sind oft total am Ende, die sind ausgelaugt, haben Angstzustände, Erschöpfungen, zum Teil echte körperliche Krankheiten, zu einem sehr hohen Prozentsatz ist's aber sicher psychosomatisch. Da gibt's nur wenige, die nicht irgendwann einmal zum Arzt gehen. Mir bleibt da oft gar nichts anderes übrig«, bedauert Heel, »als diesen Leuten, bevor sie wirklich umkippen, Tabletten zu verschreiben. In der Regel versuche ich es aber mit Beratungsgesprächen. Tabletten sind ja keine Lösung. Aber was wir Ärzte in vielen Fällen trotzdem nur tun können«, so das traurige Resümee, »ist nicht mehr, als das Arbeitspotential aufrecht zu erhalten.«

Im Schatten des rasanten Höhenfluges der alpenländischen Tourismuswirtschaft sind die Hoteliers und Gastronomen sowie ihre Angestellten und Kinder mit einer Latte von Krankheitsbildern körperlicher und psychischer Natur konfrontiert. Still und heimlich wucherten jahrzehntelang Probleme, Leiden und gesundheitliche Schäden neben den euphorischen Fortschrittsparolen. Doch heute wird da und dort das Tabu gebrochen. Die verlogene Tünche aus Weinseligkeit und zünftiger ländlicher Urigkeit blättert ab. Die Ursachen für das seelische und körperliche Leid sind nicht in der Unfähigkeit einzelner zu suchen, sondern beruhen vielmehr auf Entwicklungen, die vorhersehbar waren.

Wobei sich der Arbeitsalltag im Fremdenverkehr je nach Art der Tätigkeit unterschiedlich auswirkt. Der Grund für das Unbehagen ist bei den Unternehmern ein anderer als beim Personal. Dementsprechend unterscheiden sich auch die Krankheitsbilder und der Umgang damit wesentlich voneinander. Auch zwischen den sozialen Schichten treten Differenzierungen auf, und die Betroffenheit – und damit die Reaktion auf die Problematik – der Frauen ist grundsätzlich anders als die der Männer.

Daher unterscheiden sich auch die einzelner Krankheitssymptome auffallend voneinander. Für bestimmte Menschengruppen sind bestimmte Reaktionen und Verhaltensweisen typisch. Der Auslöser ist aber überall derselbe. Ob rein körperliche Erkrankungen oder psychosomatische, ob die Droge Alkohol, Tabletten, Heroin oder Kokain heißt, ob das seelische Notventil in innerer Emigration, chronischer Gefühlskälte, in Depressionen, Schlafstörungen, Aggressionen oder auseinanderbröckelnden Beziehungen besteht – gleiche Ursache, unterschiedliche Wirkung.

Das *Personal* geht mit seinen Problemen auch anders um: Beraten und in weiterer Folge behandeln lassen sich Angestellte meist in größerer Zahl als deren Chefs, weiß die Innsbrucker Sozialberaterin Sigrid Marinell. »Die Arbeitnehmer kommen eher zu uns. Die Unternehmer haben wahrscheinlich ihre Privattherapeuten.« Die Unternehmer kostet der Schritt in ärztliche Obhut wohl auch aus sozialen Gründen einiges an Überwindung. Zum einen fürchten sie den Imageverlust im Dorf, der mit dem Eingeständnis von Beschwerden jeglicher Art verbunden wäre, zum anderen sind sie für sich selbst verantwortlich und erlauben sich in vielen Fällen gar nicht, allfällige Erkrankungen zur

Kenntnis zu nehmen, während sie das Personal, dem sie ähnliche Probleme ansehen, vielleicht doch irgendwann zum Doktor schicken.

Aber auch den Köchen oder Kellnern fällt der Gang zum Arzt nicht immer leicht. Denn viele Arbeitnehmer haben Angst vor zeitintensiver Behandlung oder gar längerdauernder Therapie, weil sie um ihren Job fürchten. Vor allem dann, wenn der Dorfarzt die Konsultation eines Spezialisten empfiehlt, dessen Ordination sich in einer größeren Stadt befindet. Ein Angestellter – gerade in der Gastronomie – kann es sich aus beruflichen Gründen kaum leisten, pro Woche einen oder gar zwei Tage zu fehlen. Bei den Unternehmern tritt dieses Problem in anderem Gewand auf: Zwar müssen sie ihre Absenz nicht rechtfertigen, aber der Betrieb muß eben weiterlaufen. Besonders heikel wird die Situation, wenn es um die Behandlung alkoholkranker Pensionsbesitzer geht, die vielleicht tagsüber vom Therapeuten den Willen zum Entzug eingepaukt bekommen und dann am Abend erst recht wieder mit den Urlaubern in der Gaststube hocken müssen.

Vor allem jeweils gegen Ende einer Saison nimmt die Häufigkeit verschiedener Krankheitsbilder sowohl bei den Unternehmern als auch beim Personal zu. Ekkehard Heel: »Da steigt mit Sicherheit der Verbrauch an Schlaf- und Beruhigungsmitteln. Da kommen viele Angestellte, die nachts arbeiten, mit Überforderungssyndromen. Sie klagen über Herzbeschwerden, Schlaflosigkeit, Angstzustände.« Heel erinnert sich an eine Kellnerin, die eines Nachts bei ihm anrief und ihm panisch von akuter Atemnot berichtete. »Es wirkt sich oft somatisch aus, der Zusammenhang zum Streß und zur Überforderung wird aber meist nicht hergestellt.«

Symptomatisch ist auch der Fall einer 30jährigen Steirerin, die jedes Jahr zu Saisonbeginn als Kellnerin nach Westendorf pendelt. Irgendwann im Lauf der Saison taucht sie jedes Jahr in der Arztpraxis auf und klagt über heftige Bauch- und Magenschmerzen. Mehrmals schon wurde sie stationär aufgenommen. Magenröntgen und Blutuntersuchungen blieben ohne aussagekräftigen Befund. Sie weigert sich aber standhaft zu glauben, daß ihr Leiden die psychosomatische Reaktion auf die dauernde Arbeitsüberlastung und auf ihren Lebensrhythmus ist. »Diese Leute sind ständig unterwegs, ihnen fehlt es an Geborgenheit und an dauerhaften Beziehungen«, sieht Ekkehard Heel in der typischen sozialen Entwurzelung der Pendler die Ursache.

Auch Infektionen, Grippefälle oder Erkrankungen des gesamten Bewegungsapparates nehmen gegen Ende der Saisonen zu. Heel: »Die

Leute flüchten in körperliche Erkrankungen, der Körper zieht die Notbremse. Diejenigen, die dann zu mir kommen, haben eindeutig Krankheiten, die mit ihrer beruflichen Tätigkeit zusammenhängen.«

Will man eine gesundheitliche Gesamtdiagnose des Personals in österreichischen Fremdenverkehrsbetrieben erstellen, muß man zwischen jenen im System begründeten Ursachen unterscheiden, die primär auf die Psyche wirken und sich erst später in körperlichen Schmerzen äußern, und jenen unmittelbaren Ursachen, die rein körperliche Schäden hervorrufen. Oft tragen nämlich auch die Arbeitsplatzbedingungen gehörig dazu bei, daß sich der Gesundheitszustand der Gastronomie-Angestellten nicht gerade bessert. Ein bereits 1988 verfaßter Brief der niederösterreichischen Arbeiterkammer an die Gewerkschaft Hotel und Gastgewerbe hält penibel die arbeitsplatzbezogenen Mißstände im österreichischen Fremdenverkehr fest: »Bei den Überprüfungen durch unsere Jugendschutzabteilung wurden besonders im Hotel- und Gastgewerbe häufig Gesetzesübertretungen festgestellt (...) Allein im Hotel- und Gastgewerbe mußten bei zum Beispiel 277 Betriebsüberprüfungen 270 Beanstandungen und Unzulänglichkeiten festgestellt werden (...) Ein Großteil dieser Beanstandungen liegt in den Schwerpunktbereichen Arbeitszeit, Entlohnung, Wochenfreizeit, Nachtruhe und berufsfremde Arbeiten (...) Bei den berufsspezifischen Unfällen handelt es sich in einer Vielzahl um Sturzverletzungen (Verstauchungen, Brüche, Prellungen), welche durch schlechte, nasse und verunreinigte Böden oder Stufen verursacht werden (...) Durch die große Belastung von Füßen und Beinen kann es im Laufe der Berufsausübung zu Krampfadern, Platt-, Spreiz- und Senkfüßen kommen. Das ständige Tragen schwerer Tabletts hat Verkrümmungen der Wirbelsäule, Schädigungen der Bandscheiben, Gelenks- und Sehnenscheidenentzündungen zur Folge. Zugluft in der Küche kann zu Rheuma und Ischias führen. Der Temperaturwechsel zwischen Küche und Kühlhaus verstärkt die Erkältungsanfälligkeit. Magenleiden (zum Beispiel Gastritis) treten als Folge von unregelmäßiger Esseneinnahme oder als psychosomatische Störungen (bedingt durch Dauerstreß) auf.«

In weiterer Folge sind in diesem Brief die Erkenntnisse einer Studie aufgelistet, im Zuge derer das Personal nach seinem Gesundheitszustand befragt wurde: »Der Gesundheitszustand wird nur von zirka neun Prozent als sehr gut bezeichnet, die restlichen 91 Prozent verteilen sich auf die Beurteilungen erträglich und sehr schlecht. Zirka 48 Prozent der Ferialpraktikanten würden im nächsten Jahr nicht mehr in ihrem Betrieb arbeiten, etwa gleich viele wären nach dem Schulabschluß nicht bereit, einer Beschäftigung im Gastgewerbe nachzugehen. 68,3 Prozent geben an, daß sie ihre Arbeit nur mehr rein gefühlsmäßig ausführen, lediglich 20 Prozent machen sich ein Konzept und gar nur 11,7 Prozent stellen sich die Arbeit im Geiste vor. Bei der Beurteilung der subjektiven Befindlichkeit ist die Bewertung gestreut: 25 Prozent sind ausgeglichen, 21,7 Prozent stehen permanent unter Spannung, 18,3 Prozent fühlen sich in einer dauernden Hektik, 8,3 Prozent sind ständig deprimiert und für 26,7 Prozent der Befragten ist das Arbeitsklima, und das ist bezeichnend, wechselhaft ein Kalt-Warm-Stimmungswechsel. Bei der seelischen Konstellation fühlen sich 61,7 Prozent auf sich allein gestellt.«

Auch mit der symptomatischen sozialen Entwurzelung setzte man sich in dieser Studie auseinander: »Die Frage, ob der Befragte noch die Möglichkeit habe, den Kontakt mit der Familie zu pflegen, wurde ebenso negativ beantwortet wie die Frage nach dem Betriebsklima. In beiden Fällen erfolgte die Bewertung mit 4,2 nach der üblichen Schulnotenskala. Vorwiegend die überdurchschnittlich lange Arbeitszeit und die selten eingehaltene Wochenfreizeit veranlassen viele der im Hotel- und Gastgewerbe Beschäftigten, den Beruf zu wechseln.«

Das Resümee der Arbeiterkammer: »Dort, wo langes Stehen, schweres Tragen zum Berufsalltag gehören, wäre die Einhaltung der gesetzlichen Bestimmungen eine zwingende Notwendigkeit. Wie jedoch die Erfahrung zeigt, gibt es gerade im Hotel- und Gastgewerbe die meisten Übertretungen dieser so wichtigen Schutzbestimmungen. In der Folge können daher gesundheitliche Schäden nicht ausgeschlossen werden und es ist vielfach so, daß schwere Schäden, die ihren Ursprung in einer außergewöhnlichen Belastung in der Jugend haben, erst zu einem späteren Zeitpunkt zum Tragen kommen.«

Die Angestellten, so haben die Experten der Arbeiterkammer herausgefunden, nehmen die Belastungen auch auf den Heimweg mit: »Selbst ein Gutteil der Wegunfälle hat seine Ursache in dieser außergewöhnlichen Belastung in der Branche. Arbeitszeiten von 14 und mehr Stunden und Beschäftigung bis in die späten Nachtstunden bringen natürlich eine größere Anfälligkeit für Verkehrsunfälle. Abschließend kann gesagt werden, daß es einen augenfälligen Zusammenhang zwischen Übertretungen der Jugendschutzbestimmungen im Hotel-

und Gastgewerbe und den Erkrankungen und Gefährdungen durch Unfall der in dieser Branche Beschäftigten gibt.«

Gezeichnet: Josef Hesoun, damals noch Präsident der niederösterreichischen Arbeiterkammer.

Wie sehr Angestellte unter offenbar vielfach menschenunwürdigen Arbeitsplatzsituationen leiden, zeigt auch der schriftliche Hilferuf eines Hilfsarbeiters, der in einem Hotel in der Tiroler Ortschaft Kranzach beschäftigt war. In ungelenker Handschrift hält der Hilfsarbeiter fest: »Ich schildere so kurz wie möglich. Am Freitag, den 11. August 1989, am Vormittag beim Müllausleeren im Restaurant, trat mein Arbeitgeber mir in den Mistkübel, den ich in der linken Hand trug und verletzte mich dabei. Ich hatte im letzten Jahr einen Unfall an dieser Hand und dieser Stelle gehabt. Ich habe das dem Gendarmerieposten gemeldet und meinen Arbeitgeber angezeigt, und ich habe wieder einen Gips bekommen.«

Auf den nächsten Seiten seines Schreibens listet der Hilfsarbeiter Punkt für Punkt die Bedingungen, die in dem Hotel damals herrschten, auf: »Das Essen wird in der Küche eingenommen, an einem kleinen Tisch müssen vier Abwäscher, zwei Köche und ab und zu das Eismädchen und ich essen. Und wie! Der eine steht schon daneben, da ißt der andere noch schnell fertig. Es darf nicht gesprochen werden. Die Portionen sind teilweise für Kinder nicht genug. Wenn man nachholt, schimpft die Frau des Arbeitgebers, ich esse zuviel und wäre nicht normal. Die anderen trauen sich auf das hinauf gar nichts nachzuholen und gehen hungrig vom Tisch. Es gibt auch keinen Personalraum. Es herrscht ein Traktieren des ganzen Personals, keiner traut sich etwas zu sagen. Sie hatten einen Jungkoch vor einem Monat geohrfeigt und auf der Stelle weggejagt, weil er zu langsam war. Ich mache jeden Tag zehn Stunden und zwei freie halbe Tage in der Woche, und das um 9000 Schilling im Monat. Ich bin jetzt im Krankenstand, und mir wird immer gedroht, ich bekäme nichts mehr zu essen und solle verschwinden. Ich frage Sie, ist das noch menschenwürdig, wie es einem Arbeiter in Tirol geht. Veröffentlichen Sie das, damit es den Leuten nicht mehr so dreckig geht wie uns. Warnen möchte ich vor allem alle, die aus der Steiermark kommen, weil die wissen überhaupt nicht, wie es hier läuft. Sie fahren weiß Gott wie weit und erleben dann so eine Enttäuschung. Ich weiß überhaupt nicht mehr, wie diese Ungerechtigkeiten weitergehen sollen.«

Nicht genug damit, daß das ewig Pendeln für die Arbeitnehmer ohnehin schon mit erheblicher Mühsal verbunden ist. Mitunter kommt die böse Überraschung noch vor Dienstantritt. Ein Aktenvermerk der Kitzbüheler Bezirkshauptmannschaft beschreibt einen derartigen Fall: »Sachverhalt: Frau Franziska Meier* wurde angeworben mit einem vereinbarten Nettolohn von S 15 000,– und sollte am 10. Jänner 1990 aus Kärnten zum Dienst anreisen. Frau Meier ist pünktlich am 10. Jänner 1990 aus Kärnten (280 Kilometer plus Maut Felbertauern S 110,–) angereist. Der Dienstgeber hat ohne Bedauern oder Anbot von Fahrtkostenersatz erklärt, sie werde nicht mehr gebraucht, da man bereits seit 9. Jänner 1990 für diese Stelle einen jugoslawischen Koch eingestellt habe.« Dem nämlich brauchte der Hotelchef laut Aktenvermerk nur 12 000 Schilling brutto bezahlen.

Zu den hausgemachten Problemen übermäßiger Belastung, ungesunder Arbeitsplatzbedingungen und teils menschenunwürdiger Behandlung des Personals gesellen sich – bisher völlig unbeachtete und ebenso unkontrollierbare – Krankheitserreger, die eingeschleppt werden. So haben Ärzte in vielen Fremdenverkehrsgebieten während der Hauptsaisonen zum Beispiel bestimmte Grippearten entdeckt, die in der jeweiligen Region bislang absolut unbekannt waren. Der Grund: Die fremden Virusstämme werden von ausländischen Touristen mitgebracht. So dienen Fremdenverkehrsregionen geradezu als Auffangbecken für neuartige Krankheitserreger.

Zu all jenen Umständen, die nachweisbar körperliche Beschwerden nach sich ziehen, kommen die verborgeneren psychischen Belastungen, die mit psychosomatischen Erkrankungen, seelischen Leiden oder mit Flucht in Alkohol, Tabletten oder andere Drogen quittiert werden. Da ist hauptsächlich jene bereits beschriebene Mischung aus sozialer Entwurzelung und Beziehungsarmut bei den Pendlern, aber auch fehlende Möglichkeiten der Freizeitgestaltung, beengende Unterkunft und die branchenbedingte Präsenz des Alkohols sind ausschlaggebend. Darüber hinaus die permanente Streßsituation durch Arbeitsüberlastung, Jobschwierigkeiten und Arbeitszeiten. Psychiater Albert Lingg: »Nach der Arbeit flüchten alle in die Wirtshäuser, weil keine Privatsphäre vorhanden ist. Die Discos sind zu einem erheblichen Teil mit Gastronomen besetzt.« »Die Alkoholgefährdung«, urteilt Sozialberaterin Sigrid Marinell, »seh' ich bei allen Berufsgruppen und bei allen Altersschichten. Den Medikamentenmißbrauch hauptsächlich bei den Frauen. Vor allem Valium und Lexotanil werden da verwendet.

* Die Namen wurden vom Verlag geändert.

Zum Saisonende steigt der Tablettenverbrauch schon gewaltig an. Mir kommt manchmal vor, daß das Arbeitspotential zu diesem Zeitpunkt überhaupt nur mehr mit Medikamenten aufrechterhalten wird. Tabletten sind eine stille Sucht, sozial gefälliger, weniger auffällig. Die Aggressionen richten sich nicht nach außen, sondern nach innen. Die Selbstzerstörung fällt dann aber viel schlimmer aus.« Albert Lingg: »Die Frauen geben die Probleme zwar eher zu als die Männer, haben andererseits aber weniger Möglichkeiten, Spannungen abzuführen. Die Männer suchen sich irgendein Ventil.«

Alkohol, Drogen, Aggressionen bei den Männern, Tabletten, Depressionen, Schlaflosigkeit bei den Frauen. Psychosomatische und körperliche Beschwerden bei beiden Geschlechtern – die Leiden der Arbeitnehmer schlagen sich auch in den Statistiken eindeutig nieder. Denn in keiner Branche ist die Rate der Frühpensionen, die aufgrund von Invalidität angetreten werden müssen, so groß wie im Hotel- und Gastgewerbe. Eine Statistik der Pensionsversicherungsanstalt der Arbeiter und Angestellten schlüsselt die risikoträchtigsten Berufszweige exakt auf. So entfielen im Jahr 1988 im Hotel- und Gastgewerbe auf 100 Alterspensionen erschreckende 214 Invaliditätspensionen bei den Männern. An den nächsten beiden Stellen der Statistik rangieren die Holz- und die Bauarbeiter. Bei den Frauen ist die Zahl der Invaliditätspensionen zwar nicht so eklatant hoch, den ersten Platz dieser traurigen Statistik belegten Hotellerie und Gastronomie aber auch hier. 1988 entfielen bei den Frauen auf 100 Alterspensionen immer noch stattliche 96 Invaliditätspensionen. Der Österreichdurchschnitt liegt hier bei 51.

Ausländische Arbeitnehmer verkraften die Probleme für Körper und Psyche, die die Branche mit sich bringt, scheinbar leichter. Psychiater Albert Lingg: »Die halten sich im Vergleich zu den Österreichern viel besser. Der Grund dürfte darin liegen, daß sie ihre Ziele klar verfolgen. Außerdem sind die Ausländer meist familiär stärker gebunden und haben damit einen Rückhalt, den viele Österreicher nicht haben. Was zum Beispiel die Suizidrate betrifft, liegt diese bei den Ausländern in Vorarlberg deutlich unter jener der Einheimischen.«

Daß das touristische System unzählige kranke Menschen beherbergt, hat in manchen Fällen auch noch andere Gründe, die nur indirekt mit dem Fremdenverkehr zu tun haben. Beispiel: Ein tablettensüchtiges Mädchen flüchtet aus dem seelischen Schlachtfeld des Elternhauses. Die klassische Broken-home-Situation. Da es bisher keine Ausbildung absolviert hat, aber sich ab nun irgendwie den Lebensunterhalt verdienen muß, sucht sich das Mädchen einen Job, der ohne besondere Vorbildung möglich ist – und landet als Zimmermädchen im Tourismus.

Für die Probleme der *Unternehmer* ist vor allem jene Mischung aus Streßbelastung, wenig Freizeit, existentiellen Sorgen und Alkohol – sowohl zur Entspannung als auch zur vermeintlich besseren Kommunikation mit den Gästen – ausschlaggebend. Darüber hinaus der kulturelle Umbruch in den Dörfern, der den gewohnten Lebensraum in Frage stellt oder gar umkrempelt und dadurch zu Identitätskrisen und in weiterer Folge zu Spannungsabfuhr durch Alkohol und Medikamente führt oder sich in psychosomatischen Störungen äußert: in Erschöpfungsdepressionen, Schlaflosigkeit, Unruhegefühlen; oder zum Beispiel in Herzneurosen, wobei Herzbeschwerden auftreten, ohne daß ein organischer Schaden vorliegt. Abgesehen von den psychischen Problemen machen sich natürlich auch bei den Unternehmern Schäden wie Abnützungen des gesamten Bewegungsapparates bemerkbar.

Die permanente Streßbelastung hat vor allem in Vorarlberg auch sozialpolitische Wurzeln. Maria Ebene-Oberarzt Roland Wölfle: »Es besteht oft die Notwendigkeit, daß beide Elternteile arbeiten müssen. Denn die Wohnungen sind zum Beispiel in Vorarlberg so teuer, daß sie sich ein einzelner gar nicht leisten kann. Eine Zweizimmerwohnung ist unter 6000 Schilling nicht zu bekommen, das heißt, die Grundvoraussetzungen des Lebens sind für den einzelnen sehr schwer zu erwirtschaften. Ich traue mich jetzt schon prophezeien: Manche Kinder dieser Eltern sind potentielle Patienten von morgen.«

Kritisch ist die Situation sowohl in den Etappen touristischen Hochbetriebes, in denen sich die Belastung bis zum Saisonende immer mehr steigert, als auch in ökonomischen Flautezeiten. Viele Unternehmer verfallen erst am Ende der Saison, wenn der Druck nachläßt, in Depressionen. Kein Wunder: Ihr gesamtes Leben ist auf das Schuften im Fremdenverkehr, die Betreuung der Gäste und in den meisten Fällen auf das Abbezahlen laufender Kredite ausgerichtet. Wenn die Gästehorden für ein paar Monate weg sind, fehlt der Lebensinhalt. Andere wiederum sind physisch und psychisch so am Ende, daß sie einen Kuraufenthalt brauchen, um sich für die nächste Saison fit zu machen.

Psychiater Albert Lingg kennt »Hoteliersgattinnen, die sich zwischen den Saisonen in ein Sanatorium legen, um sich wieder aufzubauen«. Pervers genug: Die Arbeit macht sie offenbar so krank, daß sie danach wochenlange Erholung in Kurheimen benötigen. Und sie nehmen die Krankheiten und die kostspieligen Kuraufenthalte in Kauf, um anschließend wieder arbeiten zu können – die Katze beißt sich in den eigenen Schwanz.

Sigrid Marinell, die in ihrer Innsbrucker Sozialberatungsstelle immer wieder Unternehmer und oft auch deren Angehörige betreut, beschreibt den klassischen Fall: Ein fremdenverkehrsintensiver Ort in Tirol, rund 3000 Einwohner, idyllisch und ein wenig abseits der Hauptverkehrsadern gelegen. »Urlaub am Bauernhof« ist das charakteristische touristische Angebot der Ortschaft. Auch die Familie Wieser* führt seit sieben Jahren eine kleine Frühstückspension mit sechs Betten; der Mann arbeitet auswärts, die Frau kümmert sich um den Betrieb der Pension um die Erziehung der beiden Kinder, zehn und dreizehn Jahre alt. Das Geschäft läuft eher mittelmäßig. Die Familie Wieser hat zahlreiche Stammgäste, die gerne und lange in der Gaststube zusammensitzen, mit Vorliebe ein paar Schnäpse kippen und natürlich auch die Wirtsleute dabeihaben wollen – Urlaub am Bauernhof, die Fremden möchten in den Tagesablauf der Dorfbevölkerung innig eingebunden sein. Margarethe Wieser setzte sich halt auch dazu, im Hinterkopf die Hoffnung, die Gäste dauerhaft ans Haus binden zu können. Der Mann hatte nach einigen Jahren aufgrund seines Berufes immer weniger Zeit, sich um das kleine Hotel zu kümmern. Zudem wurde auch noch Margarethes Mutter krank und mußte von ihr regelmäßig betreut werden. Die beiden Kinder wurden schließlich zu den Hauptopfern der elterlichen Überlastung: Davon, daß die Eltern ihnen bei der Bewältigung schulischer Probleme geholfen hätten, konnte keine Rede sein. Außerdem: Wo hätte man sich denn mit den Kindern beschäftigen sollen? Im Wohnzimmer saßen schließlich die Gäste.

Die allzeitige und lückenlose Präsenz der Touristen war Josef Wieser schließlich zuviel. Immer öfter verbrachte er die Abende nicht im Kreise der Familie, sondern im Dorfwirtshaus und langte dort beim Alkohol kräftig zu. Der Alkoholkonsum setzte sich dann auch daheim gemeinsam mit den Hotelgästen fort. »Er ist zwar noch kein wirklicher Alkoholiker«, analysiert Sigrid Marinell, »aber zumindest schwer gefährdet.«

---

* Die Namen wurden vom Verlag geändert.

Die ausufernden Belastungen und die Frustration verleiteten Margarethe Wieser schließlich zum Griff zu Medikamenten, um ihre Leistungsfähigkeit aufrechtzuerhalten und um die immer häufiger werdenden Stimmungsschwankungen zu verbergen. Sie nahm vor allem spannungslösende Mittel wie Lexotanil. Zwar nicht mehr als drei bis fünf Tabletten pro Tag, aber diese Menge sehr regelmäßig. »Tablettensucht ist nun mal ein spezifisches Frauenproblem«, weiß Marinell, »Frauen lassen sich leichter ausbeuten, erfüllen ihre Rolle still. Dazu kommt die Abhängigkeit vom Mann.«

Daß Frauen im Tourismus »einer Doppel- und Dreifachbelastung ausgesetzt sind«, hält auch der Westendorfer Arzt Ekkehard Heel für einen Systemmangel. »Kein Wunder, daß das viele nicht bis zum Ende der Saison aushalten und sich mit Tranquilizern und anderen Tabletten hinüberretten.« Daß die Männerwelt vielfach lautstark mit Alkohol kompensiert, sei, so Heel, inzwischen zwar der Dorfbevölkerung bewußt, aber: »Der, der im Wirtshaus Mineralwasser trinkt, wird nicht toleriert.« Wer abstinent bleibt, werde im Gasthaus dann mit Sprüchen wie »Was is', laßt di' dei' Alte nimmer?« sekkiert.

Schließlich hatte Margarethe Wieser den ausdrücklichen Wunsch, von den Medikamenten wegzukommen. Da sie aus Zeitmangel aus der Pension nicht wegkonnte, besuchte Sigrid Marinell sie sogar regelmäßig in der kleinen Fremdenverkehrsgemeinde. In den Zwischensaisonen – die Familie Wieser hat ihre Hotelpforten acht Monate pro Jahr geöffnet – kam Margarethe zumindest einmal pro Woche in die Sozialberatung nach Innsbruck. Auf dringendes Anraten der Sozialarbeiterin hat Margarethe Wieser es mittlerweile geschafft, sich Freiräume zu schaffen, um für sich und die Kinder Zeit zu haben. Auch die Beziehung der Ehepartner, die bereits einige Risse bekommen hatte, konnte inzwischen wieder so halbwegs gekittet werden.

Beziehungsstörungen sind im Tourismus überhaupt an der Tagesordnung. »Die Entfremdung zwischen Eheleuten im Gastgewerbe ist irrsinnig hoch«, hat auch Roland Wölfle beobachtet. »Man ist durch die Arbeit zusammengeschweißt, aber es gibt oft keine wirklichen Gemeinsamkeiten, oft nicht einmal die Zeit für Sexualität. Da gibt's Leute mit extremen Potenzstörungen. Was wieder zu Frustration führt. Und zu einer Trieb- und Spannungsabfuhr mittels Alkohol.« Auch Valduna-Primar Albert Lingg fallen immer wieder »Beziehungskrisen in der Branche auf. Der Grund liegt dabei oft in finanziellen Krisen oder anderen Spannungen, die dann auf die Beziehung projiziert werden«.

»Daß da zahlreiche Ehen auseinanderbrechen«, schließt Ekkehard Heel an, »hat sicher auch mit dem Tourismus zu tun. Es kommt aber, glaube ich, auch noch ein anderer Umstand dazu: Auch auf dem Land ist die Scheidung von Ehen moralisch leichter geworden.«

Die Problematik schaukelt sich aber auch noch aus einem weiterem Grund auf. Denn auch für die in den Tourismusregionen niedergelassenen Ärzte ist es äußerst schwierig, korrigierend einzugreifen und aktiv zu helfen. Ekkehard Heel: »Unser Gesundheitssystem krankt daran, daß jener Arzt, der schnell und kurz arbeitet, belohnt wird, das heißt, einfach viele Krankenscheine sammelt und damit besser verdient als ein Arzt, der sich für seine Patienten Zeit nimmt und ausführliche Gespräche führt. Der ist der Idiot, der ökonomisch bestraft wird. Das müßte eben auch finanziell im Einklang stehen.«

Ekkehard Heel will sich allerdings nicht damit abfinden, Patienten einfach mit Medikamenten vollzustopfen, sondern versucht, in langen Gesprächen den Ursachen der Leiden auf den Grund zu gehen. Heel: »Für berufstätige Menschen ist es sehr schwierig, regelmäßig in eine Stadt zu fahren und dort einen Therapeuten zu konsultieren. Es wäre zumindest eine therapeutische Grundausbildung der niedergelassenen Ärzte wünschenswert. Der praktische Arzt muß da eben die Vorarbeit leisten, den Patienten auf die eigentliche Therapie vorzubereiten.« Denn, so weiß Ekkehard Heel, viele Dorfbewohner hätten auch eine gewisse Berührungsangst vor fernen und anonymen Fachärzten.

»Der Therapeut muß vom Patienten erst einmal akzeptiert werden. Da besteht oft schon eine rein sprachliche Kluft zwischen Akademikern aus den Städten und der Landbevölkerung. Das Ziel wäre, daß die niedergelassenen Ärzte mit den Patienten präventiv arbeiten.«

Darüber hinaus fällt Ekkehard Heel zunehmend auf, daß jene Hektik, den die Touristen auf die Dorfbevölkerung übertragen, in der Folge auch an die Ärzte weitergegeben wird: »Früher bin ich im Winter in der Mittagspause zum Ausgleich Schi fahren gegangen, heute muß ich mich eine halbe Stunde hinlegen, weil ich so müde bin.« Nicht nur die Patienten, weiß der Arzt, kämen mit allen möglichen Leiden zu ihm: »Die Urlauber kommen mit einem irrsinnigen Druck und mit hohem Aggressionspotential in die Ordination. Die können das im Urlaub überhaupt nicht abbauen. Auf den Pisten gibt es längst keine Erholung mehr. Da müßten rigoros Grenzen festgelegt werden.«

»Zu erfassen, wie groß die Heilungschancen bei der ganzen Problematik sind, ist fast unmöglich«, befindet Sigrid Marinell. »Es gibt kaum eine Erfolgskontrolle. Irgendwann kommen die Patienten halt nicht mehr. Außerdem: Eine Statistik über die Abstinenz von ehemaligen Alkoholikern zu führen, ist sinnlos. Wir fragen nach den sozialen Fähigkeiten der Patienten. Das heißt: Ist jemand fähig, integriert zu leben und sein Leben selbst zu bestimmen und zu organisieren? Bei diesem Faktor haben wir maximal dreißig Prozent Erfolgsquote.«

Daß gerade bei Alkoholikern eine riesige Rückfallgefahr besteht, berichtet auch Roland Wölfle. Manche erleiden schon während des Entzuges – in der sechsten oder siebenten Woche – einen schweren psychischen Einbruch: die sogenannte Alkoholikermelancholie. Die Patienten leiden dann zum Beispiel unter manisch-depressiven Anfällen, in Extremfällen kommt es zu Selbstmorden. Der Maria Ebene-Psychiater erinnert sich sogar an einen Patienten, der nach neunzehn Jahren Abstinenz nach dem Konsum eines einzigen Bieres wieder in die Sucht hineinkippte. Wölfle: »Nur ganz wenige schaffen es nach einem Entzug, Alkohol in Maßen zu trinken. Es funktioniert zum Beispiel dann, wenn es bei jemandem ein gewohntes Ritual ist, zum Essen ein Glas Wein zu trinken. Das ist einfach eine andere Qualität des Alkoholkonsums, die nichts mit Suchtverhalten zu tun hat.«

Die Diagnose der gesamten Branche gibt allen Grund zur Besorgnis: körperliche Leiden aufgrund ungesunder Arbeitsbedingungen und ungünstiger Arbeitszeiten, die mit erhöhtem Schmerzmittelkonsum abgetötet werden oder zur Flucht in die Invaliditätspension führen. Von den 326 Männern und 1233 Frauen, die 1990 in Pension gingen, schieden 225 Männer und 568 Frauen aufgrund von Invalidität aus ihrem Arbeitsverhältnis.

Darüber hinaus psychischer Druck, verursacht durch Dauerbelastung, ökonomische Krisen, familiäre Probleme und den kulturellen Einbruch auf dem Land auf seiten der Unternehmer und dieselben seelischen Reaktionen aufgrund sozialer Entwurzelung und der Anforderung, ständig die freundliche Maske vor dem Gesicht zu tragen, auf seiten der Arbeitnehmer – psychosomatische Leiden sind die Folge, die sich in übermäßigem Alkohol- und Drogenkonsum ein fatales Ventil suchen.

»Wir sind am Ende der Kette«, resümiert Roland Wölfle, »wir behandeln die Opfer, wir können nur mehr die Feuerwehr spielen. Der Brandschutz fängt aber woanders an.«

Biokost

Im Gasthof eines Osttiroler Hoteliers und Gastronomen, bei dem es immer Tradition gewesen war, daß die ganze Familie im Obergeschoß des Hauses gemeinsam zu Mittag aß, kehrte eines Tages der damalige Bundeskanzler Bruno Kreisky auf der Durchreise ein. Als der Sekretär des Wirtes den prominenten Gast erkannte, eilte er sofort zu seinem Chef, um ihm Kreiskys Ankunft mitzuteilen und ihn in die Gaststube zu holen. Der Wirt blieb ruhig sitzen und beschied seinem Mitarbeiter: »Sagen Sie dem Kanzler, es ist uns eine Ehre, ihn als Gast zu haben. Ich werde ihn begrüßen, sobald wir fertiggegessen haben.«

Die Ökologie der Beziehungen

Jene Fremdenverkehrsregionen, in denen sowohl das soziale Gefüge als auch der wirtschaftliche Erfolg stimmen, haben einige Dinge gemeinsam: Die Menschen konnten geistig mit dem Tourismus mitwachsen, sie haben klare Angebotsmuster entwickelt und verfügen über die richtige Mischung aus Bescheidenheit und gesundem Egoismus.

Eine enge, steil abfallende Straße führt in unzähligen Kurven und Serpentinen über dichtbewaldete Gebirgshänge ins Kleinwalsertal, jene österreichische Tourismusregion, die nur über deutsches Staatsgebiet zu erreichen ist, weil von Österreich aus der Weg durch massives Gebirge versperrt wird. Das Landschaftsbild im Tal ist geprägt von einigen wenigen Straßendörfern und von Streusiedlungen, bestehend aus uralten Bauernhäusern und Stadeln. Es herrscht viel Verkehr auf der Straße, die sich durchs Tal schlängelt. Zu viel Verkehr. Auch für den Geschmack der Walser. Nur: Im Unterschied zu zahlreichen Nordtiroler Fremdenverkehrsgebieten, die einer ähnlichen Verkehrslawine ausgesetzt sind, zieht die Bevölkerung im Kleinwalsertal die Notbremse. Man wolle schließlich, so die Überzeugung der Bürger, die Attraktivität der Landschaft auch für die nächsten Generationen erhalten. In einem umfassenden Tourismuskonzept, an dem immerhin zwei Jahre getüftelt wurde, sind rigorose Maßnahmen zur Einschränkung des Individualverkehrs festgeschrieben. So wird man etwa im ganzen Tal die Parkplätze reduzieren oder die Tagesausflügler überhaupt aussperren. Statt dessen wird ein öffentliches Verkehrsnetz ausreichende Mobilität garantieren.

Das Kleinwalsertal beherbergt rund 5000 Einwohner. Dieser Zahl stehen 700 Tourismusbetriebe gegenüber, die insgesamt etwa 13 000 Betten anbieten. Diese Menge an Betten empfinden die Walser als die absolute Grenze des Erträglichen. Mehr, so die übereinstimmende Meinung im Tal, werde man nicht zulassen. In jenen 13 000 Betten wird durchschnittlich 1,8 Millionen mal pro Jahr genächtigt. Ein Vergleich mit der Tourismushölle Saalbach-Hinterglemm führt vor Augen, wie effizient die Walser mit ihrer Menge an Betten wirtschaften. Denn: Saalbach schafft Jahr für Jahr rund zwei Millionen Nächtigungen. Allerdings braucht man dort für dieses Ergebnis fast die doppelte Bettenanzahl, nämlich 240 000. Der Grund: In Saalbach-Hinterglemm sind die Touristenströme auf wenige Monate im Jahr konzentriert, im Kleinwalsertal ist man um eine sinnvolle Verteilung auf größere Zeitspannen bemüht. So liegt auch die durchschnittliche Bettenauslastung bei 155 Tagen im Jahr, engagierte Betriebe schaffen sogar 180 bis 200 Tage. Das Österreichmittel beträgt magere 90 bis 95 Tage.

Wie machen die Walser das? Was unterscheidet das kleine, jahrhundertelang von der Außenwelt abgeschnittene Tal von anderen Tourismusregionen? Wie kann es sich die Bevölkerung leisten, Wachstumsgrenzen festzulegen und dabei trotzdem beachtliche Umsätze erwirtschaften?

Die Lösung: Zielgruppenorientierung, ein zukunftsträchtiges Konzept, das exakt auf Landschaft und Bevölkerung zurechtgeschneidert ist (mit einem schon 1973 erstellten Tourismuskonzept verfügte das Kleinwalsertal österreichweit überhaupt als erste Region über eine umfassende Planung), eine Tourismus-Philosophie, die den Menschen persönliche Freiheiten läßt und damit für Zufriedenheit und Lebensqualität sorgt.

Seit fünfzehn Jahren führt Klaus Kessler gemeinsam mit seiner Frau die Pension »Schuster« im Kleinwalsertal. Den Betrieb hat er von seinen Eltern übernommen. Zwanzig Angestellte halten die insgesamt knapp hundert Betten in Schuß. Die Pension »Schuster« unterscheidet sich schon allein dadurch von den meisten Hotels in Nordtirol, daß die Gäste genau wissen, was sie dort erwartet. Der Betrieb ist keine pure Schlafstatt, sondern hält ganz bestimmte Angebote bereit. Kessler setzt nämlich auf Natur und Gesundheit. Das Programm umfaßt Yoga, Meditationsübungen und Malkurse; Einrichtungen wie ein Kräuterdampfbad oder Massagegelegenheiten stehen zur Verfügung. Darüber hinaus führt Kessler in die Geheimnisse der natürlichen und gesunden Ernährung ein. Auch jene Gäste, die Wintersport bevorzugen, kommen auf ihre Rechnung. Wenn auch nicht im klassischen Sinne. Pistenstau ist kein Thema. Ein Bergführer geleitet die Touristen auf abgelegene Berghänge, wo ihnen beim Tourengehen eine Woche lang Schönheit, Unberührtheit und Verletzlichkeit der Natur nähergebracht werden sollen. Lawinen- und Kartenkunde sowie die nachträgliche Massage gegen Muskelkater inklusive.

Bereits seit zwanzig Jahren arbeitet Klaus Kessler, der in Innsbruck Betriebswirtschaft studiert und schon in den siebziger Jahren zum Thema Ausbaugrenzen im Tourismus promoviert hat, nebenbei als Tourismusberater. Er ist damit auch mit jener sozialen Situation vertraut, die in vielen Massentourismusgebieten herrscht. Und versucht, im eigenen Bereich gezielt gegenzusteuern.

»Der Tourismus im Kleinwalsertal«, erzählt Klaus Kessler, »ist über fünfzig bis sechzig Jahre langsam gewachsen. Die Bevölkerung hatte die Chance, im Kopf mitzuwachsen. Der zentrale Punkt bei unserer touristischen Orientierung, die jetzt auch in einem Entwicklungsleitbild festgehalten ist, ist eine ökologische Grundausrichtung. Da geht's nicht nur um technischen Umweltschutz, sondern es steht genauso die Ökologie der Beziehungen im Vordergrund. Das Ziel ist: Es muß beiden gutgehen – sowohl den Reisenden als auch den Bereisten.«

Bei allen wesentlichen Planungen und infrastrukturellen Entscheidungen ist die Bevölkerung eingebunden, kann mitreden, kann Vorschläge und Einwände vorbringen, kann mitbestimmen. So kam auch das aktuelle Tourismuskonzept – das jetzt das überaltete aus dem Jahr 1973 ablöst – durch lange Diskussionen zustande, an denen sechzehn Teilnehmer aus Gastronomie, Landwirtschaft, Arbeitnehmervertretung, Handwerk und Jugendorganisationen beteiligt waren. Es ist, so war man sich einig, eben sinnvoll, bei derart fundamentalen Fragen der Zukunftsorientierung nicht nur einen Teil der Bevölkerung zu Wort kommen zu lassen, sondern alle Betroffenen. Vom Tourismus lebt ja schließlich nicht nur die Gastronomie, sondern auch Zulieferbetriebe, Handwerker oder zum Beispiel die Betreiber von örtlichen Buslinien. Nur wenn alle Rädchen der Maschinerie aufeinander abgestimmt sind, kann das ganze Getriebe funktionieren. Worauf man im Kleinwalsertal immer bedacht war, ist Harmonie und das sinnvolle Ineinandergreifen der einzelnen Kräfte. Unkontrolliertes Herumwursteln führt schließlich nur in die Ziellosigkeit und verursacht damit nicht nur wirtschaftliche, sondern auch psychische Defizite.

Im Kleinwalsertal hatte man immer klare Ziele vor Augen. Nie gab es anonyme Entscheidungsträger von außen, die nicht nachvollziehbare Maßnahmen durchsetzten, die bei den konkreten Gegebenheiten dann oft gar nicht durchführbar waren. Man ließ sich nie mit anderen in einen Topf werfen. Die Walser entschieden immer autonom, hechelten nie irgendwelchen Trends hinterher, sahen sich zu allen Zeiten – sicher auch aufgrund der landschaftlichen Abgeschiedenheit – als eigenständiges soziales System, das für sich selbst entscheidet. Bei der Abstimmung über die neuen Tourismusleitbilder waren von 2400 stimmberechtigten Bürgern immerhin 800 im Gemeinderat anwesend. Dem Formalakt folgte tosender Applaus. Überhaupt hat die Talbevölkerung im Lauf der Jahre auch einige Dinge durchgesetzt, die in zahlreichen anderen Regionen undenkbar wären:

• Man überläßt es nicht dem Zufall, wann die Touristenströme kommen, sondern hat ein konkretes, durchdachtes Modell erarbeitet, worin Phasen des Hochbetriebes und Phasen der Ruhepausen definiert wurden. Das Modell heißt sieben plus zwei plus drei – sieben Monate lang ist Hauptsaison ausgerufen, zwei Monate herrscht Nebensaison, drei Monate ist absolute Ruhe. Da nehmen sich die Walser bewußt Zeit für die Familie, für private Belange, fahren selbst auf Urlaub. Sieben Monate Hauptsaison reichen für das Geschäft völlig – man kann davon leben. In vielen anderen Fremdenverkehrsregionen wäre man froh, die Häuser so lange voll zu haben. Wenn sie wollten, könnten die Walser auch in der übrigen Zeit des Jahres, wenn auch in bescheidenerem Ausmaß, Gäste anlocken. Sie wollen aber nicht. Außerdem würde es finanziell nichts bringen. Denn: Um in den Flautezeiten ausreichend Nachfrage zu erzielen, müßte man etwa den Mai mit weitaus größerem Aufwand bewerben als zum Beispiel die Wintersaison. Klaus Kessler: »Es geht immer um die Maximierung der positiven Effekte. In vielen Fällen bedeuten zwanzig Prozent weniger Betten vierzig Prozent mehr Wohlbefinden. Und es geht sich finanziell immer noch aus.«

• Im Mai macht man also zum Beispiel Urlaub. Auch mit den Kindern. Im Mai? Da sind doch gar keine Schulferien!

Für die Walser schon. Für ihr Tal haben sie es geschafft, ein antizyklische Ferienordnung in Volks- und Hauptschulen durchzusetzen. Die kleinen Walser haben im Mai zwei Wochen schulfrei und im November eine Woche. Kessler: »Man wollte bewußt Freiräume schaffen, in denen die ganze Familie miteinander auf Urlaub fahren kann oder einfach Zeit füreinander hat.«

• Um die Finanzlage zu optimieren, hat die Bevölkerung ebenfalls eine einzigartige regionale Lösung erkämpft. Man hat eine örtliche

Bankzweigstelle gegründet, die Raiffeisenkassa AG. Die übergeordnete Raiffeisengenossenschaft hält dabei siebzig Prozent des Aktienkapitals der AG. Von der AG fließen Dividenden an die Genossenschaft. Diese hat nun wieder die Aufgabe, die Gewinne zweckgebunden im Kleinwalsertal zu investieren. Damit sind konkrete Summen für bestimmte Investitionsvorhaben vorhanden, mit denen neue Akzente gesetzt werden können. Das minimiert nicht nur das Risiko von Streuverlusten, sondern ist laut Klaus Kessler ein Modell, »das dem Naturell der Walser sehr entgegenkam, weil die Leute immer eine mörderische Angst vor Abhängigkeiten aller Art gehabt haben. So können sie über die AG teilweise selbst bestimmen, was mit ihrem Geld passiert«.

• Alles im Tal ist auf die kleine, überblickbare und dadurch funktionierende Einheit ausgerichtet. So wurde auch ein Sozialfonds geschaffen, der pro Jahr mit 300 000 Schilling dotiert ist. Ist nun ein Walser durch irgendeinen Schicksalsschlag in arge finanzielle Bedrängnis geraten – etwa durch einen Hausbrand oder durch den Abgang einer Lawine –, wird ihm mit Mitteln aus diesem Fonds schnell und effizient geholfen. Auch in dem Fall erspart man sich diffuse Geldflüsse, weil man eben genau weiß, was mit den finanziellen Mitteln passiert. Allerdings wird ganz bewußt nicht öffentlich bekanntgegeben, wer Geld aus diesem Sozialtopf erhält, damit bei den Betroffenen keine Peinlichkeiten entstehen. Nur der Bürgermeister, der Dorfarzt und ein leitender Bankangestellter wissen, wer aus dem Fonds unterstützt wird.

• Und noch etwas gibt es, was das ökologische Denken im Tourismus kräftig ankurbelt: das »Umweltsiegel Kleinwalsertal«, das 1987 erstmals verliehen wurde und das heute 108 Betriebe im Tal auf ihre Fahnen heften dürfen. Voraussetzung ist die Erfüllung zahlreicher Maßnahmen zum umweltverträglichen Wirtschaften im Hotelbereich. Von der Mülltrennung bis zum Energiesparen, von der Vermeidung unnötigen Verpackungsmaterials bis zur Landschaftspflege. Es gibt dabei eine Reihe von Muß-Kriterien, die jeweils mit einer gewissen Punkteanzahl belegt sind. Wer das Umweltgütesiegel für sich in Anspruch nehmen will, muß eine gewisse Punkteanzahl erreichen. Die Einhaltung all dieser Kriterien wurde anfangs von einem umtriebigen pensionierten Gendarm kontrolliert, heute klappern acht geschulte Kontrollore die Hotels ab und nehmen das Umweltverständnis der Branche unter die Lupe. Auflage für die Prüfer: Sie selber dürfen keine Zimmer vermieten. Klaus Kessler: »Gewaltentrennung ist da heilige Pflicht. Die Kontrollore machen dabei übrigens auch sehr viel Basis- und Informationsarbeit.«

Zwar scheinen 108 von insgesamt 700 Betrieben, die bei der Initiative mitmachen, nicht besonders viel, aber jene 108 Betriebe decken immerhin 35 bis 40 Prozent der gesamten Bettenkapazität ab.

Die Frage war anfangs freilich, wie man die Bevölkerung dazu bringen kann, auf ökologisches Denken in der Wirtschaft umzuschwenken. Schließlich ist Idealismus immer schwierig zu verkaufen, und man muß den Leuten einen Anreiz bieten. So verfielen Kessler und einige seiner Kollegen auf die Idee, jene Betriebe, die mitspielen, mit einem Zertifikat auszuzeichnen. Kessler: »Wir haben uns gedacht, packen wir sie am Geldbeutel. Wer umweltbewußt wirtschaftet, wird ausgezeichnet und hat damit einen Wettbewerbsvorteil, weil er das dann in den Katalog reinschreiben kann. Es ist mittlerweile schon fast so, daß es ein Nachteil im Kleinwalsertal ist, nicht mit dem Umweltsiegel ausgezeichnet zu sein.«

Außerdem hat die Durchführung ökologischer Maßnahmen auch noch andere handfeste wirtschaftliche Vorteile. Klaus Kessler selbst hat in der Pension »Schuster« damit 200 000 bis 300 000 Schilling eingespart. Etwa durch Dosieranlagen, Reduktion des Reinigungsmittelverbrauchs oder durch Erhöhung des Wirkungsgrades beim Heizsystem. Oder: Problembereich Verpackungsmaterial. Ein umweltfeindliches Frühstück mit abgepackter Butter und Marmelade kostet ungefähr 35 Schilling. Ein nicht paketiertes kostet 28 Schilling. Und ein Gesundheitsfrühstück mit Müesli und anderen Naturprodukten schlägt sich überhaupt nur mit 25 Schilling zu Buche – öfter als man denkt, gehen ökologische Verträglichkeit und wirtschaftlicher Nutzen konform.

• Auch seelische Kraftnahrung wird der Bevölkerung angeboten. Während der Nebensaisonen startet man etwa Aktionen oder Workshops zu Themen wie »Tourismus & Familie«. Ein ungezwungenes Rahmenprogramm beinhaltet zum Beispiel ein Kindertheater, bei dem die Kinder ihre Gefühle zum Thema Tourismus kanalisieren können. Vertreter des Fremdenverkehrsverbandes veranstalten Podiumsdiskussionen, wo verschiedene Problembereiche abgehandelt werden, laden Fachleute ein, die ihr Expertenwissen weitergeben, oder die Landjugend, ihre Sicht der Dinge kundzutun. All das dient dazu, Akzente zu setzen, soziale Spannungen, noch bevor sie zu seelischen Staus werden, im Ansatz zu ersticken und Tabuisierungen jeglicher Art zu verhindern. Klaus Kessler: »Das alles passiert aus einem gesunden Egoismus heraus. Wir sagen, wenn's der Region gutgeht, dann geht's auch den Menschen darin gut. Und wenn's uns gutgeht, geht's auch den Gästen gut – und dann kommen und bleiben sie auch. Es geht außerdem darum, mit vorhandenen Ressourcen so zu wirtschaften, daß die Kinder in dreißig Jahren auch noch was davon haben.«

Auch Klaus Kessler selbst hat seinen Alltag als Hotelier auf jene Mischung aus Leistungsfähigkeit und sozialer Harmonie ausgerichtet. Vor allem ein privates Refugium zu haben ist oberste Prämisse: »Ich habe eine abgeschlossene Wohnung mit einer Tür, wo kein Gast reinkann. Ich lege Wert darauf, mit meiner Familie gemeinsam zu frühstücken, gemeinsam zu Mittag und zu Abend zu essen. Wir sind Bestandteil der Dienstpläne, das heißt, auch wir haben frei. Seit Anfang '93 hab' ich einen einzigen Schnaps getrunken und am Abend um acht mach' ich Dienstschluß. Im landläufigen Sinn bin ich eigentlich a schlechter Wirt.«

Den ebenso gängigen wie zwanghaften Alkoholkonsum vieler Gastronomen, die sich mit den Urlaubern in den Gaststuben die Nächte um die Ohren schlagen, hält Kessler für die logische Konsequenz fehlender Planungen und schwammiger Konzepte im Tourismus: »Diesem Mitsaufen liegen oft finanzielle Zwänge zugrunde, die meist selbstgestrickt sind. Da gibt's eben unzählige Bauprojekte, die sich gar nicht rechnen können. Aber alle fahren mit voller Pulle rein, oft würde man mit ein paar Betten weniger besser auskommen. Die Entscheidungen im Fremdenverkehr werden oft nicht rational getroffen. Dann folgt eben psychische Belastung, in weiterer Folge wird mitgesoffen, weil man krampfhaft auf Umsatz hofft.« Daß das ewig so weitergeht, glaubt der Tourismusberater nicht: »Durch die Überschuldung bei vielen Betrieben wird es langsam zu einer selektiven Bereinigung kommen. Aber man kann auch nicht alle in einen Topf werfen. Die guten Betriebe sind besser, die schlechten noch schlechter geworden. Der Begriff ›die Branche‹ hat halt viele Facetten, ›die Branche‹ als solche gibt's eben nicht.«

Auch was seine zwanzig Mitarbeiter betrifft, ist Klaus Kessler auf einen sanften Umgang mit deren Energien bemüht. Seit fünf Jahren ist Fünftagewoche angesagt, und jeder Mitarbeiter hat seine eigene Wohnung. »Ich habe kein Personalproblem. Die Leute sind im Schnitt acht Jahre

bei mir, zu einer Fluktuation kommt es in der Regel nur durch Schwangerschaft oder Heirat.«
Noch ein Punkt ist Klaus Kessler im Zusammenhang mit Motivation und Engagement von Mitarbeitern im Tourismus wichtig: »Persönliche Neigungen sollten halt mit den Zielsetzungen eines Betriebes übereinstimmen. Man sollte eben auch leben, was man propagiert. Ein Gesundheitshotel, dessen Chef 130 Kilo wiegt, paßt eben nicht.«

Das Geheimnis der Walser: eine ganze Reihe von Punkten, die sich zu einem harmonischen Ganzen fügen. Eine geographische und soziale Einheit, ein Geflecht aus koordiniert ineinandergreifenden Faktoren, wobei die Gewichte sinnvoll verteilt sind und das Zusammenspiel der Kräfte einem gemeinsamen und exakt definierten Ziel dient. Mit ökologischen Maßnahmen wird auf die Erhaltung des eigenen Lebensraumes geachtet und gleichzeitig auch auf das größte Kapital, das man hat – die Landschaft. Erst eine intakte Umwelt ermöglicht, daß sich die Menschen darin wohlfühlen. Menschen, denen der unbezahlbare Wert von Lebensqualität überhaupt bewußt ist. Alle diese Dinge wirken sich in weiterer Folge auch auf die Touristen aus, die ebenfalls streßfreier handeln und auch ebenso gezielt wie sanft zu rücksichtsvollem Freizeitverhalten veranlaßt werden. Klaus Kessler zum Beispiel hat in seiner Pension einen »Null-Kilometer-Bonus« eingeführt. Dem Gast wird bei der Ankunft die Möglichkeit geboten, seinen Autoschlüssel für die Dauer des Aufenthaltes im Hotel bei der Rezeption abzugeben. Im Gegenzug bekommt er ein Mountain Bike zur Verfügung gestellt und wird für sein umweltverträgliches Verhalten mit einem Kilo Walser Käse belohnt. Man will nicht schulmeistern, die Leute nicht in ein Korsett zwängen oder ihnen das Gefühl geben, auf Schritt und Tritt irgendwelchen Maßregelungen unterworfen zu sein, sondern man setzt vielmehr auf die spielerische Version.
Natürlich gibt es auch im Kleinwalsertal in manchen Familien Alkoholprobleme. Aber die Flucht in Suchtverhalten aller Art ist dort eben nicht die zwingende Konsequenz einer sozialen Symptomatik. Kessler: »Bei uns ist da sicher auch das Problembewußtsein höher. In meinem Betrieb habe ich überhaupt den Vorteil, daß ich eine Gästeschicht angelockt habe, die sowieso nicht saufen will.« Was sich auch aufs Personal positiv auswirkt.
»Ich bin sicher kein Musterbetrieb«, resümiert Klaus Kessler, »ich ko-

che auch nur mit Wasser. Hie und da vielleicht mit ein bißchen mehr Wasser als manche andere.« Augenzwinkernder Nachsatz: »Jetzt muß ich Sie leider im Stich lassen – Mittagstisch, Sie verstehen.«

Stille Attraktionen

Jahrhundertelange geographische Abgeschiedenheit führte in zwei Osttiroler Tälern zu einer besonderen Ausprägung des Tourismus: Man beschränkt sich auf die Nutzung der geographischen Gegebenheiten, spezialisiert sich auf bestimmte Urlauberschichten und biedert sich niemandem an – schließlich konnte man aus der Distanz die verheerenden Auswirkungen des Massentourismus mitverfolgen.

Das Rauschen des Gebirgsbaches begleitet den Wanderer schon beim Aufstieg über steinige, unwegsame Pfade und regenfeuchte Almwiesen. Ist man am Ziel, bei einer uralten Mühle, angekommen, tosen die Wassermassen so laut, daß man sich nur schreiend verständigen kann. Schreiend erklärt auch ein alter Bauer im Inneren der Mühle, wie früher, schon vor vielen Generationen, Getreide gemahlen wurde. Zeigt auf klobige Gerätschaften, auf Werkzeuge, die auf den ersten Blick simpel anmuten. Beschreibt die einzelnen Arbeitsgänge und die Tätigkeiten des Müllers.

Die alte Mühle ist heute wieder funktionstüchtig – und eine der Fremdenverkehrsattraktionen, die der Osttiroler Ort Sankt Jakob im Defereggental seinen Urlaubsgästen zu bieten hat. Woche für Woche nimmt der Bauer die Mühle in Betrieb und zeigt staunenden Touristen, wie technisch perfekt und mit welch einfachen Mitteln es auch unsere Vorfahren verstanden, die Güter des täglichen Lebens zu produzieren.

Sankt Jakob im Defereggental setzt auch sonst auf naturnahe und naturschonende Tourismusangebote, wobei schon die Lage der Ortschaft ausschlaggebend war. 12 300 Hektar und damit etwa die Hälfte von St. Jakob liegen im Bereich des Nationalparks Hohe Tauern. Insgesamt bringen zehn Osttiroler Gemeinden rund 61 000 Hektar ins Nationalparkgelände ein. Sankt Jakob stellt an die zwanzig Prozent der Nationalparkfläche aller Osttiroler Gemeinden. »Stille Attraktionen, sanfte Aktivitäten«, propagieren die örtlichen Tourismusmanager Gerald Hauser und Heinz Ladstätter. »Hier bin ich Mensch, hier kann ich's sein«, so die Parole für das touristische Image.

Mit lärmendem Massentourismus konnte sich die Bevölkerung in den drei Ortschaften des Defereggentales Sankt Veit, Hopfgarten und Sankt Jakob nie identifizieren. Zwar schielte man in den sechziger Jahren zeitweise schon recht neidvoll nach Nordtirol, wo gerade die große touristische Fortschrittseuphorie herrschte. Zumindest ein gewisser Prozentsatz der Bevölkerung bedauerte damals noch die Abgeschiedenheit des Defereggentales, die die Touristenströme abzuschrecken schien. Das Defereggental blieb lange Zeit eine unentdeckte Region, die fast nur von Stammgästen frequentiert wurde. Genau diese Abgeschiedenheit ist heute das große Kapital von Sankt Jakob und den angrenzenden Gemeinden. Man ist von der dauernden Fremdenverkehrslawine, von der durch die Lande walzenden Karawane weitgehend verschont geblieben. Das gesamte Bild des Tales ist geprägt von uralten Bauernhäusern, Alm- und Schutzhütten. Ins Ortsbild haben sich – bis auf wenige Ausnahmen und Schönheitsfehler – keine Fremdkörper eingeschlichen. Das Holz der Häuser ist alt, verwittert von Wind und Regen, gebeizt von der Sonne. Er komme sich vor wie in einem tibetanischen Bergdorf, sagte einmal ein Tourist über die Baustruktur im Defereggental. Es gibt keine architektonischen Kunstprodukte, keine monströsen Lautsprecherboxen in den Lokalen, aus denen volksdümmliches Gejodel dringt. Der Urlauber findet keine überquellenden Souvenirläden und wird nicht mit Tonnen von Kitschpostkarten bombardiert. Der Ort ist ruhig, strahlt eine angenehm ernste und ehrliche Atmosphäre aus.

Alle zufälligen und sporadischen Berührungen mit dem Massentourismus festigen heute die Überzeugung der Bevölkerung, mit der Konzentration auf den sanften Tourismus die absolut richtige Entscheidung getroffen zu haben. Erst im Winter 1992 wurden die Einwohner von Sankt Jakob mit fünfzehn Bussen, die mit Schitouristen vollgepackt waren, zwangsbeglückt. In Nordtirol herrschte gerade Schneearmut, und die Reiseveranstalter hatten den Urlaubern Schneezusagen gemacht. Also wurden die Touristenhorden ins Defereggental gekarrt, wo es praktisch nie Schneemangel gibt. Die Folge: pures Chaos auf Pisten und in Restaurants. Heinz Ladstätter, Geschäftsführer des Sankt Jakober Fremdenverkehrsverbandes: »So einig wie damals war sich die Bevölkerung selten, daß das nicht unsere Zukunft sein kann. Dieser Tag war ein richtiges Schockerlebnis, selbst bei den Hardlinern.«

Tatsächlich schützten schon allein die geographischen Bedingungen das Defereggental vor ausuferndem Massenansturm. Denn einige Kilometer nach Sankt Jakob, dem von der Lage her letzten besiedelten Ort im Tal, befindet sich ein Gebirgspaß, der direkt nach Italien führt. Im Sommer ist das Tal zwar über diesen Weg erreichbar, im Winter aber ist es von dieser Seite völlig von der Außenwelt abgeschnitten.

Die ersten fremdenverkehrsähnlichen Aktivitäten haben ihre Wurzeln im 18. Jahrhundert. Damals lebten im Defereggental relativ viel Protestanten. Rund 1000 Einwohner gehörten dieser Glaubensrichtung an, immerhin ein Drittel der Gesamtbevölkerung im Tal. Im Zuge von Glaubenskämpfen wurden die Protestanten aus dem Tal vertrieben, nur ihre minderjährigen Kinder blieben in der Heimat zurück. Im 20. Jahrhundert besuchten schließlich die Nachkommen der einst Vertriebenen ihre Verwandten in Osttirol. Viele hielten sich den ganzen Sommer über im Defereggental auf und zogen erst im Herbst wieder weiter, was ihnen bei den Einheimischen den Namen »Fortgeher« einbrachte. Nach und nach brachten diese Leute auch Freunde und Bekannte auf Besuch mit. So entwickelte sich sogar schon relativ früh eine sehr gemäßigte Form von Fremdenverkehr im Tal.

Bis in die sechziger Jahre beschränkten sich sämtliche touristische Aktivitäten auf die Sommermonate. Erst ab diesem Zeitpunkt begannen die Urlauber die Gegend auch für die Wintersaison zu entdecken. Erste Lifte wurden gebaut, im Lauf der Zeit erneuert und verbessert, die Kapazitäten erhöhten sich aber nur unwesentlich. Mittlerweile hat der Wintertourismus im Defereggental eine größere Bedeutung erlangt als die Sommerfrische. Etwa 200 000 Nächtigungen verzeichnet Sankt Jakob im Winter, um rund 40 000 weniger im Sommer.

An die 1000 Einwohner hat Sankt Jakob heute, zu Saisonspitzen im Februar tummeln sich durchschnittlich 2400 Gäste im Ort. »Damit, haben wir gesagt«, so Heinz Ladstätter, »haben wir den Plafond erreicht. Mehr brauchen wir nicht, und mehr wollen wir auch nicht. Auf unsere Pisten passen maximal 3000 Schifahrer. Mehr Touristen lassen wir nicht rauf. Die müssen halt nächstes Jahr kommen.« Der Zuwachs an Betten stagniert heute bereits, neue Projekte sind nicht geplant. Gerald Hauser, Obmann des Tourismusverbandes, schließt an: »Überall fahren die Leute mit Überkapazitäten. Das ist völlig sinnlos. Mit weniger kann ich oft viel mehr erreichen. Weniger Angebot, dafür aber mehr Inhalt. Die Kapazitätsgrenzen sind sowieso erreicht. Die Entwicklung muß jetzt in Richtung Qualität gehen. Die Bettenburgen in den Nordtiroler Ballungszentren funktionieren ja in vielen Fällen gar nicht. Im

Sommer, in den Zwischensaisonen steht das ja alles leer. Auch wir könnten zu Weihnachten wahrscheinlich sogar die doppelte Zahl an Gästen dahaben. Es gibt aber einen Mai und einen November auch, und das wären dann zuviel Betten.« Mit diesem ausgewogenen Verhältnis zwischen Haupt- und Nebensaisonen erreicht Sankt Jakob immerhin die überdurchschnittliche Bettenauslastung von 135 Vollbelagstagen im Jahr.

»Wir hoffen, gecheckt zu haben«, sagt Heinz Ladstätter über die touristische Grundausrichtung, »was wir tun müssen, um auch in dreißig Jahren noch verträglichen Fremdenverkehr haben zu können.« Es geht da vor allem ums schonungsvolle Nutzen der landschaftlichen Gegebenheiten. Die Lage im Nationalpark und kilometerweise unberührte Natur ließen den Entschluß, sich auf sanften Tourismus zu konzentrieren, nur logisch erscheinen. Auch die Publikumsschicht, die damit angesprochen wird und die bevorzugt ins Defereggental kommt, paßt in dieses Bild – die Zielgruppe sind Familien, die gemeinsam auf Urlaub fahren wollen und den nervtötenden Trubel der Massentourismusgebiete ablehnen, sowie Sommerfrischler, die einfach in unberührter Natur relaxen wollen. Wer auf ausgelassenes Highlife hofft, ist in Sankt Jakob und im gesamten Defereggental fehl am Platz. Aber diese Art Urlauber will man sowieso nicht anlocken. Außerdem, so geben Umfrageergebnisse Gerald Hauser und Heinz Ladstätter recht, nimmt der Prozentsatz in der reiselustigen Bevölkerung, der Action und Trubel verlangt, überhaupt ab. Immerhin achtzig Prozent der Urlauber wählen inzwischen Reisen mit Umweltqualität. Zwei Drittel der befragten Personen gaben an, am Urlaubsort Massentourismus, Lärmbelästigung und Umweltverschmutzung als äußerst störend zu empfinden. Darüber hinaus scheint sich der Trend zur Reiselust von der Jugend zunehmend in Richtung gesetztere Publikumsschichten zu verschieben. Hochrechnungen zufolge wird bis 1996 die Zahl der Familien mit Kindern unter fünfzehn Jahren fast um ein Viertel abnehmen, die Zahl der Jugendlichen zwischen vierzehn und siebzehn Jahren gar um dreißig Prozent. Die Altersgruppe der 50- bis 65jährigen steigt dagegen um knapp zehn Prozent an. Der gleiche Trend nach oben gilt bis zur Jahrtausendwende für Singles.

Somit sind die sanften Tourismusangebote, die im Defereggental auf der Tagesordnung stehen, keine verschrobenen Minderheitenprogramme, sondern sie liegen vielmehr im Trend und entsprechen exakt den Erwartungen der angesprochenen Publikumsschicht. »Was wir getan haben«, so Gerald Hauser, »ist, klare Profile zu entwickeln. Sich zurückzulehnen und auf die Gäste zu warten, geht eben nicht. Diese Profilierung fehlt aber in den meisten Tourismusgebieten, es ist dort alles Einheitsbrei. Ich muß doch dem Gast zumindest sagen können, warum er zu mir kommen soll. Diese Zielgruppenorientierung«, weiß Betriebswirtschafter Hauser, »verhilft auch zu besseren Umsätzen.«

Auch die dörfliche Infrastruktur ist auf die Zielgruppen abgestimmt. Es gibt Kaffeehäuser, Restaurants, einen Minigolfplatz, einen Fahrradverleih, Kegelbahnen, einen Kinderspielplatz, ein Tanzlokal. Es gibt zum Beispiel auch eine Bücherei im Ort, die der Gast frequentieren kann, wenn ihm die Reiselektüre ausgehen sollte.

Es gibt weiters, und das ist eigentlich das Charakteristikum des Defereggentales, insgesamt 250 Kilometer Wanderwege – das Wegnetz, das zu einem Großteil durch den Nationalpark führt, wird denn auch ganz gezielt beworben. Und zwar in Zusammenarbeit mit einer Wiener Werbeagentur, die sich darum bemüht, die Ideen der Sankt Jakober Tourismusplaner zu bündeln und dem Ganzen eine einheitliche Identität zu verpassen.

Dabei werden die Wanderer nicht einfach munter drauflos geschickt, sondern auch hier mit konkreten Attraktionen gelockt. Etwa mit jener alten Mühle, die wieder aufgemöbelt wurde. Weiters finden sich in der Umgebung aufgelassene Bergwerke, Stollen und Knappengruben aus der Zeit des Erzabbaues. Auch diese Stollen sollen jetzt nach und nach restauriert und interessierten Besuchern zugänglich gemacht werden. In einem kleinen Museum will man den Urlaubern Einblick in Geschichte und Methodik des Erzabbaues im Defereggental geben. »Man muß halt dem ganzen«, so Heinz Ladstätter, »ein bißl Sinn einhauchen.«

Auch ein sommerliches Kulturprogramm, das Theater, Kabarett und diverse Lesungen beinhalten soll, ist die Planung, konnte aber mangels Räumlichkeiten bis jetzt noch nicht verwirklicht werden. Allerdings wurden bereits im Sommer 1993 erste Gehversuche auf der Kunstschiene unternommen – eine Woche lang setzten sich zwölf Tiroler Künstler mit dem Thema touristische Entwicklung im Defereggental auseinander. »Mit der Sechsergondel zum sanften Tourismus« lautete das Motto der Veranstaltung.

In Sankt Jakob setzt man auch in einem Bereich, der in vielen anderen Tourismusregionen längst zu einem ökonomischen Stiefkind verkümmert ist, neue Impulse: in der Landwirtschaft. »Es geht uns auch da um vernetztes Denken«, erklärt Heinz Ladstätter, »wir wollen bewußt die Achse Landwirtschaft-Tourismus forcieren.« Man geht mehr und mehr dazu über, den rund dreißig Sankt Jakober Bauern zu ermöglichen, daß sie biologische Produkte direkt an die Gäste verkaufen können. Einmal pro Woche sollen die Bauern künftig ihre Waren in einem »Bauernkastel«, das entweder in Hotels oder auf einem kleinen Markt zur Schau gestellt werden kann, den Urlaubern anbieten dürfen. Wodurch die Touristen in den Genuß naturbelassener Fleisch- oder Milchprodukte kommen und die Landwirte bessere Umsätze erzielen, weil sie ihre Erzeugnisse dann nicht mehr ausschließlich über den Umweg unzähliger Verteilerkreise, die alle an den Produkten mitverdienen wollen, an irgendwelche Agrarkonzerne verschachern müssen.

Ökologisches Bewußtsein steht auch ein Tal weiter südlich vom Defereggental hoch im Kurs. Die Bewohner der winzigen Ortschaft Innervillgraten im Villgratental hatten dieses Zusammenspiel von Landwirtschaft und Tourismus geradezu perfektioniert und nahmen dabei die Pionierrolle ein.

Auch im Villgratental waren die geographischen Gegebenheiten ausschlaggebend für die Geisteshaltung und die Lebensphilosophie. Jahrhundertelang war die 1000-Seelen-Gemeinde Innervillgraten acht Monate im Jahr völlig von der Außenwelt abgeschnitten und dadurch auf sich selbst und den eigenen Erfindergeist angewiesen. Diese Autonomie des Denkens und Handelns ist der Bevölkerung bis heute erhalten geblieben. Sie fürchtet nichts so sehr wie Abhängigkeiten und lehnt nichts so strikt ab wie die kritiklose Akzeptanz irgendwelcher Vorgaben, die von außen an sie gerichtet werden. Sie hat Stolz und Selbständigkeit bewahrt und ist zu keinen Kompromissen bereit. Das gilt eben auch für das Geschäft mit den Fremden. »Die Gäste«, beschreibt Josef Schett, 33jähriger Bürgermeister von Innervillgraten die Mentalität der Einwohner, »sind den Leuten absolut willkommen. In den Pensionen haben sich auch viele langjährige private Freundschaften zwischen Einheimischen und Urlaubern entwickelt. Aber der Gast muß bei uns trotzdem wissen, was er ist – nämlich der Gast.« Genauso wie in Sankt Jakob will man auch hier gezielt Gästeschichten ansprechen, die, so Josef Schett, »deshalb zu uns kommen, weil es so ist, wie es ist«. Zu keiner Zeit waren die traditionsbewußten Villgratener bereit, auch nur einen Zentimeter ihrer Landschaft oder gar ihrer privaten Kultur zu opfern.

Die ersten Urlauber entdeckten Innervillgraten in den fünfziger Jahren. Damals übrigens eher zufällig. Das Reisepublikum, das sich vorwiegend aus Wiener Eisenbahnerkreisen rekrutierte, fuhr nämlich eigentlich in die Osttiroler Gemeinde Sillian auf Urlaub. Einige der Touristen verirrten sich eher unabsichtlich nach Innervillgraten. Josef Schetts Großvater war damals einer der ersten Dorfbewohner, die diesen sich vorsichtig herantastenden Reisenden Zimmer vermieteten – und wurde angesichts der isolierten Lage des Ortes, die jedes touristische Geschäft von vornherein unmöglich zu machen schien, von zahlreichen anderen Einheimischen damals noch ausgelacht.

Heute verfügt Innervillgraten über die immer noch äußerst bescheidene Anzahl von 700 Gästebetten. Im Winter sind es sogar noch um 200 weniger. Der Grund: Die Villgratener spezialisieren sich zum Teil auf die Vermietung von insgesamt 55 romantischen Almhütten, in denen Selbstversorgung angesagt ist und nach denen inzwischen rege Nachfrage besteht – so verfügte man im Sommer 1993 bereits über Buchungen für das Jahr 1995. Zwar sind die Hütten im Winter – da es dort nur kaltes Fließwasser, Petroleumlicht und Holzofen gibt – unbewohnbar. Im Jahr 1992 wurden aber auf diesen Almhütten immerhin stattliche dreißig Prozent aller Sommernächtigungen getätigt. Zwischen 50 000 und 60 000 Schilling spielt jede dieser Hütten jährlich ein, ohne daß der Erhaltungsaufwand dabei ins Uferlose steigt.

Im Ort haben heute fünf Gasthäuser ihre Pforten geöffnet. Eines davon ist – ein österreichweites Unikum für ein derartig abgeschiedenes kleines Dorf – ein Haubenlokal, das stilgerecht in einem alten Bauernhaus mit urtümlicher Atmosphäre situiert ist. Die Spezialität sind vor allem erlesene Lammprodukte. Bürgermeister Schett: »Es ist ja fast verwunderlich, daß das funktioniert. Meines Wissens ist es aber auch der einzige Fleck, wo's so gut funktioniert.«

Auch in Innervillgraten zeigt sich also, daß man mit uferloser Quantität nichts erreicht – es geht um qualitativ hochwertige Angebote, für die die Gäste dann auch bereit sind, angemessenes Geld zu bezahlen. Außerdem: Wer Gediegenes im Köcher hat, nimmt einer touristischen Erwartungshaltung, die von gedankenlosem Einweg-Konsum gekennzeichnet ist, allen Wind aus den Segeln.

Teilweise gab es in den fünfziger und sechziger Jahren auch in Innervillgraten das Bedürfnis, Waldflächen zu roden und pompöse Liftanlagen in die Landschaft zu stellen. Einige Investoren hatten den Duft des Geldes, der aus Nordtirol herüberwehte, in die Nase bekommen und träumten von aufwendiger fremdenverkehrstechnischer Erschließung des Villgratentales und vom lukrativen Geschäft mit dem Massentourismus. So wollte eine Elektrizitätsgesellschaft einen riesigen Stausee anlegen oder einer der früheren Bürgermeister ein Großhotelprojekt aus dem Boden stampfen. Derlei Ambitionen scheiterten allerdings jedesmal am unbeugsamen Widerstand der Bevölkerung. Josef Schett: »Unter den Leuten ist ein hohes bäuerliches Beharrungsvermögen vorhanden. Ihnen erschien die wirtschaftliche Notwendigkeit, Tourismus im Tal zu haben, durchaus logisch, und sie waren immer damit einverstanden. Aber die Menschen wollten genug Zeit haben, sich mental mit dem Thema auseinanderzusetzen. Und: Sie konnten dadurch auch aus den Fehlern, die in vielen anderen Tälern gemacht wurden, lernen. Die Villgratener sind zum Beispiel nie und unter keinen Umständen bereit gewesen, sich für den Fremdenverkehr zu verschulden. Die Leute wollten immer die Richtung, in die sie sich entwickelt haben, selbst bestimmen. Woanders geht das ja gar nicht mehr, man ist dort den Banken und Großinvestoren hoffnungslos ausgeliefert.«

Heute steht ein einziger Berg für den Schitourismus zur Verfügung, mehr will man dem Wintersport nicht opfern. Ein erheblicher Teil der Wintergäste zieht allerdings sowieso Tourengehen dem konventionellen Pistenschifahren vor. Schett: »Das läuft bei uns alles eher gemütlich und ohne viel Hektik ab. Wir haben nun mal eine Gästeschicht etabliert, die Rücksicht auf Landwirtschaft und Kultur nimmt.«

Besonders typisch für Innervillgraten ist die langjährige und bestens funktionierende Symbiose zwischen Tourismus und Landwirtschaft. Zwar wird der Großteil des Geschäftes heute mit dem Fremdenverkehr gemacht, aber eine überdurchschnittlich große Zahl an Bauern könnte mit der Landwirtschaft durchaus das Auslangen finden – was wiederum Unabhängigkeit und persönliche Freiheiten sichert und die Menschen nicht wie in vielen Regionen Nordtirols in kulturelle Verzweiflungstaten, servile Anbiederei und schließlich zu persönlicher Unzufriedenheit und Frustration treibt. Von den hundert Bauern in Innervillgraten sind heute noch stattliche sechzig Prozent Vollerwerbsbauern. Josef Schett: »Dieser Status hebt bei den Bauern auch das Selbstbewußtsein ganz stark an, weil sie von niemandem abhängig sind.«

Die Villgratener Bauern konzentrieren sich heute vorwiegend auf Schafzucht und vermarkten alle möglichen Folgeprodukte – vom Fleisch bis zur Wolle. Begonnen hatte die koordinierte Initiative bereits 1986, als Josef Schett und drei weitere landwirtschaftliche Betriebe einen Verein mit dem Namen »Villgrater Frischlamm« gründeten. Zweck des Unternehmens war die betriebliche Umstellung der Landwirtschaft auf biologische Schafzucht sowie touristische Unternehmer direkt mit hochwertigen Naturprodukten zu beliefern. Heute, da die Produktpalette weitaus umfassender geworden ist, hat man den Verein in »Villgrater Natur« umbenannt. Josef Schett und seine Partner verfügen mittlerweile über ein flächendeckendes Netz von insgesamt rund dreißig bäuerlichen Zulieferbetrieben. Man ergänzt sich gegenseitig, betreibt Gedankenaustausch und erreicht dadurch, daß sich die Produkte einzelner Spezialisten zu einem geschlossenen Ganzen zusammenfügen – große Auswahl und hohe Effizienz. Josef Schett selbst produziert neben biologischem Lammfleisch auch Schafwoll-Pölster, -Decken oder -Isoliermatten für biologischen Hausbau. Andere stellen etwa Käse oder andere Milchprodukte her.

Die Vereinsmitglieder pflegen auch die Zusammenarbeit mit handwerklichen Unternehmen, was einerseits die Professionalität erhöht und andererseits auch den Vorteil hat, daß die Vertreter der verschiedensten Berufssparten an dem Kuchen mitnaschen können. So gibt es zum Beispiel in Osttirol ein Sozialprojekt für Langzeitarbeitslose, mit dem die Villgratener kooperieren und wo unter anderem natürliche Holzschindeln oder Ortsschilder für die Nationalparkregion produziert werden. Die ganze Produktpalette wird entweder den ortsansässigen Unternehmern und touristischen Betrieben – vor allem die gehobene Gastronomie ist eine willige Abnehmerin – angeboten oder auch an andere Interessenten aus ganz Österreich verkauft. Die Nachfrage an derlei biologischen Produkten, weiß Josef Schett, steigt jedenfalls enorm.

»Für die Bauern«, freut sich der Bürgermeister und Bio-Bergbauer, »bringt das jedenfalls alles riesige Vorteile mit sich.« Einerseits bekommen sie wieder die ihnen zustehende Anerkennung – auch als unentbehrliche Landschaftspfleger, die damit auch den Boden für die Touristen bereiten. Wer geht schon gerne auf ungepflegten Almen spazieren?

Andererseits wirkt sich diese Form der Vermarktung auch ökonomisch günstig aus, weil durch den Direktverkauf der ganze Zwischenhandel über anonyme Genossenschaften und Agrarmultis ausgeschaltet ist. Josef Schett: »Die Genossenschaften und Raiffeisen rotieren, weil wir sie einfach umgehen. Am Anfang haben sie unsere Initiativen noch verspottet, zum Teil geradezu bekämpft. Die Großorganisationen haben richtige Angst davor gehabt, daß unser Konzept funktionieren könnte. Schließlich wird dadurch evident, daß sie jahrzehntelang einen falschen Weg gegangen sind. Denn was wir betreiben, ist eigentlich nichts anderes als die vielgepredigte, aber bisher nie umgesetzte ökosoziale Landwirtschaft.«

Man besinnt sich also auf die tradierten Werte und erteilt der schnellebigen Wegwerfgesellschaft und all dem unüberblickbaren Bürokratismus eine rüde Absage – zurück zur kleinen, überschaubaren Einheit. Auch was die touristischen Angebote betrifft, schlagen die Villgrater diesen Weg ein. In den Gasthäusern wird den Urlaubern statt stumpfsinnigem Konservengeleier die authentische Hausmusik, die orginale Volksmusik der Bergbewohner zu Ohren gebracht. Statt lärmenden Tirolerabenden bringt man den Gästen im Rahmen der sommerlichen »Villgrater Kulturwiese« historische Kulturgüter näher. Statt einem plastikgetäfelten Veranstaltungsbunker hat man einen alten Getreidespeicher, »Herpfe« genannt, adaptiert und will darin das Zusammenspiel verschiedener Folklorerichtungen proben – geplant sind etwa gemeinsame Auftritte von heimischen Volksmusikgruppen und afrikanischen Folkgruppen oder Jazzbands. Von den Wurzeln her – und dieser Zusammenhang ist ja leider durch den musikalischen Dilettantismus, den Gruppen ausstrahlen, die sich etwa »Die kreuzfidelen Sennerinnen« schimpfen, weitgehend ausgelöscht worden – ist österreichische Volksmusik nämlich nichts anderes als der Blues der Schwarzen: gewachsene Folklore.

Qualität statt Quantität: In Innervillgraten wurde auch der Unsinn mit den Wanderstempeln abgeschafft. Dabei hatten die Touristen einen Paß bekommen, in dem sie – je nachdem, über wie viele Berghänge sie gehetzt waren – eine gewisse Anzahl an Stempeln als Bestätigung für die Besteigung dieses oder jenes Hügels sammeln konnten.

Qualität statt Quantität: geübt wird Selbstbeschränkung. Keines der Häuser darf mehr als dreißig Betten anbieten. Mit dieser Maßnahme soll verhindert werden, daß einzelne Hotels oder Pensionen mit polternden Bustouristen überfüllt werden. Gesetzt wird auf Individualurlauber. Und die wiederum können ihr Auto stehen lassen, weil je nach

Saison ein Wander- als auch ein Schibus die einzelnen Abschnitte des Tales abklappert.
Insgesamt geht der Trend dahin, nicht mehr dazuzubauen, sondern die vorhandenen Kapazitäten optimal auszulasten. Innervillgraten schafft derzeit mit etwa 55 000 Jahresnächtigungen rund 130 Vollbelagstage im Jahr. Die stillen Attraktionen machen sich auch hier bezahlt – Qualität statt Quantität eben.

Spielplatz der Natur

Die Region Weißensee exerziert vor, wie eine auf ihre Wurzeln bedachte Bevölkerung bewußt den Verlockungen des Massentourismus trotzte.

Im Keller des Gesundheitshotels »Alpenhof« am Kärntner Weißensee befindet sich eine Skulptur, die den vom Alltagsstreß und von seelischen Zermürbungen gepeinigten Menschen des 20. Jahrhunderts symbolisiert: Die Statue krümmt und windet sich, wehrt mit den Armen ängstlich feindliche Einflüsse ab, scheint im Boden versinken zu wollen. Eine Etage höher, im Erdgeschoß des Hotels, erblickt der Besucher das Gegenstück zu dieser Figur, eine Skulptur, die den Namen »Das Leben« trägt, die Arme kraftvoll nach oben streckt, energiegeladen aus dem sie gefangenhaltenden Gemäuer hervorbricht. »Das Leben« symbolisiert die Kraft und den Mut, alle Unbill abzuschütteln. »So wie die Statue im Keller«, sagt Hans Zöhrer, Besitzer des »Alpenhofes«, »sehen viele Leute aus, wenn sie hierherkommen. So wie die zweite Statue sollen die Menschen ausschauen, wenn sie zwei Wochen da waren. Wir wollen die Menschen aufrichten wie die Figur, die aus dem Boden wächst, kraftvoll, den Blick nach oben gerichtet.«

Die beiden Skulpturen versinnbildlichen Hans Zöhrers Tourismusphilosophie: »Meine Fundamente im Alpenhof sind Aktivität und Gesundheit. Mein wichtigster Partner bei der Umsetzung ist die Natur, die überall integriert ist und die ich den Menschen in all ihren Facetten näherbringen will. Unsere Infrastruktur ist die Natur, mehr brauchen wir nicht. Wir sagen den Urlaubern auch, ihr müßt's das so nehmen, wie es ist, sonst müßt's halt woanders hinfahren.«

Die Fundamente des »Alpenhofes« sind fünfhundert Jahre alt, vor rund sechzig Jahren wagte Hans Zöhrers Großvater die ersten zaghaften Schritte in Richtung Fremdenverkehr und begann mit der Vermietung von sechs Zimmern. Nach dem Zweiten Weltkrieg adaptierte dessen Sohn das Bauernhaus in bescheidenem Ausmaß für touristische Zwecke. Vor zehn Jahren schließlich übernahm Hans Zöhrer das Erbe seiner Eltern, schuf anfangs eine mehr oder weniger intime Urlaubsoase für gute Freunde. Dann begann er sich Gedanken darüber zu machen, welche ökonomischen Chancen einem elitären Familienbetrieb überhaupt beschieden sein könnten, lotete verschiedene touristische Angebotsmuster aus und konzentrierte sich letztendlich auf Natur und Gesundheit, eine Version des Fremdenverkehrs, die seinem Naturell auch voll und ganz entsprach. Heute ist der »Alpenhof« mit seinen 85 Betten zu einem Viersternebetrieb avanciert, der übrigens nur aus ökologischen Überlegungen auf den fünften Stern verzichtet. Denn diesen Standard anbieten zu wollen, hieße zum Teil umweltfeindlichen Aufwand wie zum Beispiel übermäßigen Reinigungsmittel-, Wasser- und Energieverbrauch zu treiben. Das touristische Konzept und damit das gesamte Freizeitangebot von Hans Zöhrer beruht auf fünf Säulen:

• Der erste und wichtigste Punkt ist der Lebensraum, die Natur selbst. Auf dem sogenannten senso-meditativen Erlebnisweg will Zöhrer seinen Gästen die landschaftlichen Reize näherbringen. »In der Früh geh' ich mit den Leuten einfach raus in die Natur und will ihnen die Sinne dafür öffnen.« Er führt die Urlauber dann etwa in die Geheimnisse der Bienenzucht ein und in die straff organisierten Regelungen, die unter Bienenvölkern herrschen, oder erklärt die ökologischen Aufgaben der Waldameise, die nicht unwesentlich zum Gleichgewicht in Wald und Flur beitragen. »Wenn sie zurückkommen, sind die Leute meistens ehrfürchtig«, weiß Hans Zöhrer von seinen Exkursionen zu den Wundern der Natur, »aber ich hüte mich dabei davor, mit dem Finger zu zeigen oder zu schulmeistern. Wir leben es einfach vor, da gehen den meisten sowieso die Augen auf.«

• Die zweite Säule ist das »mentale Zentrum«. Hans Zöhrer: »Die Menschen sind oft gar nicht mehr in der Lage, sich allein zu entspannen.« Um den gestreßten Großstädtern zu seelischem Wohlbefinden zu verhelfen, bietet der Alternativhotelier Yoga, Autogenes Training oder Meditationen an.

• Dritter Punkt: Aktivität, wobei Zöhrer auch hier wieder Wert darauf legt, daß der sportliche Unternehmungsgeist im Einklang mit der Natur steht. Bergsteigen, Trekking mit Ponys oder Floßen am Weißensee sind die markantesten Freizeitmöglichkeiten.

• Schwerpunkt Nummer vier: Gesundheit – Kneippen, Massage, Bachblütentherapie, Gymnastik unter den eiskalten Fluten eines Wasserfalles sowie Kosmetik, eine Sparte, um die sich Zöhrers Frau kümmert.

• Und schließlich setzt Hans Zöhrer – ähnlich wie die Tourismuspioniere in Osttirol – auf natürliche Ernährung, die er den Gästen unter dem Sammelbegriff »karnische Naturküche« serviert. Auch Zöhrer hat intensive Kontakte zu den Bauern hergestellt und bezieht direkt von deren Höfen biologische Produkte unterschiedlichster Art. Insgesamt rund vierzig Bauern schwören heute in der Region Weißensee auf natürlichen Anbau. Mit seinem Bioexpreß klappert Hans Zöhrer seit Mitte Juli 1993 sechs von ihnen regelmäßig ab, bezieht von deren Landwirtschaften bestimmte Kräuter, Backwaren oder biologische Fleischprodukte. Auch die Hotelgäste bekommen die Adressen und die Produktlisten der Bauern und können nach Gutdünken entscheiden, ob und welche Produkte sie auf eigene Initiative bestellen wollen. Als nächsten Schritt plant Zöhrer, den Touristen die Möglichkeit zu geben, beim Einkaufen mitzufahren, damit sie selbst Einblick in die alternative Landwirtschaft bekommen können. Für all die aufgrund ihrer Natürlichkeit hochwertigen Produkte ist Zöhrer dann auch bereit, durchschnittlich zehn Prozent mehr zu bezahlen – Qualität hat eben ihren Preis und muß honoriert werden. Zöhrer: »Die Bauern sind auch gegen das Gießkannenprinzip staatlicher Förderung. Sie wollen ihre Produkte verkaufen und wollen für ihre Leistungen eben auch korrekt bezahlt werden.«

Ebenso wie der Villgratener Bürgermeister Josef Schett ist sich auch Hans Zöhrer der Bedeutung der bäuerlichen Bevölkerung für die Erhaltung der Landschaft zum Zweck des Fremdenverkehrs bewußt. »Es sind ja zum Großteil die Bauern, die für die Intaktheit der Natur verantwortlich sind. Wenn der Bauer geht, geht auch die Kultur.«

Es stimmt eben nicht, daß Landwirtschaft und Tourismus einander ausschließen, daß sich die Bevölkerung für das eine oder das andere entscheiden muß: »Die gegenseitige Ergänzung funktioniert viel besser. Für die Bauern selbst, für die Landwirtschaft und damit auch für den Tourismus. Von intakter Kultur profitieren Touristen und Bauern. Für die Bauern ist der Tourismus eine Chance – und umgekehrt.«

Was Hans Zöhrer in seinem eigenen Betrieb umzusetzen versucht, vertritt er auch für die gesamte Region Weißensee, wo er als Mitinitiator bei einigen Fremdenverkehrsaktivitäten fungiert, Konzepte und Leitlinien mitplant. Bereits vor vier Jahren haben diese Initiativen dem Weißensee ein übergreifendes Entwicklungsprofil gebracht. Oberstes Ziel: Erhaltung der Region. Hans Zöhrer, der als Obmann des »Naturforums Weißensee« mit den Planungen beschäftigt ist und als solcher immer wieder kräftige Impulse setzte, über seine Idealvorstellung: »Es geht um eine vernünftige und sanfte Entwicklung, an der sowohl die Branche, die Touristen als auch unsere Kinder teilhaben sollen. Wir haben Ja zum Tourismus gesagt, aber was mit dem Lebensraum geschieht, in den wir die Touristen eingeladen haben, entscheiden wir selber.«

Es sind dabei einige Maßnahmen festgesetzt worden, die durchaus auch für andere Gebiete beispielgebend sein könnten:

- 1991 wurde für die Region ein neuer Flächenwidmungsplan verabschiedet, der die Rückwidmung von immerhin dreißig Hektar Baugrund in Grünland vorsieht. Allein dieser Schritt beweist das vorhandene Umweltbewußtsein und steht im Einklang mit der hiesigen Geisteshaltung. Denn schließlich ist zumindest vordergründig und finanziell gesehen Baugrund um ein Vielfaches mehr wert als Grünland. Zöhrer: »Es ist zwar eine ökonomische Entwertung, aber dafür eine ökologische Aufwertung des Bodens.«
- Derzeit ist ein umfassendes Verkehrsberuhigungskonzept in Arbeit. Gedacht wird an eine rigorose Sperre für den gesamten Ausflugsverkehr, der dann schon beim Ortsanfang abgefangen werden soll. Statt dessen sollen die Urlauber einen Shuttlebus benutzen können, der etwa alle 25 Minuten verkehren soll. Dabei sind die Gastronomen angehalten, selbst mit gutem Beispiel voranzugehen und auch ihre Wege zu Post oder Bank mit jenem Shuttlebus zurückzulegen. Gerade, was die vielen regelmäßig anfallenden Behördenwege betrifft, die die Hoteliers zu absolvieren haben, denken Zöhrer und seine Kollegen im »Naturforum Weißensee« auch an völlig neuartige Modelle. Es könnte ja, so die Idee, gängige Praxis werden, daß nicht unzählige Unternehmer zur Post oder zur Bank pilgern müssen, sondern daß zum Beispiel ein Bankangestellter einmal pro Woche sämtliche Hotels abklappert – was wiederum der Verkehrsberuhigung dienen würde.

Eines scheinen alle Regionen, in denen der Tourismus mit den natürlichen landschaftlichen und kulturellen Gegebenheiten harmoniert und in denen die Bevölkerung die Erhaltung dieser Werte schätzt, gemeinsam zu haben: Sie bildeten in der Vergangenheit über lange Zeit völlig abgeschlossene, auf sich selbst gestellte kleine Einheiten, die ihr Leben selbst organisierten und ihr Umfeld selbst gestalteten. Offenbar dadurch, daß ihnen schon allein aus geographischen Gründen keine

Unterstützung zuteil wurde, entwickelten die Bewohner mit der Zeit eine nachhaltige Ehrfurcht vor den Dingen.

Diese Voraussetzungen gelten auch für den Weißensee. Jahrhundertelang war die Region völlig autark, von den Nachbartälern abgeschnitten und fast nur mit Fuhrwerken erreichbar. Hans Zöhrer: »Das hat aus der Bevölkerung einen stolzen und sturen Menschenschlag gemacht. So hat dieser Stolz zum Beispiel nach dem Zweiten Weltkrieg nicht zugelassen, daß die Bauern Grund und Boden verkauft haben. Daher sind uns viele Fehler, die anderswo gemacht wurden, bis heute erspart geblieben.« Die aboslute Identifikation mit der eigenen kleinen Welt hielt die Menschen offenbar davon ab, sich diese Welt von irgendwelchen Fremden, die plötzlich und unvermutet auftauchten, umkrempeln oder gar zerstören zu lassen.

Allerdings: Die Gefahr irreparabler Bausünden drohte auch am Weißensee. Nach dem Weltkrieg waren die Meinungen äußerst polarisiert, und es war damals noch nicht klar, auf welche Seite das Pendel letztendlich schwingen würde. So standen in den fünfziger und sechziger Jahren bereits durchaus konkrete Ambitionen, die exponierten Stellen in der Region an Großinvestoren zu verkaufen, auf der Tagesordnung. Zum Teil war schon manch geradezu aberwitziges Projekt im Gespräch, das selbst dem grellen Nordtiroler Freizeitdschungel alle Ehre gemacht hätte. Den Auftakt hätte eine mehrspurige Durchzugsstraße bilden sollen, um den Anschluß an Villach und Klagenfurt zu ermöglichen. Auch eine Schneise – vorgesehen für eine Panoramastraße – durch die Wälder auf den umliegenden Bergen war in Diskussion. Abstrusester Vorschlag der damals offenbar von touristischer Euphorie heimgesuchten Fremdenverkehrsplaner: Ein Unterseeboot im Weißensee. Hans Zöhrer: »Was man damals wollte, war so was wie ein Disneyland in unserer Region.« Studien zeigten freilich alsbald die verheerenden Auswirkungen auf Land und Leute auf, die derartige Entwicklungen mit sich bringen, und der damalige Bürgermeister stellte die Weichen entschlossen in eine andere Richtung und verhinderte, daß die naturbelassene Gegend hoffnungslos zubetoniert wurde.

Hans Zöhrer selbst hat sich in Sachen touristische Orientierung vom Saulus zum Paulus gewandelt: »Ich selbst war lange Zeit für Infrastruktur und fürs Zubetonieren, ich habe aber vor mittlerweile fünfzehn Jahren den Mut aufgebracht, das Gegenteil zu propagieren.«

Und er setzt seit damals ebenso gezielt wie öffentlichkeitswirksam deutliche Akzente. Neben seinen Aufgaben im »Naturforum Weißensee« fungierte Zöhrer bei der Gründung des »Klubs der Kärntner Naturburschen« vor neun Jahren als Taufpate. Die Vereinigung ist das kulturelle Pendant zum physischen Landschaftsschutz. »Der Schwerpunkt ist«, formuliert Hans Zöhrer, »die Erhaltung des geistigen und kulturellen Ursprunges und der Traditionen.« Man hofft auch, damit die Erwartungen der Urlauber zu erfüllen und empfindet Freude dabei, tradierte Kulturgüter anderen Gesellschaftsschichten zugänglich zu machen. »Wir liefern aber sicher keine Show. Wir prostituieren uns nicht. Wenn die Gäste herkommen, dürfen sie nicht erwarten, daß wir ihnen Klischees servieren oder daß sie hier das gleiche vorfinden wie bei sich zu Hause.«

Die angestrebte landschaftliche und kulturelle Urwüchsigkeit wurde für die Region nun mit der Formel »Spielplatz der Natur« auf einen Nenner gebracht. Mit dieser Charakterisierung identifizieren sich auch die Hoteliers und sprechen damit ganz bestimmte Zielgruppen an. Hans Zöhrer: »Das ist ein Slogan, dem wir alle auch konkrete Inhalte gegeben haben. Viele Dinge, die uns noch eingefallen sind, haben wir dann gar nicht umgesetzt, weil sie in diesen Slogan nicht hineingepaßt haben.« Dazu kommt, daß man sich nicht auf Spezialangebote für eine unbedeutende Urlauberklientel versteift, denn: »Wir liegen mit unserer Tourismusphilosophie voll im Trend. Auch die Jugend nimmt immer mehr Abstand von den übererschlossenen Schigebieten.« Inzwischen können sich auch junge Leute vermehrt damit anfreunden, die Langlaufschi anzuschnallen oder in die Eislaufschuhe zu schlüpfen und auf den 6,5 Quadratkilometern zugefrorener Fläche, die der Weißensee im Winter bietet, Wintersport der alternativen Art zu praktizieren. Streß und Hektik bleiben dabei weit zurück. »Im Winter ist der See wie eine Märchenregion«, schwärmt Hans Zöhrer, »und das Schöne ist, daß jeder Zeit hat, daß jeder kommod ist, man sitzt ruhig und ausgiebig beim Frühstück und keiner drängt zum Lift.«

Und: Sämtliche touristische Initiativen haben auch Erfolg. Zöhrer: »Wir haben genau das erwirtschaftet, was wir brauchen. Obwohl oder gerade weil wir so gut wie nichts betoniert haben, haben wir die stärkste Bettenauslastung im gesamten Kärntner Seengebiet.« Allein sein »Alpenhof«, der pro Jahr aufgrund der Angebotsvielfalt 300 Tage geöffnet hat und zu allen Zeiten ausreichend Gäste anlockt, schafft jährlich 1285 Vollbelagstage. Zum Vergleich sei noch einmal der Österreichdurchschnitt, der nur die Hälfte dieser Bettenauslastung beträgt, erwähnt.

Das Kleinwalsertal – die beiden Osttiroler Fremdenverkehrsgebiete Deferregen- und Villgratental – die Kärntner Tourismusregion Weißensee: vier Beispiele, die zeigen, wie sich sanfter und vernünftig wirtschaftender Fremdenverkehr im Vergleich zum ressourcen- und menschenvergeudenden Massentourismus bewährt. Vier Beispiele, aber bei weitem nicht die einzigen in Österreich mit dem Esprit und dem Mut, die überalteten Trampelpfade zu verlassen. All jene, die hier nicht zu Wort kommen konnten – wie Barbara Klauß, die Betreiberin des Gesundheitshotels »Kürschner« im Kärntnerischen Kötschach-Mauthen, die schon seit 1986 eine ebenso naturbelassene wie unkonventionelle Angebotspalette in Sachen körperliches und psychisches Wohlbefinden parat hat, oder der Erfinder der ebenfalls in Kärnten gelegenen Kräuterpension »Mandler« – mögen verzeihen, daß ihre Aktivitäten zu einer Randnotiz degradiert werden. Jene genannten vier Beispiele mögen aber stellvertretend dafür stehen, daß die in Österreichs Alpentälern immer noch vorherrschende Form des Tourismus keineswegs der einzig gangbare Weg ist und daß all jene, die ihn in Frage stellen, nicht nur neidische Nestbeschmutzer sind, denen sowieso nichts Besseres einfällt und die halt justament querulieren wollen.
Denn dafür, daß eine gemäßigte, zukunftsorientierte Form des Tourismus im Endeffekt der Branche selbst zugute kommt, plädierte Hans Zöhrer schon bei einer Tagung des »Naturforums Weißensee« im Mai 1992. In seiner Eröffnungsrede zitierte er das touristische Leitbild, das einer seiner Freunde zu Papier gebracht hatte: »Wie sensibel und verantwortungsvoll wir mit unseren Schätzen umgehen sollen, sehen wir jeden Tag. Die Bäume werden weniger, die Luft wird rauher und die Ozonschicht dünner. Wir pochen auf unsere Intelligenz und vergessen, daß wir all das nicht entworfen haben – Himmel und Erde, Sonne, Mond, Wasser und Bäume. Wenn unsere Kinder noch lachen sollen, Blumen und Weizenfelder nicht nur in alten Filmen erleben sollen, müssen wir uns besinnen, sonst wird Reisen einmal eine Exkursion zu den Sünden an unserer Umwelt.«